참 쉬운 마음 글쓰기

지은이 이임숙은 성균관대학교 대학원 아동학과에서 아동심리와 어린이책을 공부했고, 상담센터와 한국간행물윤리위원회 독서아카데미, 도서관, 복지관, 지역아동센터, 학교 등 여러 사회기관에서 그림책을 활용한 독서 치료 상담과 강연을 꾸준히 해 왔다. 여기서 더 나아가 아이의 감정과 생각을 자유롭게 표현하게 돕는 마음 글쓰기에 대한 연구와 강연도 활발히 하고 있다. 특히 '치료와 교육' '정서와 학습' 모두에 효과적인 방법을 개발하는 데 관심이 많다. 현재 효과적인 부모 역할 훈련PET, 청소년 자아 성장 훈련YQMT, 청소년 리더 역할 훈련YET 강사이며 맑은숲 독서치료연구소 소장을 맡고 있다.

『엄마가 하는 독서치료』로 2009년 한국간행물윤리위원회 우수 저작상을 수상했으며 『내 아이 공부 좋아하게 만드는 공부 질문』 『영유아 독서 길라잡이』 『독서치료의 실제(공저)』 『정보책에서 길찾기·지도편(공저)』 등의 저서가 있다.

2011년 10월 5일 초판 1쇄 펴냄
2015년 1월 30일 초판 2쇄 펴냄

지은이 이임숙
펴낸곳 부키(주)
펴낸이 박윤우
등록일 2012년 9월 27일 등록번호 제312-2012-000045호
주소 120-836 서울 서대문구 신촌로3길 15 산성빌딩 6층
전화 02) 325-0846
팩스 02) 3141-4066
홈페이지 www.bookie.co.kr
이메일 webmaster@bookie.co.kr
제작대행 올인피앤비 bobys1@nate.com
ISBN 978-89-6051-180-4 13590

책값은 뒤표지에 있습니다.
잘못된 책은 바꿔 드립니다.

일기, 독서록으로 아이와 씨름하는 엄마들의 필독서

참 쉬운 마음 글쓰기

이임숙 지음

부·키

먼저 경험한 엄마들과 아이들 추천사

김혜정 (7세 부모) ● 몇 년간 건축뉴스와 인터뷰 기사를 쓰는 일을 했던 나에게도 글쓰기란 여전히 어려운 과제이며 숙제이다. 그러면서도 내 아이는 글을 잘 쓰면 좋겠다고 늘 소망한다. '마음 글쓰기'라니 제목부터 참 남다르다. 책의 내용은 더욱 특별하다. 아직까지 몰랐던 방법, 알지만 못 해 본 방법, 그러나 꼭 해 보고 싶은 방법이 목차부터 아주 친절하게 쓰여 있다. 읽고 싶은 부분을 골라서 읽는 재미도 쏠쏠하다. 또한 곳곳에 있는 아이들의 글을 보면, 아이의 얼굴이 상상되고 입 꼬리가 저절로 올라간다. 지금 이 시간에도 아이와 일기, 독서록 등으로 사투(?)를 벌이고 있는 엄마들에게 적극 추천하고 싶다.

이경애 (1학년 부모) ● 마음 글쓰기를 한 후 상훈이는 자신의 마음을 동화처럼 만들어서 엄마에게 보여 준다. 처음엔 친구 때문에 많이 힘들어하는 내용뿐이었다. 이제는 마음에 힘이 생겼는지 나름 타이르는 내용도 있고 맞서기도 하는 내용도 들어 있다. 제법이다. 지금도 종종 마음 글쓰기 수업에 가고 싶다고 말한다.

박영주 (2학년 부모) ● 민수는 마음 글쓰기를 한 후 글감은 생활 주변에 있는 모든 것이라며 쉽게 글감을 찾아서 글을 쓴다. 소재를 찾아 자신의 생각을 쉽게 쓰고 난 후 글쓰기에 자신감이 생겼다. 심지어 "난 글을 잘 쓰는 아이야."라고 말한다. 예전에는 이런저런 엄마의 의견을 듣고서 일기에 쓰곤 했는데, 요즘은 "싫어, 내 일기니까 내 마음대로 쓰면 안 돼?"라고 말한다. 당연한 이야기다. 자신이 주도적으로 쓰는 걸 좋아하게 되었다. 예전보다 자신의 감정을 잘 표현하고 엄마와 소통이 더 잘 되는 것 같다. 정말 고맙다!

이효순 (1학년 부모) ● 특히 일기 쓰기에 큰 도움이 되었다. 우선 다양한 마음을 표현해 놓아 일기가 재미있다. 마음 글쓰기 덕분에 자신의 감정을 솔직하게 쓸 수 있게 되었다.

이지은 (1학년 부모) ● 아이가 마음 글쓰기를 하면서 생각이 깊어지고 논리적인 표현이 늘었다. 마음 글쓰기가 아이에게 큰 힘을 실어 주었다.

박현숙 (2학년 부모, 아동청소년심리상담센터 I 소장) ● 아이들 마음 열기를 업으로 삼고 있는 사람이라, 글쓰기보다 글쓰기를 위해 아이들에게 건네는 질문들과 그 전개과정이 마

음에 더 와 닿았다. 엄마인 나도 글쓰기가 변변치 못해서 일기라도 쓰게 하려면 괜한 조바심에 아무 도움도 못 주면서 닦달만 했다. 두고두고 써먹을 '글쓰기 레시피' 한 권을 얻은 것 같아 안 먹어도 배가 부르다.

이영실 (3학년 부모) ● 늘 좋은 멘토가 되어 준 이임숙 선생님이 글쓰기에 대해 속 시원한 사전을 쓰시겠다 싶어 감사한 마음으로 기다렸는데 역시 예감이 맞았다.
마음 글쓰기를 읽으며 그동안 무턱대고 "그냥 쓰면 되지."라는 말로 아이를 글쓰기에 밀어붙인 것이 미안하다. 글쓰기에 대한 두려움으로 아이가 얼마나 고통스러웠을까 싶다.
마음 글쓰기는 어떤 주제로도 차분하게 대화를 나누며 아이 스스로 글쓰기를 할 수 있는 '글쓰기 공식' 책이라고 부르고 싶다. 공식을 알면 쉽고 부담이 없다. 수학 공식처럼 차근하게 풀어 주신 감정 단어나 생각 동사, 행동의 구체적 내용은 도움이 많이 된다. 특히 마인드맵을 이용하는 내용과 골라 쓰는 일기의 종류는 아이와 씨름하지 않고 쉽게 대화로 글쓰기를 도울 수 있겠다 싶다.
'글은 손으로 쓰는, 소리 나지 않는 말이다. 말은 감정과 생각에서 나오며 바로 그 말이 글이 된다. 글의 시작은 밖이 아닌 나로부터 출발하며 나의 감정과 생각을 솔직하게 표현하여 스스로 변화할 수 있는 힘을 키워내는 것'이라는 이야기는 가슴에 콕 와 닿았다.
아이들 글쓰기로 고민이 많은 어머님들과 아이들을 위해 이렇게 쉬운 글쓰기 공식을 써주신 선생님께 진심으로 감사하다.

정윤우 (초등 1학년) ● 마음 글쓰기를 해 보니 수천 개 글을 써도 힘들지 않을 것 같아요.

윤승준 (초등 1학년) ● 글을 구체적으로 길게 쓸 수 있게 되었고 글쓰기에 자신감이 생겼어요.

김준범 (초등 2학년) ● 따라 쓰다 보니 저절로 생각이 났어요. 전에는 생각은 많았는데 어떻게 써야 할지 몰랐거든요. 이젠 쓰는 게 어렵지 않아요.

한지성 (초등 2학년) ● 글쓰기 진짜 싫었는데 내가 말한 대로 엄마가 받아서 주니까 신기해요. 자꾸 말하고 싶어요. 그리고 억지로 쓰라고 안 해서 좋아요. 글쓰기가 재미있어요.

박재영 (초등 3학년) ● 내가 글을 썼다는 게 신기해요. 처음으로 마음에 드는 글을 썼어요.

강경석 (초등 3학년) ● 내 감정을 그대로 쓰니까 처음엔 이상했어요. 그런데 몇 번 쓰니까 기분이 좋아요. 글 쓰는 게 어렵지도 않아요. 앞으로도 느낀 대로 솔직하게 쓰고 싶어요.

prologue

아이들이 즐겁게 글을 쓸 권리

 빈 공책을 앞에 두고 얼굴을 찡그리며 괴로워하는 아이가 있었다. 일기와 독후감 숙제가 있는 날이면 아파서 학교에 결석하기를 간절히 바랐다. 그렇게 초등학교 시절을 보낸 후 중학생이 되어 딱 한 번 일기로 상을 받았다. 여름방학 숙제로 이틀 만에 30일치를 써서 제출한 일기였다. 여전히 글쓰기는 어려웠지만 다행히 아버지가 처음으로 중고 자동차를 구입한 사건과 가족이 바닷가로 캠핑을 간 일이 있어 나머지는 그와 관련된 이야기로 끼워 맞추었다. 생애 처음으로 글쓰기로 상을 받았다. 하지만 아이는 절대 잘 써서 받은 상이 아닌 줄 알고 있었다. 담임선생님께서 하나도 잘하는 것 없는 아이를 격려하기 위하여 주셨을 거라 생각했다. 아이는 여전히 흰 종이만 보면 막막하고 어쩔 줄을 몰라했다.
 고등학생 때는 수업 시간에 소설책을 읽다 들켰다. 교무실에 끌려가 하루 종일 꿇어 앉아 있는 벌을 받았다. 선생님은 반성문을 써야 집에 보내 주겠다고 했다. 아이는 두 시간이나 끙끙댔지만 '선생님 잘못했습니다.'라는 말 말고는 단 한 줄도 쓰지 못했다. 기다려 주던 친한 친구가 보다 못해 자기가 불러

주는 대로 쓰라고 했다. 친구가 부르는 대로 받아 써서 제출하고서야 집에 갈 수 있었다. 아이에게 글쓰기란 그런 것이었다.

아이는 왜 그렇게 글쓰기가 어려웠을까?

이유는 여러 가지였다. 글을 쓰면 아주 멋진 글을 써야 한다고 생각했다. 선생님 마음에 꼭 드는 글을 써야 한다고 생각했다. 자신의 마음을 있는 그대로 써도 된다는 것을 몰랐다. 자신의 느낌과 생각이 보잘것없고 부끄러운 것이라 생각했다. 자기 마음속에 얼마나 많은 이야기가 숨어 있는지, 그 속에 있는 감정과 생각들을 하나하나 모두 소중하게 다루어야 한다는 것도 몰랐다. 글재주도 없었고 마음을 솔직하게 표현해도 된다는 것도 몰랐으니 더더욱 쓰지 못했다.

심리치료를 할 때 아이가 자신의 마음을 있는 그대로 표현하도록 도와주는데, 자신의 느낌과 생각들이 얼마나 가치 있고 소중한지 모르는 아이들은 대부분 문제행동을 보인다. 자신감이 없고 자존감도 낮다. 마음의 병이 깊은 아이일수록 말로도 글로도 자신의 마음을 표현하기가 어렵다. 말로 표현할 수 있는 아이일지라도 그것을 다시 글로 써서 담담하게 바라볼 수 있게 되기까지는 더 많은 용기와 힘이 필요하다. 그래서 자신의 마음을 글로 표현하는 것은 글쓰기를 넘어 우리 아이들이 심리적으로 건강하게 자라는 데 정말 중요한 일임을 알게 되었다.

마음 글쓰기는 글재주를 좋게 하는 글쓰기가 아니다. 마음 글쓰기는 지금까지 우리가 소홀히 대하고 무시하며 지냈던 내 마음에 대한 이야기다. 앞으로 살아가면서 잘 성장할 수 있도록 씨앗처럼 정성스레 가꾸어야 할 나의 감정과 나의 생각에 대한 이야기다. 나의 느낌과 생각을 하나하나 모두 끄집어내어 다시 그것에 생명을 불어 넣는 작업이다.

어떻게 하면 마음 글쓰기를 좀 더 쉽고 재미있게 할 수 있도록 도와줄 수 있을까? 글쓰기 교육과 글쓰기 치료가 통합된 방식이 필요했다. 아이디어가 떠

prologue

오를 때마다 아이들에게 알려 주고 실행해 보았다. 결과는 참 좋았다. 자신의 말을 글로 옮겨도 된다는 것을 배운 아이들은 글쓰기를 즐거워했다. 마음속에 숨어 있는 자신의 감정을 찾아내는 것을 좋아했다. 자기 마음을 글로 쓰니 속이 후련해진다고 했다. 아이들의 반응을 보면서 좀 더 쉽고 재미있는 방법들을 궁리했다. 어떻게 보면 한없이 복잡한 것 같지만 또 한편으로는 무척 단순한 것이 사람 마음이라 아주 간단한 실마리를 잡으면 쉽게 풀린다는 것도 알게 되었다. 단순하게 보고 단순하게 시작하니 의외로 아주 쉽게 아이들의 마음이 술술 풀려 나온다. 마음 글쓰기를 먼저 배운 아이가 글쓰기를 힘들어하는 친구에게 말한다. "지금 무슨 느낌이야? 금방 네가 말한 대로 써 봐. 그러면 돼."

엄마들은 글쓰기를 잘 못한다. 그래서 제대로 가르치지 못할까 봐 불안하다. 이제 그런 걱정을 살짝 내려놓아도 된다. 마음 글쓰기는 글 못 쓰는 엄마도 얼마든지 가르칠 수 있는 쉽고 재미있는 방법이다. 마음 글쓰기로 자신의 마음을 솔직하게 쓰고 나면 글쓰기가 아이의 마음을 끌어당긴다.

마음 글쓰기를 하면서 글 쓰는 아이의 권리가 있다는 사실을 깨달았다. 책 읽는 사람이 독자의 권리를 누릴 때 책을 더 좋아하게 되듯이 마음 글쓰기의 권리를 보장해 주니 아이들은 글쓰기를 더 많이 즐기게 되었다. 글쓰기는 인간이 가진 최고의 축복 가운데 하나이다. 그 축복을 즐기고 누릴 수 있는 권리를 먼저 보장해 주자. 권리를 보장하면 글쓰기를 좋아하고 스스로 글을 쓰고 싶은 아이로 자란다.

아이들이 즐겁게 글을 쓸 10가지 권리

1. 잘 쓰지 않아도 되는 권리
2. 떠오르는 대로 솔직하게 쓸 수 있는 권리
3. 쓰다가 멈추거나 미룰 권리

4. 쓴 글 다시 고쳐 쓸 권리

5. 어디서나 어떤 종이에나 쓸 권리

6. 형식에 상관없이 써도 되는 권리

7. 나만 알아보는 글로 써도 되는 권리

8. 남이 뭐라고 하든 상관없이 써도 되는 권리

9. 보여 주기 부담스러울 땐 살짝 꾸며도 되는 권리

10. 내 글이 최고라고 말할 권리(세상에 하나밖에 없으니까)

글쓰기가 두렵기만 했던 아이가 어른이 되어 지금 글쓰기 책을 쓰고 있다. 처음 쓴 책은 상을 받았다. 마음 글쓰기 덕분이었다. 마음속의 여러 감정들을 놓치지 않고 하나하나 떠올려서 생각했다. 그로 인해 더 많은 아이디어를 떠올릴 수 있었다. 그것을 솔직하게 쓰니 좋은 글이라 칭찬받았다. 나같이 글재주 없던 사람이 가능했으니 정말 누구나 가능한 일이라 확신한다. 지금도 여전히 글재주는 없다. 하지만 나의 감정은 너무 풍부하고 떠오르는 생각도 너무 많다. 그것을 표현하는 것은 전혀 어렵지 않다.

글쓰기 때문에 고민하고 힘들어하는 부모와 아이들 모두를 위해 이 책을 썼다. 그동안 만난 아이들과 이젠 대학생이 된 우리 아이의 글도 들어 있다. 글에는 아이가 자란 흔적이 있어 참 좋다. 책이 만들어지도록 도움을 주신 분들과 기대하는 마음으로 책이 나오기를 기다려주는 분들 모두 고맙다. 부디 이 책이 많은 부모님과 선생님들 그리고 아이들에게 도움이 되기를 바란다. 모두가 글 쓰는 기쁨과 즐거움을 맛보기를 바란다.

2011년 가을

이임숙

차례

먼저 경험한 엄마들과 아이들 추천사 4
prologue 아이들이 즐겁게 글을 쓸 권리 6

1부 글 잘 쓰는 아이로 키우는 법 10가지

---

rule 1 동기가 있어야 글을 쓴다 19
왜 아이들은 글쓰기를 좋아하지 않을까 | 글씨쓰기, 글짓기, 글쓰기 | 아이들은 언제 글을 쓰고 싶어 할까?
엄마표 글쓰기 교실 ❶ 칭찬보다 더 좋은 첨삭은 없다 27

rule 2 글감만 찾으면 글쓰기는 식은 죽 먹기 30
무엇을 써야 하나 | 글감은 뭔가 특별해야 한다? | 좋은 글이란? | 나를 둘러싼 모든 것이 글감
엄마표 글쓰기 교실 ❷ 나만의 글감 상자 만들기 & 글감 찾기 놀이 38

rule 3 아이가 하고 싶은 말이 주제다 40
주제를 어렵게 생각하는 이유 | 주제를 한 문장으로 말하기 | 정답만 말하려는 아이
엄마표 글쓰기 교실 ❸ 주제 찾기 놀이 48

rule 4 말이 곧 글이다, 아이의 말을 글로 바꾸자 50

　　　아이의 말은 아름답다 | 말이 글이 되는 신기한 경험 | 10번이면 글 못 쓰는 아이가 없다

rule 5 **좋은 질문이 글을 쓰게 한다** 59

　　　질문으로 글 쓰는 재미가 솔솔~ | 감정 질문으로 말과 글 시작하기 | 생각 질문으로 똑똑한 글쓰기 | 사고력 수준에 따라 질문도 달라진다

　　　엄마표 글쓰기 교실 ❹ 아이도 엄마도 재미있는 질문 방법 70

rule 6 **책 잘 읽는 아이가 글도 잘 쓴다** 72

　　　책을 잘 읽는다는 것은? | 독서와 국어 공부를 구분한다 | 책 읽고 좋은 글을 쓰는 방법 | 즐겁게 시작하는 글쓰기 5단계

rule 7 **원하는 만큼 쓰고 다음 날 이어서 쓰자** 80

　　　글쓰기 시작할 때 알아야 할 대화법 | 원하는 만큼 쓰고 보태 가며 글쓰기 | 원하는 만큼만 쓰는 것이 좋은 심리학적 이유

rule 8 **훌륭한 작가는 글을 꼭 고친다** 88

　　　세상에 고치지 않은 글은 없다 | 스스로 고치는 것이 가장 좋다 | 친구들과 질문하고 대답하면 더 적극적으로 고친다

rule 9 **자신의 글로 성취감을 느끼게 하라** 95

　　　글쓰기로 성취감을 얻는 방법 | 현실 참여 글쓰기 방법 | 아이가 성장하는 현실 참여 글쓰기

rule 10 **내가 만든 책으로 꾸민 책장** 105

　　　나만의 책장 만드는 방법 10가지

　　　엄마표 글쓰기 교실 ❺ 만약에 글이 없어진다면? 114

2부 어떤 글이든 잘 쓸 수 있다

chapter 1 독서록 잘 쓰는 아이

어떤 분야든 독서록을 척척! 119
　　독서록이 아이들을 짓누르고 있다 | 어떤 장르, 어떤 책이든 독서록을 쓸 수 있다 | 독서록에 대한 잘못된 고정관념

그림책으로 독서록 쓰기 125
　　낱말을 수집해 문장 만들기 | 그림책이 들려주는 글쓰기 방법 | 어려운 말을 아이의 말로 바꾸어 주는 그림책
　　엄마표 글쓰기 교실 ❻ 글쓰기를 도와주는 그림책-편지 134

옛이야기 책으로 독서록 쓰기 136
　　옛이야기로 쓰는 6가지 방법

인물 이야기로 독서록 쓰기 145
　　인물 이야기로 쓰는 7가지 방법

동시로 독서록 쓰기 150
　　동시로 쓰는 4가지 방법
　　엄마표 글쓰기 교실 ❼ 글쓰기를 도와주는 그림책-동시 156

지식 책으로 독서록 쓰기 158
　　지식 책으로 쓰는 5가지 방법

chapter 2 일기 잘 쓰는 아이

일기는 나에 대한 글이다 165
　일기 쓰기에 꼭 필요한 2가지 | "오늘 일기 뭐 써요?" | 내가 보고 듣고 느낀 것으로 쓰기 | 아이가 느낀 감정 끌어내기 | 마인드맵으로 내 생각 알아보기 | 생각일기를 쉽게 잘 쓰는 법 | 대화를 통해 일기 고치기 | 일기 쓰기를 너무 힘들어할 때는… | 골라서 쓰는 다양한 일기 종류
　엄마표 글쓰기 교실 ❽ 글쓰기를 도와주는 그림책-일기 191
그때그때 골라 쓰는 일기 ❶ 공부일기 194
그때그때 골라 쓰는 일기 ❷ 관심일기 199
그때그때 골라 쓰는 일기 ❸ 관찰일기 202
그때그때 골라 쓰는 일기 ❹ 놀이일기 206
그때그때 골라 쓰는 일기 ❺ 사람일기 208
그때그때 골라 쓰는 일기 ❻ 상상일기 212
그때그때 골라 쓰는 일기 ❼ 신문, 인터넷, TV일기 215
그때그때 골라 쓰는 일기 ❽ 음식일기 218
그때그때 골라 쓰는 일기 ❾ 일지일기 221
그때그때 골라 쓰는 일기 ❿ 주장일기 223
그때그때 골라 쓰는 일기 ⓫ 주제일기 226
그때그때 골라 쓰는 일기 ⓬ 질문일기 231
그때그때 골라 쓰는 일기 ⓭ 체험일기 234

chapter 3 책 쓰는 아이

옛이야기 들려주는 아이 237
　　이야기 만들기, 옛이야기로 시작하면 정말 쉽다 | 친구들과 함께 만드는 옛이야기 | 옛이야기 들려주는 아이

창작 동화 쓰는 아이 243
　　마음 글쓰기를 잘하는 아이는 이야기도 잘 짓는다 | 아이들은 이야기 만들기를 좋아한다 | 재미있는 창작 이야기 만드는 법 | 내 아이가 만드는 창작 그림책

지식 책 만드는 아이 258
　　호기심 많은 아이에게 적합한 지식 책 | 자동차를 좋아하는 아이의 지식 책 만들기 | 쉽게 만들 수 있는 지식 책의 종류 | 정보를 모으고 활용하는 능력까지 키운다

부록 쓰기 싫어하는 아이를 위한 마음 글쓰기 Q&A

Q1. 글쓰기는 몇 살부터 하면 좋을까요? 271

Q2. 글쓰기라면 질색하는 아이, 어떻게 하면 좋을까요? 274

Q3. 물어보면 무조건 '싫어요, 몰라요, 그냥요.' 282

Q4. 어른들이 좋아하는 글만 쓰려고 해요 286

Q5. 첫 문장부터 막혀서 쓰려고 하지 않아요 290

Q6. 좀 더 수준 높은 독서록을 쓰게 하려면요? 293

Q7. 입학사정관제와 글쓰기는 무슨 상관이 있나요? 297

Q8. 어떻게 하면 글을 잘 쓸 수 있을까요? 300

일러두기
이 책에 실린 아이들의 글 속에 담긴 비문, 오문 등은 큰 문제가 없는 한 그대로 두었습니다.

1부

글 잘 쓰는 아이로 키우는 법 10가지

rule 1
동기가 있어야 글을 쓴다

° 왜 아이들은 글쓰기를 좋아하지 않을까

아이들은 본질적으로 표현하고자 하는 욕구가 강하기 때문에 충분한 동기를 부여하면 글쓰기를 좋아한다. 한글을 배워서 처음 글을 쓰기 시작한 아이의 호기심 어린 눈빛을 보면 잘 알 수 있다. 그러던 아이가 왜 글쓰기를 싫어하게 될까? 이유는 간단하다. 너무 많은 규칙을 강요하고 시키는 대로 하라고 지시하고 가르치려 할 때부터 아이는 글쓰기를 싫어하기 시작한다. 이제 글쓰기는 전혀 즐겁지 않고 힘들기만 한 일이 된다. 제대로 가르치고자 했던 일이 오히려 글쓰기로부터 멀어지게 하는 역효과를 초래하니 안타깝다. 사실 글쓰기를 좋아하는 아이로 키우려면 글쓰기를 좋아하게 하는 방법을 고민하기보다, 글쓰기를 싫어하지 않게 하는 방법부터 먼저 고민해야 한다. 아이가 글쓰기를 싫어하는 이유를 더 자세하게 살펴보자.

rule 1

　유아나 초등학교 저학년 아이에게 왜 글쓰기가 싫은지 물어보면 '손이 아파서'라고 말하는 경우가 많다. 그런데 이상하게도 그림을 그릴 때는 손이 아프다는 말을 하지 않는다. 색연필이나 크레파스로 색칠하는 것은 더 힘이 들어도 좋아한다. 이렇게 그리기는 좋아하면서 글쓰기는 손이 아프다는 핑계로 싫어하는 이유가 뭘까? 분명 손이 아프다는 사실에 가려진 심리적 이유가 있다.

　아이가 그림 그릴 때와 글을 쓸 때 부모의 태도를 살펴보면 알 수 있다. 그림을 그릴 땐 비뚤어지거나 엉망이어도 대부분 마음껏 그리게 그냥 둔다. 오히려 잘 그렸다고 칭찬도 하면서 아이의 표현을 함께 즐긴다. 그런데 글쓰기를 할 때에는 어른들의 태도가 확연하게 달라진다. 처음부터 글씨는 바르게 써야 하고 글자도 틀려서는 안 된다면서 조금 실수하거나 틀릴 때는 여지없이 고쳐 준다. 한 번 고쳐 준 것이 다음번에 반복될 땐 혼내기까지 한다. 혼나면서 배우는 글쓰기는 아이에게 어떤 의미로 인식될까? 그저 글쓰기란 살얼음판 위를 지나듯 조심하고 또 조심해야 할 아주 어려운 과제로 느껴질 뿐이다. 자라는 아이들이 글쓰기를 싫어하게 되는 첫 번째 이유가 바로 여기서 시작된다. 잘못 써서 혼날까 봐 걱정하는 마음과 잘 써야 한다는 부담감으로 글쓰기를 싫어하기 시작한다.

　글쓰기를 싫어하는 두 번째 이유는 무엇을 어떻게 써야 할지 모르는 것이다. 아이가 글자를 잘 읽게 되면 자연스럽게 쓰기의 단계로 들어간다. 어른들은 글자를 읽고 쓸 수 있으면 글도 쓸 수 있어야 한다고 생각한다. 하지만 그림일기나 독후감을 쓸 때 글 쓰는 방법을 가르치는 경우는 별로 없다. 글자만 가르치고 글을 쓰라고 하니 아이는 당황스럽기만 하다. 그래서 아이는 글쓰기가 막막하고 힘들다. 글 쓰는 방법을 배운 적 없는 아이가 글을 쓰지 못하는 것은 아주 당연하다. 글을 못 쓴다고 걱정하기 전에 글 쓰는 방법부터 제대로 가르쳐 주어야 한다.

세 번째 이유는 아이들이 일상에서 주변 사람들이 글 쓰는 모습을 제대로 본 적이 없다는 사실이다. 어른들이 글을 통해 자신의 마음을 보여 주는 경우도 별로 없기 때문에 아이들은 특별한 사람만이 글을 쓸 수 있다고 생각한다. 아이들은 눈으로 직접 보지 않은 것을 자신이 직접 하기가 어렵다. 글 쓰는 모습을 보여 주고 어떤 글을 썼는지 읽어 주는 과정을 통해 아이는 자연스럽게 글쓰기를 배운다. 글쓰기가 어려운 것은 그렇게 보고 배우는 과정이 없었기 때문이다.

°글씨쓰기, 글짓기, 글쓰기

글씨 연습을 위한 '글씨쓰기'와 작가처럼 새로운 이야기를 만들어 내는 '글짓기'와 자신의 경험과 마음을 있는 그대로 표현하는 '글쓰기'를 구분할 필요가 있다. 어린아이들은 이 세 가지를 구분하지 못한다.

먼저 글씨쓰기와 글쓰기를 구분해 보자. 자신의 느낌과 생각을 표현하는 글쓰기를 위해 글자의 모양과 철자법을 지적하는 글씨쓰기는 잠시 뒤로 미루기 바란다. 아이가 글쓰기를 할 때에 가장 먼저 해야 할 일은 자신의 마음을 자유롭게 표현하는 것이다. 그러니 글자가 엉망이거나 틀렸다 해도 그것이 아이가 자신의 마음을 있는 그대로 표현하는

rule 1

내용이라면 일단 그냥 두기 바란다. 고쳐쓰기는 나중 단계에서 아이가 자발적으로 하도록 도와주어야 한다. 겨우 자신의 생각을 떠올리고 써 내려가는 아이에게 글자가 틀렸다, 띄어쓰기가 잘못됐다고 지적하기 시작하면 글을 쓰고 싶은 마음이 달아난다. 그저 대강해서 빨리 끝내고 싶은 마음만 든다. 그러면 아이는 자기가 진짜로 쓰려 했던 내용을 쓰는 것이 아니라 어른들이 바라는 내용을 쓴다. 가짜 글쓰기를 시작하는 것이다. 이렇게 글씨쓰기를 강조해 우리 아이가 글쓰기를 싫어하게 만드는 실수는 하지 말아야겠다.

글짓기와 글쓰기에 대해서 생각해 보자. 글짓기는 '글을 짓는 일'이다. 글쓰기는 '생각이나 사실 따위를 글로 써서 표현하는 일'이다. 실제로는 둘을 구분하지 않고 사용하지만 글짓기는 없는 것을 창조해 내는 작업에 가깝고 글쓰기는 사실과 나의 생각, 느낌을 있는 그대로 표현하는 것이다. 글쓰기를 힘들어하는 아이들은 글쓰기를 주로 글짓기로 생각하기 때문에 아이들에게는 글쓰기와 글짓기의 의미를 명확하게 구분해서 짚어줄 필요가 있다.

재미있는 이야기를 쓰는 동화 작가처럼, 멋진 말로 시를 쓰는 시인처럼 글을 써야 한다고 생각하면 글쓰기는 마냥 어려워질 뿐이다. 그래서 글을 쓰라고 하면 앞이 캄캄해진다. 글쓰기란 자신이 보고 듣고 경험한 사실과 그에 대한 자신의 느낌과 생각, 자신의 마음을 있는 그대로 표현하는 것이라는 사실을 가르쳐 주자. 자신의 느낌과 생각을 있는 그대로 표현하는 방법을 가르쳐 주기만 하면 아이들에게 글쓰기가 식은 죽 먹기처럼 수월해진다.

°아이들은 언제 글을 쓰고 싶어 할까?

초등학교 선생님과 학부모들에게 아이가 기꺼이 자발적으로 글을 쓰는 경우가 언제인지 질문해 보았다. 아이들이 글을 쓰고 싶을 때는 글쓰기에 대한 동기가 있는 경우였다. 아이들이 언제 글쓰기에 대한 동기가 생기는지 알면 도와주기가 훨씬 수월하다. 이를 잘 알고 글쓰기에 응용해 보자.

① 좋아하는 사람에게 칭찬을 받았을 때

아이들은 자신이 한 일에 대해 칭찬을 받으면 더 잘하고 싶어 하고, 하고 싶은 말도 많아진다. 그래서 칭찬을 받은 일을 글로 쓰면 쉽게 잘 쓴다. 특히 자신이 쓴 글을 칭찬받으면 더욱 그렇다. "와!" 하고 감탄해 주고 "솔직하게 잘 쓰는구나."라고 칭찬해 보자. 아이의 글에 부모님이 칭찬할 때, 일기에 선생님의 좋은 댓글이 써 있을 때, 친구가 글을 잘 썼다고 칭찬을 하면 글을 훨씬 더 잘 쓴다.

② 어린아이는 그림 그릴 때 글도 같이 쓰고 싶어 한다

아이들은 대부분 그림 그리거나 자신의 그림에 글 쓰는 것을 좋아한다. 처음부터 글을 쓰라고 하면 싫어하지만 그림을 그린 후 그림에 대한 글을 쓰라고 하면 쉽게 쓴다. 그리고 싶은 대로 그리고, 쓰고 싶은 대로 쓰게 하는 것이 좋다. 그러다 보면 어떨 때엔 오히려 종이가 모자랄 정도로 열심히 글을 쓰기도 한다.

③ 재미있고 신나는 일이 있을 때

친구와 함께 재미있게 놀거나 학교에서 신나는 일이 있던 날, 체험 학습을 다녀온 날, 가족과 함께 외식을 하거나 놀러 간 날은 글을 잘 쓴다. 뭘 쓸지 걱정하지도 않고 내용도 풍부하다.

④ 좋아하는 친구를 위해 글을 쓴다

글쓰기가 서툴러도 친구에게 편지나 답장을 보낼 때는 열심히 쓴다. 막힘없이 자기가 하고 싶은 말을 원하는 대로 쓰고, 틀린 글자는 스스로 고치고, 문장도 잘 다듬어 가면서 글을 쓴다. 좋아하는 친구에게 보내는 글이기 때문이다.

⑤ 억울하고 속상할 때

힘든 일을 겪으면 복잡한 감정을 해소하기 위해 글을 쓴다. 속상한 마음을 꾸밈없이 솔직하게 쓰고 때로는 욕을 쓰기도 한다. 이때 아이의 표현이 거칠어도 괜찮으니 그런 말은 쓰지 말라고 충고할 필요가 없다. 오히려 모르는 척하면서 마음대로 쓰게 하면 자신의 억울하고 속상한 마음을 잘 추스르게 된다.

⑥ 자신이 좋아하는 사람에 관한 이야기를 쓸 때 잘 쓴다

아이들은 엄마, 아빠의 어릴 적 이야기, 자신의 어릴 적 이야기를 참 좋아한다. 왠지 모르게 마음이 편안해지고 즐겁다. 자신이 들은 이야기를 바탕으로 상상하기도 하고 이야기를 더 만들어 내기도 한다. 아이가 모르는 이야기를 자주 들려줄수록 글쓰기의 아이디어가 풍부해진다.

⑦ 자신의 상상이나 공상을 글로 옮기면 글쓰기를 좋아한다

아이들은 종종 상상에 빠진다. 아이의 상상을 인정해 주고 글로 옮기도록 이끌어 주자. 자신의 상상을 글로 쓸 때는 스스로 다듬고 고치면서 이야기를 만들어 간다. 아이는 자신의 상상이 글로 표현되는 것을 신기하게 느끼는데, 이때 재미있다고 격려해 주면 더 자주 쓰려고 한다. 특히 상상 글쓰기를 친구들에게 읽어 주면 모두들 좋아한다.

⑧ 신기하고 새로운 걸 배웠을 때

아이들이 한참 커 갈 때 신체뿐만 아니라 느끼고 생각하는 것도 성장한다. 그중에서 관심 있는 것에 대한 새로운 지식을 배울 때 가장 즐겁고 신이 난다. 새롭게 알고 배우게 된 것 모두가 아주 훌륭한 쓸거리다.

⑨ 아이가 좋아하는 연예인의 숨은 이야기를 들려줄 때

연예인은 요즘 아이들에게 최고의 화젯거리다. 이를 막지 말고 오히려 제대로 생각할 수 있는 기회를 주면 글쓰기를 재미있게 여긴다. 엄청난 연습과 수많은 오디션 과정을 거치는 이야기와 좌절했을 때 어떻게 했는지에 대한 이야기를 들려주면 더 좋다.

⑩ 상을 받았을 때 더 열심히 한다

상은 아이들에게 강력한 동기부여가 된다. 단 그것이 어른의 도움으로 받은 상이 아니라 아이가 온전히 스스로 힘으로 쓴 글로 상을 받았을 때다. 상을 받고 난 다음 무조건 잘했다고 칭찬하기보다 아이가 솔직하게 쓴 부분에 대해 구체적으로 칭찬해 주면 더 좋은 글을 쓴다.

rule 1

아이들이 글을 쓰고 싶어 할 때는 제대로 글을 쓰도록 도와주자. 글 쓰고 싶은 순간을 놓치지 말고 자발적 글쓰기를 경험할 수 있게 이끈다. 일상에서의 경험, 순간의 감정과 생각을 놓치지 않고 글로 남기게 한다. 대부분 글쓰기는 숙제로 마지못해 할 뿐 아이들 스스로 쓰고 싶어 글을 쓰는 경우는 거의 없다. 사람은 자기가 하고 싶어서 할 때 가장 열심히 하고 잘한다. 글쓰기도 마찬가지다. 아이는 숙제나 과제 때문이 아니라 오로지 그 순간을 기억하기 위해 스스로 쓰고 싶어 글을 쓰는 경험을 갖는 것이 중요하다. 자발적 글쓰기는 글 쓰는 힘을 키워주는 데 매우 효과적인 방법이다.

칭찬보다 더 좋은 첨삭은 없다 :

글쓰기를 좋아하는 아이, 잘하는 아이로 키우고 싶다면 칭찬을 활용해 보자. 칭찬받아야 바람직한 행동을 더 많이 하고 배우는 것도 더 열심히 하기 때문에 유아와 초등학교 저학년 아이에게 칭찬은 참 중요하다. 아무리 잘못한 게 있어도 혼냈을 때보다 그중에서도 잘한 점을 칭찬해 주면 잘못한 행동도 더 빨리 고친다.

● 효과적인 칭찬으로 글쓰기에 날개 달기

근거 있는 칭찬, 아이가 스스로 인정할 수 있는 칭찬이어야 한다. "글을 참 잘 썼구나."라는 막연하고 결과 중심의 칭찬은 바람직하지 않다. 아이는 무엇을 칭찬하는지 몰라 오히려 불편하다.

① 구체적 근거를 갖고 칭찬한다

어떤 부분을 어떻게 잘 썼다고 생각하는지 콕 집어서 이야기한다. 어떤 표현이 재미있고, 그 부분을 보니 어떤 생각이 나서 참 좋다는 말을 들려주자. 아이는 자신이 미처 생각하지 못한 구체적인 반응을 보면서 자신의 글에 대한 자신감을 갖는다. 읽는 사람이 글을 읽고 느낀 자신의 감정을 솔직하게 표현하는 칭찬이 좋다.

"마음을 잘 표현하는구나."
"생각하길 좋아하는구나."
"말하는 대로 쓰니 실감 나서 좋구나."
"솔직하게 쓰기를 무척 잘하는구나."
"~라는 표현이 참 좋구나."
"이 글을 보니 ~생각이 나네."

"글쓰기를 좋아하는 아이구나."

② 글쓰기와 관련된 행동을 칭찬한다
아이가 글을 쓰는 과정에서 보여 주는 구체적인 행동을 칭찬해 준다. 글쓰기는 약간의 인내심도 필요하다. 집중해서 글 쓰는 아이의 모습, 생각하느라 고민하는 모습, 힘들어도 끝까지 쓰려고 애쓰는 모습, 지워 가며 고치는 모습 등 아이의 행동을 칭찬해 보자.
"글 쓰는 모습이 참 예쁘구나."
"열심히 생각하는 모습이 멋지구나."
"힘든 걸 잘 참는구나."
"고쳐 가며 정성 들여 쓰는구나."

③ 더 잘하고 싶은 아이의 마음을 칭찬한다
아이들은 글을 잘 쓰고 싶어 한다. 글쓰기는 정말 싫다고 말하는 아이조차도 글을 잘 쓰고 싶어 한다. 바로 그런 아이의 마음을 읽어 주고 칭찬해 주자.
"힘이 들지만 끝까지 스스로 하고 싶구나."
"글을 잘 쓰는 방법을 알고 싶구나."
"좋은 글을 쓰고 싶구나."

④ 자신의 글에 대한 칭찬을 스스로 하게 한다
아이들은 스스로 칭찬할 때 가장 마음이 든든하다. 자신의 글에 대해 스스로 만족할 때 글쓰기를 좋아하고 잘하게 된다. 스스로를 가치 있게 생각하여 자존감이 높은 아이, 자신감이 탄탄한 아이로 성장한다. 자신의 글을 스스로 칭찬하는 것이 어른들이 해 주는 열 마디 칭찬보다 효과적이다.
"난 대화 글을 실감 나게 잘 써."
"난 친구랑 있었던 일을 자세하게 잘 써."

"내 글을 읽으면 친구들이 재미있다고 잘 들어줘."
"난 이야기 만들기를 좋아해."
"엄마 아빠는 내 글을 읽어 주면 좋아하셔."

⑤ 다른 이의 글을 칭찬하게 한다

자신의 글을 칭찬하기 어려운 아이는 다른 사람의 글을 먼저 칭찬하는 연습이 필요하다. 친구의 글이나 책에 나온 글에 대해 어떤 점이 마음에 드는지, 잘 썼다고 생각하는지를 찾아 칭찬하는 글쓰기를 하면 된다. 다른 사람의 글을 칭찬하는 연습을 통해 글에 대한 감각도 키우고 글쓰기에 대한 안목도 키울 수 있다. 무엇보다 자신의 글을 어떻게 써야겠다는 깨달음을 얻을 수 있다.

"친구 글은 내 마음하고 똑같아서 좋아요."
"일기가 흥미진진해요."
"그 책을 읽어 보고 싶은 마음이 들어요."

rule 2
글감만 찾으면 글쓰기는 식은 죽 먹기

° 무엇을 써야 하나

누구나 글을 잘 쓰고 싶어 한다. 글을 잘 쓰려면 어디서부터 시작해야 할까? 바로 글감이다. 그런데 아이들이 가장 어려워하는 것이 글감을 찾는 일이다. 글을 쓰기 전에 아이들이 늘 하는 말은 "오늘 독서록 뭐 써요? 오늘 일기 뭐 써요?"다. 쓸 게 없다고 투덜거리는 아이를 보면 부모도 말문이 막힌다. "아무거나 써." 하고 툭 내뱉기 일쑤다. 결국 글감을 알려 달라는 말인데, 글감만 있으면 글을 쓸 수 있겠다는 의미이기도 하다. 그래서 글 잘 쓰는 아이로 키우는 두 번째 방법은 글감을 잘 찾게 하는 것이다.

아이가 글을 쉽게 쓰려면 글감이 좋으면 된다. 아이가 자신을 솔직하고 당당하게 표현하고, 자신의 독창적이고 창의적인 생각을 논리적으로 설득력 있게 풀어낼 수 있는 글을 쓸 수 있도록 글감 찾는 방법을 가르쳐 주면 된다. 글감 찾는 방법은 생각처럼 어렵지 않다. 간단한 원리만 알면 쉽게 글감을 찾을 수 있다. 부모나 교사가 글감을 제대로 찾는 법을 가르치면 우리 아이는 수월하게 좋은 글을 쓸 수 있다.

°글감은 뭔가 특별해야 한다?

뭔가 특별한 것을 골라서 써야 한다는 것은 잘못된 고정관념이다. 아이들 주변의 모든 것들이 글감이 될 수 있다. 하지만 여전히 학교와 학원을 오가며 반복적인 일상을 살아가는 아이들은 주변에 있는 모든 것들이 글감이 된다는 말 자체를 이해하기가 쉽지 않다. 정확하게 말하면 주변의 모든 것이 글감이 되는 것이 아니라, 주변의 모든 것들에 대한 나의 감정과 생각이 글감이 된다. 무언가에 대하여 하고 싶은 말이 있다면 바로 그것이 가장 좋은 글감이다. 이것을 모르고 그냥 주변에 있는 것을 갖고 글을 쓰라고 말하면 아이들은 어떤 글을 써야 할지 막막해진다.

<mark>어떤 종류라도 좋으니 약간의 감정이라도 불러일으키는 대상을 찾아보자. 좋으면 좋은 느낌에서, 싫으면 싫은 느낌에서 시작하면 된다.</mark> 좋지도 싫지도 않은 느낌이라면 어떤 생각이 드는지 내 마음속을 탐색하면 된다.

감정이나 생각이라는 단어가 아직 와 닿지 않는다면 그것이 나에게 얼마나 의미 있고 중요한지 다시 생각해 보는 것이다. 길에서 주운 10원짜리 동전 하나도 나에게 남다른 의미가 있고 추억이 있다면 가장

rule 2

좋은 글감이 된다. 친구가 나에게 양보한 반찬 한 가지가 친구에겐 별 의미 없는 행동일 수 있지만, 나에게 중요하게 느껴졌다면 그것은 아주 좋은 글감이다. "선생님께 혼이 나서 창피한데 친구가 와서 등을 두드려 주었다. 아무 말도 하지 않았지만 그 순간 나는 등을 두드려 준 친구 덕분에 고개를 들 수 있었다." 이 문장 속 아이에게는 바로 친구의 손길이 아주 중요한 글감이다.

그래도 글감이 뭔가 특별해야 한다고 생각한다면 좋은 글이나 이름난 글을 살펴보자. 좋은 글이 어떤 글감으로 이루어져 있는지 살펴보면 우리 아이가 글감을 찾는 데 많은 도움이 될 것이다.

딱지 따먹기

강원식(강원도 사북초등학교 4학년)

딱지 따먹기 할 때
딴 아이가
내 것을 치려고 할 때
가슴이 조마조마한다.
딱지가 홀딱 넘어갈 때
나는 내가 넘어 가는 것
같다.

— 『딱지 따먹기』(보리, 2002) 중에서

「딱지 따먹기」는 노래로도 만들어져 널리 알려진 글이다. 딱지치기는 아이들이 흔히 하는 놀이다. 특히 남자아이라면 누구나 한 번쯤 해 본 적 있는 놀이라 그다지 특별한 글감은 아니지만 이 시는 아주 특별하게 느껴진다. 이유는 간단하다. 바로 아이가 딱지 칠 때의 조마조마한 느낌을 숨김없이 그리고 아주 세심하게 잘 표현했기 때문이다. 좋은 글감이라기보다 사소한 글감을 아주 특별하게 표현해 낸 것이다. 그러다 보니 글감도 아주 특별하게 느껴진다.

아이가 딱지치기를 하면서 느낀 이런 감정은 글을 쓴 아이만 느끼는 것은 아니다. 한 번이라도 딱지치기를 해 본 사람이라면 그때의 조마조마하고, 내 딱지가 넘어갈 때 마치 나의 모든 것을 다 잃어버린 것 같은 순간의 느낌을 생생하게 기억할 것이다. 그런 느낌을 아이는 자신이 느낀 대로 '내가 넘어간 것 같다.'라고 표현했다. 그러니 누군들 이 아이의 시에 공감하지 않을 수 있겠는가? 이미 우리 모두가 마음속에 경험했던 것을 아이가 아주 솔직하게 드러내서 글로 썼기 때문에 특별해졌다.

결국 좋은 글감이란 주변에서 찾는 것이 아니라 바로 내 안에서 찾아야 한다. 그 사건에서 나는 어떤 감정을 느끼는지, 무슨 생각을 하는지, 나에게 얼마나 의미가 있는지, 나에게 얼마나 소중한 추억이 되는지, 솔직하게 표현하면 된다.

°좋은 글이란?

좋은 글은 글 속에 표현된 글쓴이의 마음이 읽는 사람의 마음에도 재미와 감동을 불러일으킨다. 한두 사람만이 아니라 많은 사람이 읽고

rule 2

공감하는 글이 좋은 글이 된다. 「딱지 따먹기」를 읽으면서 어떤 감정을 느꼈는가? 어떤 생각을 하게 되는가? 미사여구가 전혀 없는 단순한 시에서 우리는 아이의 순수한 마음을 그대로 느낄 수 있다. 글을 읽고 감동하는 것은 그 글이 그것을 읽은 사람의 마음속에서도 글쓴이와 비슷한 마음의 움직임을 불러일으켰기 때문이다.

감동을 주는 글은 글감이 특별해서가 아니다. 글 쓰는 아이의 다양한 감정과 솔직한 생각이 드러나기 때문에 감동적이다. 아이는 자신의 놀이에서 글감을 찾았다. 왜냐하면 바로 그것에 대하여 하고 싶은 말이 있었기 때문이다. 아이들의 마음은 자세하게 표현될수록 감동을 준다.

「딱지 따먹기」를 쓴 아이는 어떻게 해서 이런 좋은 글을 쓸 수 있었을까? 이는 아이가 흔한 일상 속에서 자신의 마음을 잘 들여다보았기에 가능하다. 아이들에게 좋은 글을 쓰기 위한 글감을 찾는 방법을 가르쳐 주려면 주변에 무엇이 있는지, 또는 오늘 무엇을 했는지를 떠올리는 일을 잠시 멈추게 하자. 그보다 무엇이 내 마음속에서 감정의 변화를 일으켰는지, 어떤 사건이 나의 마음을 움직였는지 찾아내게 하는 것이 우선이다. 이것만 잘 찾으면 아이는 언제 어디서든 글감을 찾아 좋은 글을 쓸 수 있다.

아무리 많은 일을 했어도 그것이 아이의 마음에 아무런 느낌도 생각도 불러일으키지 않았다면 글감이 되기 어렵다. 내 안에서가 아니라 내 밖에서 찾으려는 순간부터 글은 어려워진다. 어디선가 들은 듯한 말, 어디선가 본 듯한 글을 흉내 내는 것이 아니라 바로 자기 자신의 감정, 그리고 자신의 생각을 표현해 낼 수 있어야 생생하고 창의적인 글이 된다. 아이의 마음을 움직인 것이 무엇인지 우리 아이 마음속에서 찾도록 도와주자. 아이의 잔잔한 마음속에 물결이 일게 만드는 것이라면 무엇이든 좋은 글을 쓰게 하는 좋은 글감이 될 수 있다.

°나를 둘러싼 모든 것이 글감

글감을 찾기 위해서는 먼저 아이들에게 좋아하는 것에 대해 모두 써 보게 한다. 처음엔 막연해 하지만 한참 써 가면서 자신이 좋아하는 게 얼마나 많은지 알게 된다.

> 상어, 호랑이, 사자, 공룡, 자동차, 개미, 벌, 물고기, 악어, 표범, 치타, 아귀, 괴물, 풀, 매, 매미, 바둑, 장기, 게임, 타조, 파리지옥, 양, 개, 고양이, 소, 판다, 박쥐, 뱀, 뱀파이어, 도깨비, 백두산, 한라산, 모든 나라, 49만 년 전 공룡시대, 트리아스기(공룡이 처음 나온 중생대 초기), 곱하기, 더하기, 빼기, 나누기, 구름, 비, 눈, 번개, 숲, 물, 불, 풍선, 놀이터, 문, 상자, 몬스터, 종이, 외계인, 의자, 책상, 영화
>
> —2학년 구민수

무작위로 자신이 좋아하는 것들을 써 보게 하면 의외로 아이의 관심사에 대해 정확히 알 수 있다. 민수가 좋아하는 것은 주로 동물과 공룡이다. 수학을 좋아하고 파리지옥같이 특이한 식물에도 관심이 있다. 전반적으로 자연환경에 대한 관심이 많다. 또 활동적인 놀이보다는 장기나 바둑처럼 집중하는 놀이에 관심이 있다. 하지만 대부분의 남자아

rule 2

이들이 좋아하는 운동은 전혀 쓰지 않았다. 저절로 아이의 특성이 나타나기 때문에 부모가 아이를 이해하는 데도 많은 도움이 된다.

  나에 관한 것은 모두 훌륭한 글감이다. 나를 중심으로 마인드맵을 그려 보자. 내가 좋아하는 것, 꼭 해 보고 싶은 일, 가고 싶은 곳, 먹고 싶은 음식, 만나고 싶은 사람, 꼭 이루고 싶은 일 등 나에 관한 것이면 무엇이든 항목으로 만들 수 있다. 좋아하는 것 한 가지만 해도 글감은 많이 나온다. 좋아하는 사람, 장소, 음식, 만화, 만화 속 등장인물, 놀이, 활동 등 세부 항목을 얼마든지 만들 수 있다. 각 항목에 대하여 내가 왜 좋아하는지 이유를 쓰기만 해도 좋은 글이 된다.

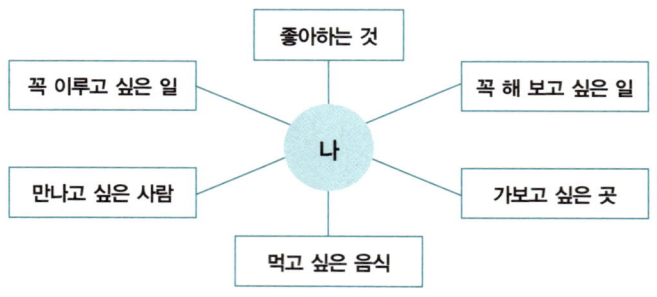

  좋아하는 한 사람에 대해서도 여러 가지 항목을 만들어 이야기할 수 있다. 그 사람을 왜 좋아하는지, 어떤 점이 마음에 드는지, 무엇을 본받고 싶은지, 궁금한 건 무엇인지, 함께하고 싶은 일은? 이렇게 생각해 보면 작은 항목 하나하나가 글감이 될 수 있다는 점을 알 수 있다. 실제로 한번 연습해 보자.

내가 좋아하는 사람 : 반기문 유엔 사무총장

1. 좋아하는 이유에 대하여.
2. 반기문 총장께 궁금한 점.
3. 바라는 점.
4. 본받고 싶은 점.
5. 어릴 적엔 어떤 아이였을까?
6. 유엔 사무총장이 된 비결은 뭘까?
7. 임기가 끝나면 무슨 일을 하시면 좋을까?
8. 반기문 총장은 아이들에게 어떤 아빠였을까?
9. 어떻게 만장일치로 연임할 수 있었을까?
10. 반기문 총장을 만나면 하고 싶은 말.

아마 자신이 좋아하는 사람에 대해 위에서 열거한 것보다 더 많은 글감을 찾아내는 아이도 있을 것이다. 이런 방법으로 글감을 찾기 시작하면 글감의 수는 엄청나게 많아진다. 좋아하는 사람이 열 사람이라면 열 사람에게서 열 가지의 글감이 나오니 벌써 백 가지의 글감을 만들어 낼 수 있다. 이처럼 글감만 찾아내면 글쓰기는 한결 수월해지기 때문에 글감 찾는 능력이야말로 글쓰기의 든든한 디딤돌이 된다.

: 나만의 글감 상자 만들기 & 글감 찾기 놀이

● 나만의 글감 상자 만들기

나만의 글감 상자를 만들자. 보물 상자처럼 예쁜 상자를 마련해서 자신에게 의미 있는 것의 이름을 카드나 메모지에 써서 넣어두는 방법이다. 친구 이름도 좋고 물건도 좋다. 자신이 경험한 일을 제목으로 쓰는 것도 좋다. 좀 더 잘 기억하려면 이름이나 제목 아래에 그때 자신이 느낀 감정을 써 두면 된다. 새로 배운 단어, 오늘 본 책이나 먹은 음식에 관한 것도 좋다. 길에서 새로운 간판이 눈에 띄었으면 그것도 좋다. 제목과 가장 인상적인 감정만 써 두면 생각은 아주 쉽게 다시 살아난다. 언제든 골라서 그것을 글감으로 글을 쓰면 쉽게 쓸 수 있다.

책상	동생	냉장고	학습지	진혁이
짜증 난다	억울하다	먹고 싶다	걱정된다	기분 좋다
앉기 싫다	불쌍하다	바란다	힘들다	놀고 싶다

● 글감 찾기 놀이

글감 찾기에서 창의성을 발휘해 보자. 놀이로 글감 찾기 연습을 하면 글감 찾기 선수가 될 수 있다.

- **아이엠그라운드 놀이로 글감 찾기:** 아이랑 마주 앉아 장단을 맞추고 노래 부르면서 재미있게 글감을 찾는다. 가족이 함께하거나 친구들과 하면 좋다. 인원이 많을수록 더 재미있다. 글감을 못 찾은 사람은 빠지고 끝까지 남은 사람이 이긴다. 이긴 사람에게는 칭찬해 주기, 심부름해 주기 등의 상을 준다.
- **국어 사전으로 글감 찾기:** 하나 둘 셋! 하면 사전의 한군데를 편다. 그

쪽에 나와 있는 단어 중에서 글감을 찾는다. 낱말의 뜻도 읽으며 고르는 재미가 있다. 그림책 등 다른 책을 이용해도 좋다.
- **속담으로 글감 찾기**: 여러 가지 속담 중에서 쓰고 싶은 속담을 골라 글을 쓴다. 속담의 뜻을 알고 자신의 생활에 비유해 보면 글쓰기가 쉬워진다.
- **신문, 잡지에서 글감 찾기**: 어린이 신문과 잡지를 뒤적이다 관심 있는 기사를 골라 글을 쓴다. 그 기사에 대한 자신의 느낌과 생각을 보태어 쓰면 좋은 글이 된다. 그리고 신문이나 잡지에는 글감이 아주 많다는 것도 알게 된다.
- **기자 놀이로 글감 찾기**: 기자가 되어 인터뷰 놀이를 하며 글감을 찾는다. 누구를 만나서 인터뷰하고 싶은지 질문하면 된다. 기자 역할과 인터뷰는 아주 좋은 글감이다. 역할을 통해 미처 생각하지 못했던 것을 생각하는 기회도 갖는다.
- **주사위 놀이로 글감 찾기**: 주사위의 각 면에 아이가 생각한 글감을 적는다. 주사위를 굴려 글감을 고르는 방법이다. 주사위를 굴려서 나온 글감에 대한 이야기를 나누고 글을 쓰면 글쓰기가 한결 재미있어진다. 좀 더 다양하게 활용하고 싶다면 정팔면체, 정십이면체 등 정다면체 주사위를 구해서 사용해 보자. 경주 안압지에서 출토된 신라의 주사위 십사면체 주령구 형태를 활용하면 더 좋다. 인터넷에서 주령구 전개도를 구할 수 있으니 만들어서 사용해 보자.
- **다트판을 만들어 글감 고르기 게임하기**: 칸이 많은 다트판을 이용하는데, 각 칸에 글감을 적는다. 누구나 좋아하는 게임이기 때문에 재미있게 글감을 찾아 글도 잘 쓰게 할 수 있다.

rule 3
아이가 하고 싶은 말이 주제다

°주제를 어렵게 생각하는 이유

주제는 '대화나 연구에서 중심이 되는 문제'다. 국어 시험과 글쓰기에서 말하는 주제를 각각 구분해서 생각하는 것이 좋다. 국어 시간에 문학작품에서 글쓴이가 나타내고자 하는 기본 사상이나 생각을 주제라고 배운다. 시험을 보는 아이들은 하나의 작품 속에 담긴, 정해진 주제를 잘 찾아내는 능력이 필요하다. 그런데 글쓰기에서 주제는 글을 쓰는 사람이 정하는데, 글감에 대해 말하고 싶은 중심 생각이 주제가 된다. 좋은 글이란 글을 쓴 사람이 중심 문제로 생각한 것에 많은 사람이 공감한다는 의미다. 열심히 글을 썼지만 읽는 사람이 공감하지 못한다면 그 중심 문제는 아직 자신에게만 중요한 문제일 뿐이다.

아이들이 주제를 어렵게 생각하는 이유는 어렵게 가르치기 때문이다. 아이들은 누구나 자신이 선택한 글감에 대해 말하고 싶은 주제가 있다. 야구 규칙에 대해 좀 더 알고 싶은 아이가 야구 용어가 어렵게 느껴진다면 '야구 용어를 쉬운 말로 바꾸기를 바란다.'는 내용이 주제가 될 수 있다. 야구장에 가족들과 함께 갔을 때 좀 더 편안하게 관람할 수 있도록 만들어지길 바란다면 '가족 관람석을 만들자.'라는 말이 주제가 된다. 글을 처음 쓰는 아이에게는 말하고 싶은 주제를 찾도록 도와주는 과정이 필요하다. 연습을 몇 번만 한다면 주제를 아주 잘 표현해 낼 수 있다.

1학년 지은이는 늦게 퇴근한 아빠의 밥상을 보더니 갑자기 큰 소리로 외친다. "나도 이렇게 차려 주세요." 무슨 말인지 물어보니 자기가 먹을 땐 반찬이 두 개밖에 없는데 아빠가 드실 땐 반찬이 너무 많다고 말한다. 이렇게 말한 내용으로 일기를 써 보게 하였다.

아빠 밥상

내가 혼자 밥을 먹을 때도 아빠처럼 차려 주어야 한다. 아빠가 드실 땐 생선도 있고 고기도 있고 다른 것도 많다. 그런데 내가 먹을 땐 내가 좋아하는 것 한 가지랑 김치밖에 없다. 나는 자라고 있는 어린이니까 더 잘 먹어야 한다. 아빠는 돈이 많으니까 맛있는 걸 많이 사 먹으신다. 그러니까 내가 먹을 때 더 잘 차려 주셔야 한다. 엄마, 나도 아빠 밥상처럼 차려 주세요.

글감은 '아빠의 밥상'이고 주제는 '어린이에게도 아빠 밥상처럼 차려 주어야 한다.'는 아주 재미있고 확실한 중심 생각이 들어 있는 글이 되었다.

rule 3

°주제를 한 문장으로 말하기

앞에서 글감 찾는 방법을 이해했다면 주제를 찾는 방법도 아주 쉽다. 아이에게 "넌 그것에 대해 어떻게 생각하니?"라고 물어보면 된다. 아이들은 자신이 선택한 글감에 대해서는 분명한 생각을 갖고 있다. 질문하면 첫마디에 나오는 대답에서 아이의 생각을 탐색해 보자.

"넌 학교에 대해 어떻게 생각하니?"라고 물으면 "재미있어요." 혹은 "짜증 나요." 이런 대답이 나온다. 바로 그런 생각이 학교에 대한 아이의 주제가 된다. 재미있다고 말하는 아이에게는 좀 더 구체적으로 질문해서 무엇이 재미있는지, 그것이 아이에게 어떤 영향을 끼치는지 이야기를 나눈다. 짜증 난다고 대답하는 아이에게는 왜 짜증 나는지, 짜증 나지 않고 재미있게 다니려면 학교가 어떻게 바뀌면 좋겠는지 이야기를 나눈다. 아주 진지하고 깊이 있는 아이의 생각이 드러나기 시작한다. 이렇게 글을 바로 쓰지 않고 먼저 이야기를 나누는 것이 좋은 이유는 막연한 생각이 말하는 과정에서 구체화되기 때문이다.

글감이 그러하듯 글의 주제도 아이에게서 찾아야 좋은 글이 된다. '독도 사랑'이라는 글감을 받으면 가장 먼저 아이에게 질문하고 독도에 대한 아이의 마음을 알아보는 것이 좋다. 그래야만 아이가 정확하게 자신이 말하고자 하는 주제가 무엇인지 파악할 수 있다. 독도에 대한 자료를 찾고 남들이 뭐라고 말하는지 알아보는 일은 그다음에 하면 된다.

"넌 독도를 사랑하니?"
"잘 몰라요. 그래도 우리 땅인데 일본 땅이라고 우기는 건 나빠요."

"그래서?"
"우리 땅인데 잘 지켜야죠."

한 줄씩 표현하는 말이 아이가 독도에 대해 갖는 중심 생각이다. 만일 글을 쓰는 아이가 독도에 대해 아무 느낌도 없고, 별다른 감정이나 애정을 느끼지 못한다면 그 글은 차라리 쓰지 않는 것이 더 바람직하다. 자신의 생각이 아닌 것을 그럴듯하게 꾸며 쓰는 것이 가장 나쁘다. 그러니 아이가 꼭 독도에 대한 글을 써야 한다면 솔직하게 쓰는 것이 좋다. 이렇게 이야기를 나누니 초등학교 2학년인 영석이는 이렇게 글을 쓴다.

독도 사랑이라는 글을 써야 한다. 나는 독도에 대해 별로 아는 게 없다. 그래서 무조건 사랑한다고 말하긴 좀 그렇다. 독도는 우리 땅이라는 노래만 조금 안다. 우리 땅인데 일본이 자기 땅이라고 우기는 건 너무 나쁘다. 정말 우리 땅은 우리가 잘 지켜야 한다. 그런데 생각하다 보니 내가 잘 모르는 게 좀 그렇다. 지키려면 내가 그래도 좀 알아야겠다는 생각이 든다. 어디에 있는지 한번 가서 보고 싶다. 아, 엄마랑 아빠랑 우리 가족이 독도에 한번 가 보면 좋겠다. 여행도 하고 배도 타면 신날 것 같다.

아이가 정말 하고 싶은 말이 주제다. 자신의 진정한 생각, 자신이 정말로 말하고자 하는 것이 진짜 주제가 된다. '부모님께 효도합시다.'라는 주제가 나오면 '효도가 뭐지? 왜 효도해야 하지? 난 효도에 대해 어떻게 생각하지?' 이런 의문을 스스로 던질 수 있도록 도와주자. 이렇게 질문만 던져도 아이들은 자신이 말하고자 하는 주제를 아주 잘 찾는다. 그리고 질문에 대답하는 한 줄 문장이 아이의 중심 생각인 경우가 대부분이다. 중심 생각에 살을 붙여 글을 쓰면 된다.

°정답만 말하려는 아이

3학년 현성이는 늘 선생님이나 부모의 마음에 드는 글, 그래서 자신의 생각이나 느낌은 쏙 빠진 글을 쓴다.

> 친구들끼리 싸우면 우리가 스스로 해결하는 것이 좋다. 옆에서 지켜본 친구가 서로 화해할 수 있게 도와주어야 한다.

멋있고 좋은 말로 글을 써 언뜻 보면 괜찮은 글처럼 보인다. 하지만 구체적인 그림이 그려지지 않는다. 화해하도록 도와주는 장면을 떠올려 보려고 해도 너무 막연하다. 글을 읽어서 그 장면이 그림으로 그려지지 않는다면 다시 한 번 더 구체적으로 생각하고 표현하는 과정이 필요하다. 이렇게 모범생의 정답처럼 느껴지는 글 중에는 많은 경우 진솔하지 못하다. 자신의 말을 어떻게 구체적으로 표현할 수 있는지 잘 모르거나, 실제 상황에서는 글로 쓴 것과 같이 행동하지 못하는 경우다. 말과 글은 자신의 행동과 일치하는 것이 바람직하다. 자신은 아직 그렇게 못해 보았다는 사실, 용기가 필요할 것 같지만 아직은 어렵다는 느낌도 함께 쓰도록 도와주어야 한다. 그렇지 않으면 말로만 옳은 행동을 외치고 속마음은 자신의 진짜 마음이 드러날까 두려워하게 된다. 점점 자신을 있는 그대로 표현하기가 어려워지고 포장만 멋있게 한다. 이런 글을 쓰다 보면 아이는 마음이 편치 않게 된다. <mark>마음이 건강한 아이로 자라게 하기 위해서라도 자신의 속마음을 있는 그대로 표현하도록 이끌어 주어야 한다.</mark>

현성이는 「내가 좋아하는 사람」이라는 글을 썼다. 현성이가 1차로 완성한 글이다.

> 내가 좋아하는 사람은 이상훈이다. 상훈이랑 같이 하고 싶은 활동은 축구와 야구다. 왜냐하면 상훈이는 내 절친이기도 하고 더 재미있기 때문이다.

제목에 나와 있는 좋아하는 이유에 대해 말해 보라고 했더니 현성이는 짜증을 냈다. 대강 멋져 보이는 말로 쓰기만 하면 되는 줄 알았는데 다시 자세하게 질문하니 생각하기도 귀찮고 다시 고쳐 써야 한다는 생각에 더 짜증이 났나 보다. 하지만 한 번의 제대로 된 배움이 아이를 성장하게 한다. 어설프게 끝내기보다 힘들더라도 제대로 생각해서 쓰는 경험이 중요하다. 왜 좋은지 다시 질문하자 "아, 그냥요." 하더니 "성격이 좋아요."라고 말하면서 '야구'라는 말을 지운다. 아마 자꾸 물어보면 글 분량이 많아지고 복잡해질 것이 걱정되었나 보다. 그러나 여기서 멈출 수는 없다. '성격이 좋다.'라고 막연하게 표현한 것을 좀 더 구체적인 상황을 떠올릴 수 있게 질문하였다. 현성이는 시무룩하게 '그냥 좋은데….'라고만 반복해서 말한다. 상훈이가 어떤 행동을 할 때 성격이 좋다고 느끼는지 다시 질문하였다. 대답도 추상적이다. "그냥 내가 잘하지 못할 때 격려해 줘요." 참 좋은 말이지만 구체적이지 않다. 어떤 행동이나 말로 격려해 주는지 질문하니 "아, 생각 안 나는데…"라며 또 싫은 내색을 한다.

있는 그대로 구체적으로 생각하는 연습이 되지 않은 아이는 생각하기를 힘들어한다. 그러나 이런 고비를 한두 번만 넘기면 자신의 마음을 자세하게 글로 옮기는 것이 편안해진다. 확실하게 이야기를 나누어 자신이 기억하는 친구의 말과 행동이 무엇인지 정확하게 인식할 수 있게 하였다. 다시 질문하니 작은 목소리로 이제 기억을 살려 말하기 시작한다. "상훈이는 내가 부르면요, 금방 와 가지고 게임 이야기 같은 거 잘 들어줘요." 그 말도 그대로 쓰라고 하였다. 잘하고 있음을 충분히 칭찬해 주었다. 그리고 자신이 상훈이를 성격 좋은 친구로 생각하는 구체적인 이유를 글로 쓰는 게 너무 중요하다고 말해 주었다. 그러자 갑자기 현성이가 한마디 더 말한다. "축구할 때 패스도 잘해 줘요." "그렇지, 바로 그거야. 그 말이 들어가면 좋은 글이 될 수 있어." 현성이가 잘 표현해서 선생님이 신이 난다고 말해 주었다. 이런 과정을 거친 뒤 고쳐진 글이다.

내가 좋아하는 사람은 이상훈이다. 왜냐하면 상훈이는 내 절친이기도 하고 재미있기 때문이다. 또 성격도 좋다. 상훈이랑 같이 하고 싶은 활동은 축구다. 상훈이랑 축구를 많이 못했다. 상훈이는 부르면 와서 게임 이야기할 때 잘 들어주고 축구할 때 패스해 달라고 하면 나한테 해 준다. 그래서 성격이 좋아서 좋다. 유치원 때부터 2학년 때까지는 같은 반이었는데 3학년 때는 같은 반이 아니어서 아쉽다.

그런데 완성된 글에는 상훈이가 격려해 준다는 말이 빠져 있다. 왜 그 말을 쓰지 않았는지 질문했다. 그러자 현성이는 "그건 아니에요. 그냥 해 본 말이에요."라고 말한다. 현성이는 자신이 구체적으로 경험하고 생각하는 것과 막연하게 꾸민 말의 차이점을 이해하기 시작하였다.

: 주제 찾기 놀이

자신이 선택한 글감에 대해 이야기하고 싶은 점이 주제가 된다. 물론 주제라는 말이 유아나 초등학교 저학년 아이들에게는 어렵게 느껴질 수 있다. 그럴 땐 '이야기하고 싶은 점'이라는 말로 바꾸어 쓰면 좋다. 아이들이 이해할 수 있는 말로 설명해 주고, '주제 찾기 놀이' 또는 '점 찾기 놀이'를 통해 이야기하고 싶은 바를 찾게 한다.

● **주제(~한 점) 찾기 놀이**

글감에 대해 마음에 드는 점, 마음에 들지 않는 점으로 시작하면 쉽게 생각할 수 있다. "어떤 점에 대해 이야기하고 싶니? 또 어떤 점이 있을까?"라고 퀴즈를 내면 여러 가지를 생각해서 대답할 수 있다. 잘 생각하지 못하면 좋은 점, 나쁜 점 등 두세 가지를 더 말해 주면 쉽게 찾을 수 있다. 아래 표를 참고해서 도와준다.

초등학교 1, 2, 3학년 아이들의 주제 찾기 놀이

좋은 점	나쁜 점	싫은 점	마음에 드는 점	배운 점
이상한 점	궁금한 점	신기한 점	별로인 점	걱정되는 점
질투나는 점	생각한 점	재미있는 점	하고 싶은 점	끔찍한 점
알게 된 점	바꾸고 싶은 점	고치고 싶은 점	웃기는 점	느낀 점
오글거리는 점	따라 하고 싶은 점	기억할 점	더 알고 싶은 점	실제로 보고 싶은 점
소름끼치는 점	부러운 점	민망한 점	감탄스러운 점	시시한 점

● **주제 찾기 빙고 게임**

색종이로 4×4, 모두 16칸의 빙고 용지를 만들어 앞에서 찾은 주제 중 마음에 드는 것을 찾아 빈칸에 적어 넣는다. 아이들이 찾은 주제나 위의 표에 제시된 30개 중 자신의 마음에 드는 주제 16가지를 찾아 선택하는 과정을 통해 좀 더 자신에게 잘 맞거나 자신이 말하고 싶은 주제를 인식할 수 있게 된다. 주제를 찾고 빙고 게임을 하는 동안 아이들은 주제에 대해 충분히 이해하고 스스로 주제를 고르고 선택할 수 있다.

주제 찾기 빙고 게임

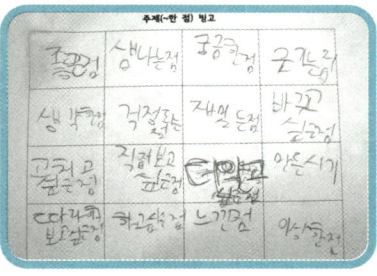 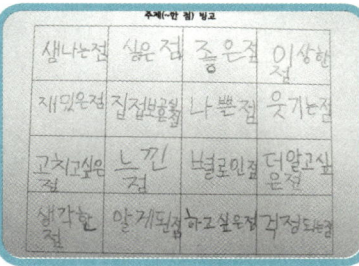

rule 4
말이 곧 글이다,
아이의 말을 글로 바꾸자

°아이의 말은 아름답다

3학년 준현이는 에너지가 많고 활동력도 강하다. 그래서인지 가만히 앉아서 공부하거나 글을 쓰는 것이 어렵다. 수업할 때도 틈만 나면 친구들과 떠들고 장난을 친다. 선생님이 잠깐이라도 다른 아이를 보고 있으면 어느새 교실에서도 달리기와 잡기 놀이를 한다. 과연 준현이가 차분히 앉아 글을 쓰는 것이 가능할까? 물론 가능하다. 여럿이라면 주의가 산만해지지만 엄마와 단둘이 이야기를 나누는 것은 무척 쉽다. 학교 교실에서 친구들과 함께 수업할 때라면 2~3분 정도 시간을 내어 따로 이야기할 필요가 있다. 전부에게 이야기하면 집중도 되지 않고, 자신에게 하는 이야기라는 사실을 잘 인지하지 못한다. 그러니 아이의 이름을 부르고 눈을 마주보며 이야기를 나누면 상당히 다른 차원의 이야기가 가능해진다.

이론으로 설명하는 방법이 준현이처럼 활동적인 아이에게는 잘 먹히지 않기 때문에 자신의 말과 행동이 그대로 글이 된다는 사실을 직접 경험하게 하는 것이 가장 좋다.

준현이에게 친구들과 집단 놀이를 할 때 대장을 시켰다. 활동적인 아이에게는 책임 있는 역할을 맡기면 효과적이다. 아이들에게 이번 놀이에서는 준현이가 대장이니 잘 따르라고 말하고, 준현이에게도 멋지게 대장 노릇을 하라고 말해 주었다. 놀이가 끝난 후에 준현이와 따로 이야기를 나누었다.

"딱 오 분이에요."
"알았어. 너 혼자 남으니 어떤 감정을 느끼니?"
"나쁜 감정요. 귀찮은 걸 느꼈어요. 당황스럽기도 하고. 이렇게 혼자 남아서 이야기하니까."
"놀이할 때는 어땠어?"
"아까 게임할 때 대장을 해서 만족했어요."
"근데 게임하다가 당황스러워서 다음부터는 다른 애가 게임 대장을 하는 게 좋겠다고 생각했어요. 왜냐면 음, 그건 모르겠어요."
"왜 대장을 안 할 생각이니?"
"그냥 귀찮아요."
"막상 대장을 해 보니까 어땠어?"
"이상해요."
"뭐가?"
"모르겠어요."

"규칙을 잘 지키려니까 어려웠어?"

"네."

"규칙을 막 어기고 싶어졌니?"

"네."

"누가 뭐라고 할까 봐 마음이 불편했니?"

"네."

"혹시 이런 생각도 들었니? 대장을 잘하지 못할까 봐 걱정되는 마음?"

"네."

"그래서 아예 다음엔 대장을 하지 말고 다른 친구나 시켜야겠다고 생각한 거니?"

"아, 내 감정이 뭐지? 네."

"그거 비겁한 거 아냐?"

"안 비겁한 거예요."

"비겁한 거지. 네가 대장을 하고 싶었는데 잘하지 못할 것 같으니까 살짝 피해가는 거잖아."

"아니에요."

"진짜 대장 제대로 하면 되잖아."

"싫어요. 귀찮아요."

"진짜 대장을 하는 게 멋있는 건데."

(잠시 생각하더니)

"하기는 해 볼 거예요. 도전은 해 봐야죠."

"근데 네 느낌에 잘하지 못할 것 같아?"

"네."
"왜 자신을 못 믿어?"
"지금 십 분 됐죠?" (딴소리하며 피한다.)
"네가 스스로 대장을 잘하지 못할 거 같아?"
"다른 친구들이 좀 무시할까 봐요."

진심이 있는 글은 아름답다. 자주 혼나는 아이, 말만 하면 친구들과 말썽을 일으키는 아이, 그런 아이의 말도 글로 한 번 써 보기 바란다. 그 아이가 무슨 말을 하는지 그제야 알 수 있게 된다. 말할 때는 미처 몰라도 읽으면서 진심을 느끼게 되고, 아이의 아름다운 마음도 알게 된다. 이런 경험은 아이에게도 필요하지만 부모나 선생님에게도 꼭 필요하다. 아이의 진심은 다른 아이들과 다르지 않다는 사실, 어쩌면 더 간절하게 바라는 마음이 있지만 방법을 몰라 엉뚱하게 표현된다는 사실을 알게 된다. 이렇게 아이의 말을 그대로 글로 옮기면 그게 무엇인지 잘 알 수 있다.

° 말이 글이 되는 신기한 경험

자신의 말이 글이 되는 경험을 할 때는 글이 재미도 있고 의미도 있어야 한다. 그리고 가능한 한 아이가 자신의 강점을 찾을 수 있는 기회가 되면 더 좋다. 자기가 잘할 수 있는 것을 확인해서 스스로 뿌듯하게 느낄 수 있는 기회를 갖도록 도와주자.

rule 4

준현이와 나눈 대화를 녹음해 두었다가 그대로 옮겨 적었다. 다음 시간에 다른 친구들 앞에서 준현이와 선생님이 나눈 이야기를 읽어 주었다. 처음에 준현이는 읽지 못하게 막았다. 이럴 때는 잠시 고민이 되기도 한다. 아이가 자신의 글이 공개되기를 꺼리는데 억지로 읽어서 오히려 긁어 부스럼이 되지 않을까 하는 걱정이다.

아이가 자신의 글을 공개하기를 거부하지만 부모나 선생님이 글을 공개적으로 읽어 주고 싶을 때는 몇 가지 판단 기준이 있어야 한다. 우선 아이의 말이 글이 되는 과정을 경험하는 것이 필요하다. 이것은 말한 아이뿐만 아니라 함께 듣는 친구들에게도 무척 좋은 경험이다. 자신의 말이 글이 되는 경험도 중요하고 친구의 말이 글로 옮겨졌을 때 더욱 좋은 자극을 받기 때문이다. 그리고 아이와 나눈 대화가 아이의 진짜 모습을 보여 주고 있어 친구들의 공감을 불러일으킬 수 있다는 확신이 있어야 한다. 마지막으로 아이에게 이 경험이 긍정적으로 발전할 수 있는 동기가 될 수 있어야 한다. 준현이의 경우 이 모든 조건이 충분히 충족되었다고 판단되었다. 그래서 준현이에게 글을 발표하는 것이 듣기 싫으면 귀를 막거나 다른 일을 해도 좋다고 했다.

아이들의 반응은 무척 좋았다. "재미있어요."라며 웃기도 하고 "그게 무슨 말이에요?"라고 질문하기도 한다. 중간 중간 친구들의 반응을 확인하던 준현이는 서서히 관심을 보이기 시작한다. 손장난하던 것을 멈추고 아이들을 바라보기도 하고 듣다가 혼자 씩 미소를 짓기도 한다. 다 읽으니 "또 읽어 주세요."라고 말하는 친구들도 있었다.

준현이는 "아, 왜 또 읽어 달라 그래." 하고 소리치지만 얼굴 표정은 완전히 달라져 있었다. 자랑스럽고 뿌듯한 얼굴이다. 어떤 아이는 "정말 저 친구가 썼어요?"라고 물어본다. "아니 준현이가 말한 걸 그대로 선생님이 적었어." "정말요?" 그 말을 듣던 준현이는 "아, 내가 다 말한 거야."라며 으쓱거린다. 준현이에게도 충분히 만족스러운 경험이 되었다. 말이 글이 되는 경험, 친구들 앞에서 자신의 말글로 인정받고 호응을 얻음으로써 자신감을 얻게 된 점, 자신이 무심코 한 말들이 저렇게 재미있고 의미 있게 받아들여졌다는 점에 무척 뿌듯해 했다.

글쓰기의 첫 단계가 말이 글이 되는 경험이어야 하는 이유가 바로 여기에 있다. 말이 글이 되는 경험은 글쓰기는 쉬운 것, 재미있는 것, 뿌듯한 것, 자랑스러운 것이라고 생각하게 해 준다. 우리 아이가 글쓰기란 '할 만한 것, 마음먹으면 잘할 수 있는 것, 내 마음에 들 정도로 할 수 있는 것, 내가 하면 사람들이 좋아하는 것'이라는 생각을 가져야 글쓰기를 좋아할 수 있다.

글쓰기를 가르치는 가장 중요한 목적은 '글을 잘 쓰는 것'이 아니라 '글쓰기를 좋아하는 것'이어야 한다. 자신의 말이 글이 되는 것을 경험한 아이는 글쓰기를 좋아한다. 좋아하는 것은 하지 말라고 해도 열심히 하기 마련이다. 그리고 좋아하는 것을 계속할 수 있도록 하기 위해서는 잘못한 걸 지적해서 고치기보다는 잘한 부분을 찾아내 칭찬하는 것이 좋다. 실수한 부분을 꼬집어 내어 붉은 줄로 죽죽 긋기보다 아이가 스스로 마음에 들어 하는 부분을 찾아내어 격려해 주는 것이 좋다. 글을 잘 쓰는 아이로 키우고 싶다면 이 점을 명심하자.

rule 4

°10번이면 글 못 쓰는 아이가 없다

아이들의 말을 그대로 글로 적으면 참 재미있다. 아무리 글쓰기를 싫어하고 자신감이 없는 아이도 10번만 이렇게 말을 글로 적어 다시 읽어 주는 과정을 거치면 자신의 말을 그대로 글로 옮겨 적는 데 쉽게 익숙해진다.

사실 10번이란 아주 넉넉하게 잡은 횟수다. 보통 아이들은 5번 정도면 충분하다. 아이가 초등학생 동안 1년에 1번씩 6번만 이런 경험을 해도 된다. 1년에 1번 해 보는 게 뭐 그리 큰 영향이 있을까 하는 의문이 들 수도 있겠지만 아이들은 중요한 경험을 아주 잘 기억한다. 두뇌 깊숙한 곳에 장기 기억으로 강력하게 저장되어 필요할 때 쉽게 꺼내어 쓸 수 있게 된다. 대화 글을 쓰는 것은 자신의 말만 쓰는 게 아니라 함께 대화한 부모나 선생님의 말도 옮겨 쓰는 경험이 된다. 대화 글을 그대로 옮겨 쓰는 경우와 아이가 자신의 생각을 말하듯 글로 쓰는 것도 구분해서 알려 주면 좋다. 앞에서 준현이의 글을 귀 기울여 들은 아이가 자신이 선택한 주제에 대한 글을 쓰려고 할 때 이런 고민을 말한다.
"전 대화가 없는데 어떻게 해요?"

그래서 준현이의 글은 선생님과 함께 나눈 대화를 쓴 글이라는 점, 그리고 지금 자신이 쓰려고 하는 것은 대화를 나누지 않고 쓰는 것이니 혼자 말하듯이 쓰면 된다고 알려 주었다.

엄마와 대화한 말을 그대로 써도 되는지, 친구와 나눈 이야기를 그대로 써도 되는지 질문한다. 당연하다고 했다. 문구점에서 주인아저씨와 나눈 이야기도 되고 슈퍼에서 가게 아줌마와 나눈 이야기도 된다고 알려 주었다. 그랬더니 아이들이 이제 이해하겠다는 표정이다.

  아이와 이야기를 나눌 때 미리 녹음한다는 사실을 알려 주는 것도 좋다. 우리 아이가 녹음하는 것을 어색해 한다면 인터뷰하듯이 가상의 마이크를 사용하면 더 좋아한다. 아이들은 마이크에 대고 말하는 형식 자체를 재미있어 한다. 녹음한 대화를 함께 들으면 좋은데, 아이들이 자신의 목소리가 나올 때마다 보여 주는 반응은 다양하다. 재미있어 하기도 하고 쑥스러워 하기도 하는데, 어떤 반응이든 좋다.

  아이와 나눈 이야기를 한 문장씩 끊어서 들으며 쓰게 한다. 만약 아이가 글자 틀리는 걸 신경 쓰느라 속도가 너무 느리다면 엄마나 선생님이 먼저 받아써 주고 그 글을 보고 쓰게 하면 된다. 글쓰기에서 철자와 문법은 내용을 쓰는 단계에서는 지적하지 않는 것이 좋다. 유아나 초등학교 저학년 아이들이 글자를 틀리는 것은 당연하다. 그런데 글자를 고치게 하면 내용을 놓치기 일쑤다. 아이가 틀리지 않게 쓰려고 신경 쓰게 되면 아는 글자만 쓰거나 줄여서 쓰기도 한다. 머릿속에 더 많

글쓰기를 힘들어하는 1학년 민준이의 말과 글

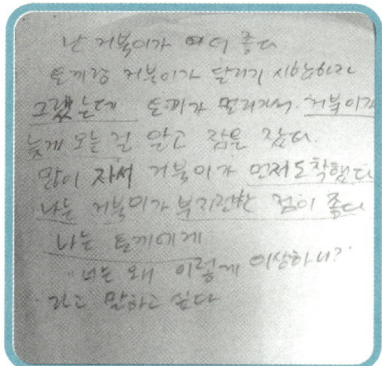

〈엄마가 받아써 준 말〉

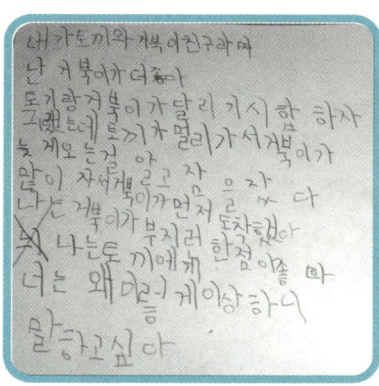

〈민준이가 다시 쓴 글〉

rule 4

은 말이 떠올라도 그 생각들을 눌러 버리고, 더 생각나지 않는다고 거짓말까지 하기도 한다. 그러니 글쓰기의 내용을 자유롭게 표현하는 것이 습관화될 때까지는 틀린 글자를 지적하지 않는 것이 좋다. 굳이 그 점을 지적하고 싶다면 바로 그 자리가 아니라 글을 완전히 완성한 뒤에 최소한 1시간은 지나서, 아니면 다음 날이나 1주일이 지난 다음에 하는 것이 좋다. 글의 내용을 말로 표현하고 그것을 글로 옮기는 것만으로도 아이는 에너지를 다 소모했다. 방전된 상태에서 무리하게 억지로 진행한다면 문제가 발생한다. 글쓰기를 어렵고 힘든 작업으로만 기억하게 되는 것이다. 글쓰기를 좋아하는 아이, 글을 잘 쓰는 아이로 자라게 하려면 틀린 글자를 보고 꾹 참는 인내심이 필요하다.

rule 5
좋은 질문이 글을 쓰게 한다

° 질문으로 글 쓰는 재미가 솔솔~

어떻게 말해야 아이가 글을 쓰고 싶은 마음이 들까? 말이란 참 중요하다. 똑같은 의미의 말이라도 말하는 형태에 따라 상대방의 마음은 완전히 달라진다. 글을 써야 하니 글을 쓰라고 말하는 게 뭐 잘못되었을까 싶은 마음이 들 수 있다. 하지만 잘못 말하면 쓰고 싶은 마음이 아니라 쓰기 싫은 마음, 핑계 대고 싶은 마음, 원망하고 싶은 마음만 생겨난다. 그러니 우리 아이가 쉽게 글을 쓰게 하려면 글 쓰고 싶은 마음을 불러일으키게 말해야 한다.

 글쓰기를 쉽게 할 수 있도록 좋은 질문을 사용해 보자. 좋은 질문은 글을 쓰고 싶은 마음이 들게 한다. 먼저 글감을 쉽게 찾는 질문을 살펴보자. 간단한 질문으로도 글감을 쉽게 찾을 수 있다.

rule 5

"네 마음에 드는 것은 뭐니?"
"마음에 들지 않는 것은 뭐니?"
"좋아하는 것은 뭐니?"
"이것에 관해 기억나는 이야기는 뭐니?"

위 질문을 잘 활용하면 쉽게 글감을 찾을 수 있다. "신문에서 쓸 만한 걸 찾아봐."라는 말은 지시와 명령이다. 그래서 자신이 마음에 드는 걸 찾아도 시키는 걸 했다는 느낌 때문에 그다지 만족스럽지 못하다. 똑같은 말을 질문형으로 바꾸어 보자.

"넌 어떤 사진이 마음에 드니?" "넌 어떤 기사가 인상적이니?"라고 물으면 아이가 자기 마음에 드는 사진과 인상적인 기사를 찾고 싶어 한다. 질문은 아이가 스스로 선택하게 이끄는데, 스스로 선택할 때 더 열심히 잘한다. 이처럼 자발적 선택의 힘이 갖는 중요성을 잘 인식해야 한다. 아이들이 평소 쓰는 글은 자율적으로 하는 일이 아니라 주어진 과제인 경우가 대부분이다. 스스로 쓰고 싶어 쓰는 것이 아니기에 글쓰기가 더 재미없게 느껴진다. 하지만 글 쓰는 과정에서 좋은 질문으로 아이의 선택 폭을 넓혀 주면 아이의 자율성은 증가하고 글 쓰는 재미도 생겨난다. 질문은 이처럼 아이가 스스로 글을 쓰게 하는 중요한 도구다.

글감에 대한 주제를 찾을 때도 질문이 효과적이다. "그것에 대해 어떤 느낌이 드니?" "그것에 대해 어떻게 생각하니?" 이런 질문들은 아이가 글감에 대해 느끼고 생각하는 것이 무엇인지 정확하게 인식하도록 도와준다. 자신의 생각을 잘 찾지 못하는 아이에게는 느낌을 먼저 질문하는 것이 좋다. 아이들은 관심 있는 주제에 대한 느낌과 생각이 분명히 있다. 이 질문은 아이의 머릿속에 있는 막연한 느낌과 생각을 구체적으로 만든다. 감정 질문과 생각 질문을 좀 더 구체적으로 살펴보자.

°감정 질문으로 말과 글 시작하기

우리는 모든 사물과 사건, 사람에 대해 특정한 느낌을 갖는다. 우리가 자주 사용하는 느낌 단어를 정리해 보자. 크게 긍정적 감정과 부정적 감정으로 나눌 수 있다.

긍정적 감정 단어	부정적 감정 단어
감동적인, 감격스러운, 기분 좋은, 기쁜, 든든한, 만족스러운, 뭉클한, 반가운, 뿌듯한, 상쾌한, 시원한, 신기한, 신나는, 아늑한, 웃기는, 위로되는, 재미있는, 즐거운, 짜릿한, 통쾌한, 편안한, 평화로운, 포근한, 행복한, 환상적인, 후련한, 흐뭇한, 흥미로운	괘씸한, 기분 나쁜, 긴장되는, 끔찍한, 답답한, 당황스러운, 민망한, 부끄러운, 분통터지는, 불안한, 불쾌한, 소름끼치는, 샘나는, 속상한, 실망한, 싫은, 슬픈, 억울한, 외로운, 우울한, 지루한, 짜증나는, 참을 수 없는, 창피한, 초조한, 화난, 후회스러운

일반적인 감정 단어는 우리에게 수많은 정보와 실마리를 제공한다. 감정 단어를 사용해 수많은 질문을 만들 수 있다. "재미있는 점은 뭐니?" "신나는 점은 뭐니?" "흥미로운 점은 뭐니?" "웃기는 점은?" "속상한 점은?" "답답한 점은?" "실망스러운 점은?" "참기 어려운 점은?"

한 가지 글감에 대해 감정 단어를 사용하여 질문으로 바꾸기만 하면 된다. 감정 단어를 질문으로 바꾸면 아이들은 쉽게 생각할 수 있다. 둥근 책상에 둘러앉은 아이들에게 질문한다.

"만약 이 책상에 대해 글을 쓴다면 무슨 말을 쓰고 싶니?"
"아무 생각도 안 나는데요. 쓸 게 없어요."

아무 생각도 떠오르지 않는 아이에게 감정 단어로 바꾸어서 질문해 보자.

"이 책상에 앉으니 기분이 좋니?"
"아니오."
"왜?"
"책상이 낡았어요. 그래도 좋은 점도 있어요."
"어떤 점이 좋니?"
"여러 명이 같이 앉을 수 있어서 좋아요."

책상에 대한 생각을 질문할 때는 아무런 생각도 못했던 아이가 책상에 대한 감정을 질문하니 말이 많아진다. 바로 이거다. 우리는 자신이 만나는 모든 사람과 사물에 대해 생각하기 이전에 감정을 느낀다. '왠지 마음에 든다. 왠지 마음에 들지 않는다.' 바로 그런 감정에서 시작하면 생각으로 발전시켜 가는 것은 매우 쉬운 일이 된다. 네모난 책상과 둥근 책상을 비교해 볼 수도 있고, 개인 책상과 여러 명이 함께 앉을 수 있는 책상을 비교해서 장점과 단점을 이야기 나눌 수 있다. 좀 더 발전시켜서 자신이 앉아 본 책상 중에 어떤 책상이 가장 마음에 들었는지, 만약 내가 책상을 만든다면 어떤 모양, 어떤 색깔, 어떤 크기의 책상을 만들고 싶은지 이야기를 나누어도 좋다. 감정에서 시작하여 생각으로 진행하면 깊이 있는 대화로 발전해 나갈 수 있다.

°생각 질문으로 똑똑한 글쓰기

감정 단어에서 시작하여 생각을 자유롭게 말할 수 있게 되면 좀 더 생각을 자극할 수 있는 생각 질문을 활용한다. 생각이란 매우 광범위한 의미다. 우리가 흔히 말하는 사고력이나 인지 능력 모두 생각에 포함된다.

생각 질문도 생각 단어에서 시작하면 된다. 생각 단어는 우리가 흔히 사용하는 일상의 언어에 아주 많이 포함되어 있다. 그런 생각 단어를 끄집어내어 질문으로 사용한다.

생각 동사

궁금하다, 하고 싶다, 경험하다, 기억하다, 더 알고 싶다, 직접 보고 싶다, 배우다, 깨닫다, 고치고 싶다, 비교하다, 대조하다, 구분하다, 분석하다, 분류하다, 예상하다, 예측하다, 추론하다, 추측하다, 믿는다, 의심된다, 이상하다

생각 동사로 질문을 만들어 보자. 글감에 대한 생각을 질문하면 된다.

"그것에 대해 궁금한 점은 뭐니?"
"네가 경험하고 싶은 것은 뭐니?"
"잊지 않고 기억하고 싶은 것은 뭐니?"
"좀 더 알고 싶은 것은 뭐니?"
"직접 보고 싶은 것은 뭐니?"
"배운 점은 뭐니?"
"잘했다고 생각하는 점은 뭐니?"
"비교해 볼래?"
"기준을 만들어서 같은 종류끼리 분류해 볼래?"

아이가 생각하는 글감에 생각 동사를 집어넣어 질문으로 만들면 이야깃거리가 아주 풍부해진다. 한 가지 글감에 한 가지 생각 동사를 활용해서 깊이 있는 글을 써도 좋다. 아이가 한 가지 글감에서 여러 가지를 생각한다면 그것들에 대하여 하고 싶은 말을 해도 좋다.

1학년 승준이는 자기가 좋아하는 친구에 대해 쓰겠다고 했다. 그런데 처음엔 좋아하는 친구라고 막연하게 말했는데, 이야기를 나누다 보니 사실 아직 좋아하는 느낌은 없고 관심만 있다고 말한다. 그리고 같이 하고 싶은 게 있다고 한다. 그래서 자기 생각을 그대로 쓰는 게 중요하다고 말해 주고 글을 쓰게 하였다.

정윤우에 대하여

내가 관심 있는 친구는 정윤우다. 윤우랑 같이 하고 싶은 점은 같이 라면을 사먹고 싶다. 운동장에서 컵라면을 먹고 싶다. 또 같이 하고 싶은 놀이는 이구동성게임이다. 윤우랑 이구동성게임을 하니까 목소리도 크고 발음도 좋았다.

승준이는 자신의 정확한 감정과 생각에서 시작하니 이야기를 잘하게 되었다. 처음엔 한두 줄 쓰기도 어려웠던 아이가 자신의 마음을 있는 그대로 쓰다 보니 글이 풍부해진 것이다. 승준이는 자신의 글에 대해 99점을 주었다. 부족한 1점이 무엇인지 질문하니 띄어쓰기를 잘못해서란다. 참 귀엽다. 틀린 글자도 있었지만 자신이 어느 글자를 틀렸는지 모르니 그건 평가에서 빠졌다. 아이답다. 이런 아이의 모습은 보는 이로 하여금 미소 짓게 만든다.

가장 효과적인 교육 원칙은 아이로부터 시작한다는 점이다. 아이가 좋아하는 대상, 아이가 좋아하는 방법에서 시작해 점점 확산시켜 가는 것이 가장 좋다. 아이가 관심 없는 대상이나 좋아하지 않는 방법으로

1학년 승준이가 쓴 글

공부하고 의무감으로 글을 쓰는 것은 학교만으로 충분하다. 최소한 마음 글쓰기에서는 아이의 감정과 생각을 최우선으로 하기를 바란다. 자신이 알고 싶은 것을 자신이 원하는 방식으로 배운 경험이 있는 아이만이 다른 것도 배우려는 마음을 갖는다. 하기 싫고 힘들어도 참고 견디는 힘이 생긴다. 아이의 감정과 생각에서 시작하는 마음 글쓰기는 우리 아이를 멋지게 성장시켜 준다.

°사고력 수준에 따라 질문도 달라진다

글쓰기의 바람직한 발달을 위해 생각(사고)의 수준을 제시한 미니스와 쉬라블(Minnis & Shrable)이 구분한 질문 유형을 적용하면 효과적이다.

질문의 종류	내용
정보 회상적 질문	단순한 지식, 경험한 사실, 방법이나 원리 등을 확인하는 질문
문제 해결 수준의 추론적 질문	지식과 정보를 비교하기, 대조하기, 구분하기, 분석하기, 종합하기
사고의 확산을 위한 적용적 질문	새로운 상황에 적용하기, 예측하기, 가설 세우기

여기에는 크게 세 단계의 사고 수준이 있다. 부모나 선생님이 질문을 활용할 때는 기본적인 정보 회상적 질문에서 시작해서 문제 해결 수준의 추론적 질문 그리고 사고의 확산을 위한 적용적 질문의 순서로 진행하는 것이 일반적인 방법이다. 그런데 아이에 따라 정보 회상적

질문 즉, 지식 질문에 부담을 갖는 경우가 많다. 보통 유아기에 시작하는 공부의 형태나 아이에게 책을 읽어 주면서 활용하는 질문의 대부분이 지식 질문이기 때문이다. 지식 질문은 자신의 느낌이나 독창적 생각을 표현하는 것이 아니라 정답을 말해야 하는 질문이다. 안타깝게도 정답이 있는 질문은 아이들을 긴장시킨다. 맞는 답을 말하지 못할까 봐 조마조마하고 괜히 눈치를 보게 한다. 틀린 답을 말할 때 어른들의 표정이나 훈계가 아이들을 주눅 들게 하기 때문이다. 따라서 글쓰기를 위한 질문을 활용할 때에는 1단계로 제시된 지식 질문은 가능하면 적게 사용하기를 바란다. 굳이 지식 질문이 필요하다면 독서 퀴즈 형식으로 재미있게 진행하기 바란다.

문제 해결을 위한 추론적 질문으로 바로 들어가면 오히려 아이들이 자유롭게 자신의 생각을 말한다. 아이들은 비교하고 분류해 보고 분석하고 자신의 궁금증을 바탕으로 이야기 나누기를 즐겨 한다.

"엄마랑 아빠 중에 누가 더 좋니?"라는 고전적 질문은 아이를 상당히 곤란하게 만든다. 이유는 간단하다. 한 가지 답을 요구하는 질문인데 아이는 도저히 두 사람 중 한 사람을 선택하기가 어렵다. 괜히 눈치를 보게 되고 그로 인해 곤란한 일이 생길까 봐 걱정되기 때문이다. 이를 비교하는 질문으로 바꾸어서 해 보자.

"엄마의 좋은 점과 아빠의 좋은 점을 비교해 볼래?"
"엄마는 맛있는 음식을 해 줘서 좋고요. 아빠는 일요일에 저랑 놀아 주세요. 같이 놀이터에 나가서 축구해요."

rule 5

비교하고 대조하는 질문은 아이를 생각하게 만든다. 자세한 상황을 떠올리고 자신이 왜 엄마 아빠를 사랑하는지 곰곰이 생각한다. 좀 더 아이의 생각을 잘 알아보려면 약간 아이를 고민하게 하는 질문을 던져도 좋다.

"그럼 엄마가 맛있는 음식도 안 해 주고, 아빠가 놀아 주지도 않으면 어때?"

이 질문에도 아이는 또 생각한다. 아이는 엄마 아빠가 그렇게 해 주지 않아도 자신이 부모님을 사랑하는 것에는 변함이 없다는 사실도 깨닫는다. 다만 그렇게 해 주시니 더 고맙고 좋다는 것을 알게 된다.

이렇게 생각하는 질문은 아이의 마음을 성장하게 한다. 진정한 글쓰기를 하면 내면을 성장시키는 이유가 바로 여기에 있다. 미처 생각하지 못한 것에 대한 자신의 느낌과 생각을 잘 알게 되면서 스스로 성장해 간다. 이런 대화를 글로 남기는 것이 중요하다. 말은 사라지고 글은 남는다.

자신의 일기를 모아 둔 어떤 아이는 친구들이 다 함께 가는 놀이공원에 갈지 말지 고민하고 있다. 그러더니 자신이 일 년 전에 친구들과 함께 놀이공원에 다녀와서 썼던 일기를 다시 꺼내 읽어 보았다. 거기엔 너무 신나서 함께 갔지만 친구들과 의견이 달라 중간에 서로 삐치고 헤어졌다가 나중에 어색해진 이야기가 쓰여 있었다. 그래서 이번에 가게 되면 미리 어떤 놀이기구를 탈지 서로 의견이 다를 땐 어떻게 하면 좋을지 친구들과 함께 이야기를 나누었다. 덕분에 놀이공원에서의 하루는 아주 즐거웠고 친구들과의 관계도 훨씬 더 좋아졌다고 한다.

사고의 확산을 위한 적용적 질문은 아이가 생각하는 것을 새로운 상황에 적용해 보고 예측하는 질문이다. 책 속의 상황을 나에게 가져와 '나라면?' 하고 질문하는 방식이다. 흔히 쓰는 질문 방식이지만 사실 이 질문은 고차원적 사고가 필요하다. 유아와 초등학교 저학년 아이는 옛이야기나 창작 동화같이 주로 상상 이야기를 많이 읽는다. 상상 이야기에서 이 질문을 적용하면 더 재미있는 상상을 할 수 있다. 인지 자극을 주기 위해서라면 상상 이야기에 적용하기보다는 현실 이야기를 다룬 창작 이야기를 읽고 적용하면 된다.

『강아지똥』을 읽고 '내가 흙덩이라면, 내가 병아리라면, 내가 민들레라면, 내가 강아지똥이라면 어떻게 말했을까? 그 상황에서 어떻게 행동했을까?' 이렇게 적용해서 질문한다. 일반적으로 곧바로 주인공에 대입시켜 질문하는 경우가 많다. '내가 주인공이라면?' 이라는 질문에 부담을 갖는 아이라면 주변 등장인물에 적용하는 질문을 먼저 하는 것이 효과적이다.

좋은 질문은 생각하게 만든다. 아이는 아주 구체적으로 자신이라면 어떻게 할지 생각한다. 아이는 적용적 질문을 통해 여러 가지 상황을 자신에게 적용하면서 자아를 형성하는 데 도움을 받는다. '나라면 이렇게 할 텐데, 저렇게 하고 싶은데.' 라는 생각이 바로 아이가 스스로 원하는 것이 무엇인지 알게 하고 자신을 사랑하게 하는 과정이 된다.

: 아이도 엄마도 재미있는 질문 방법

● **상상 질문 : 무엇이든 바꾸어 상상하게 하는 질문**

"만약에 ~한다면 어떨까?"
"네가 만약 ~라면 무슨 일을 하고 싶니?"

'만약에'라는 말은 바로 상상의 세계로 들어가게 만든다. 내가 만약 하늘을 난다면 어떨까? 동화 속 세계로 들어간다면 무슨 일이 벌어질까? 내가 만일 과거로 간다면 무엇을 할까? 상상 질문은 그 자체만으로 재미있다. 상상 질문을 던지면 환하게 웃는 아이의 모습을 보게 된다. 글쓰기도 훨씬 쉽게 느껴진다. 상상이니 내 마음대로 써도 되기 때문이다. 아이가 글쓰기를 힘겨워할 때 활용하면 쉽게 글을 쓸 수 있다.

● **의인화 질문 : 사물에게 편지 쓰기, 동물과 대화하기 등**

의인화 질문은 사물과 동물에게 생명을 부여하여 나의 친구로 생각하고 이야기하게 한다.

"토끼에게 하고 싶은 말은?"
"지우개에게 하고 싶은 말은?"
"가방은 너에게 무슨 말을 하고 싶을까?"
"네 책상이 뭐라고 말하는 것 같니?"

글감 '자동연필깎이'로 만들어 본 다양한 질문

질문의 종류	질문 유형
감정 질문	연필깎이를 처음 받았을 때 기분이 어땠니?
	사용하면서 드는 느낌은 어떠니?
	어떤 점이 편하게 느껴지니?
	혹시 마음에 안 드는 점은?

질문의 종류	질문 유형
생각 질문	사용하면서 좋은 점은?
	사용하면서 고치고 싶은 점은?
	자동 연필깎이와 수동 연필깎이의 차이점은?
	자동화된 기계를 사용하는 것에 대한 생각은?
	이런 연필깎이가 없을 땐 연필을 어떻게 깎았을까?
상상 질문	만약 네가 연필깎이를 만드는 사람이라면 어떻게 만들고 싶니?
	연필깎이의 모양을 새롭게 만든다면?
	만약 네가 연필깎이라면 어떤 연필이 가장 마음에 들까?
	만약 고장 났을 때 자동으로 고칠 수 있는 방법은 없을까?
의인화 질문	만약 연필깎이가 말할 수 있다면 너에게 무슨 말을 할까?
	만약 연필깎이가 움직일 수 있다면 어디로 가고 싶을까?

rule 6
책 잘 읽는 아이가 글도 잘 쓴다

°책을 잘 읽는다는 것은?

책을 잘 읽는다는 것은 어떤 의미일까? 아이가 스스로 많이 읽을 때 잘 읽는다고 생각하지만, 책을 자주 손에 들고 있다고 해서 모두 책을 잘 읽는 것은 아니다. 아무리 많이 읽어도 내용만 알 뿐 자신의 생각을 전혀 발전시키지 못하는 아이도 있다. 책을 많이 읽어도 무엇을 써야 하는지 전혀 모르는 아이도 있다. 왜 그럴까? 우리는 아이가 책을 잘 읽으면 자연스럽게 글도 잘 쓰게 될 거라고 믿는다. 하지만 저절로 그렇게 되지는 않는다. 그렇다면 이해력도 좋아지고 글도 잘 쓸 수 있는 책 읽기는 어떤 책 읽기를 말하는 것일까?

책을 정말 잘 읽는 아이는 책을 읽으며 이해하고 생각하고 고민하며 자신의 생각을 키워 나간다. 그래서 자신의 가치관에 받아들이고 삶에 적용해 간다. 책을 아무리 많이 읽어도 자신의 생각을 발전시키지 못하고 앵무새처럼 되뇌기만 하거나, 재미에만 빠져 아무런 생각을 하지 않는다면 잘 읽는다고 말하기 어렵다. 책을 잘 읽는 아이는 마음에 와 닿는 단어가 나오면 그 단어를 곱씹어 생각하고 적용해서 말한다. 마음에 드는 문장이 나오면 어디선가 꼭 한 번 사용해 본다. 만약 자신이 등장인물이라면 어떨지 상상해 본다. 바로 이런 책 읽기가 될 때 제대로 읽는 것이라 말할 수 있다.

이런 방법으로 책을 읽는 아이는 글을 잘 쓰게 된다. 책을 읽으면서 재미, 흥미진진함, 조마조마함, 통쾌함 등을 느끼는 자신의 감정을 잘 인식하기 때문이다. 감정을 인식하는 아이는 바로 그 감정에 대해 말하기 쉽다. 감정에서 시작된 자신의 이야기를 말과 글로 표현하는 것이 전혀 어렵지 않다.

『흥부와 놀부』를 읽으면서 흥부에 대해 다양하게 생각할 수 있다. 가난해서 불쌍하다고 생각할 수도 있고, 능력도 없이 아이만 많이 낳았다는 사실이 이해되지 않을 수도 있다. 자기 힘으로 돈을 벌기보다 형에게 얻으러 다니는 모습이 한심하게 느껴질 수도 있다. 동생을 돌보지 않고 괴롭히는 놀부를 괘씸하게 생각하기도 하고, 욕심만 부리고 인생에서 돈보다 더 소중한 것이 있다는 사실을 모르는 놀부를 보며 안쓰럽고 불쌍하게 생각할 수도 있다. 무조건 책에서 요구하는 대로 받아들이기보다 자신이 스스로 판단하고 평가하며 책을 읽게 된다. 책을 잘 읽는 아이가 글을 잘 쓰는 이유는 바로 여기에 있다. 주인공에 대한 자신의 생각이 분명하니 바로 그 생각을 글로 표현할 수 있다.

1학년 승준이가 「콩쥐와 팥쥐가 바로 옆집에 산다면?」이라는 제목으로 쓴 글이다.

나는 콩쥐가 제일 싫다. 이유는 콩쥐는 새엄마랑 새언니가 시키는 대로 해서다. 나는 동화처럼 콩쥐한테만 일을 시킬 거다. 그래서 콩쥐가 말을 안 듣기를 바란다. 콩쥐는 시키면 밖으로 나가서 마음대로 했으면 좋겠다.

흔히 『콩쥐와 팥쥐』를 읽으면 착한 콩쥐의 편에서 팥쥐를 미워한다. 하지만 자신의 생각이 뚜렷한 승준이는 콩쥐가 그렇게 당하고 사는 게 너무 싫다고 한다. 그래서 더 일을 많이 시켜서 차라리 더 이상 못하겠다고 반발하는 것이 좋다고 생각한 것이다. 1학년 아이가 콩쥐에 대한 답답한 감정과 그에 대한 자신의 생각을 아주 분명하게 이야기하였다. 바로 이런 것이 제대로 책을 읽는 예다. 내용을 기억하는 책 읽기가 아니라 책의 내용에 대해 자신이 느끼는 감정이 있고, 그에 대한 자신의 생각을 표현하는 것이 책을 잘 읽는 것이다. 책을 진짜 잘 읽는 아이는 글을 잘 쓰게 되고 글을 잘 쓰는 아이는 책을 좋아하기 때문에 독서와 글쓰기는 실과 바늘이며, 환상의 짝꿍이다.

° 독서와 국어 공부를 구분한다

독서와 국어 공부는 어떤 관계일까? 책을 잘 읽으면 국어 실력도 좋아지고 글쓰기도 잘한다고 생각하는데 정말 그럴까? 책을 잘 읽으면 언어에 대한 이해력이 좋아지고 어휘력도 풍부해지고 글의 인과관계를 잘 이해하고 숨은 뜻도 잘 파악하게 된다. 하지만 독서에서 얻은 이런 능력이 국어 성적에 그대로 반영되지 않는 경우가 많다. 이유는 간단하다. 독서는 다양한 관점과 사고로 자유로운 생각을 할 수 있지만 국어에서는 정해진 하나의 정답을 요구하기 때문이다. 그래서 책 읽기를 통해 자유롭게 상상하고 즐기던 아이가 의외로 국어 성적이 생각만큼 좋지 않아 당황하는 엄마들이 있다.

반대로 국어 공부를 하듯 책을 읽으면 아이는 자신의 생각을 찾고 발전시키는 것이 아니라 시험 출제자의 의도만 생각하게 된다. 내 생각이 아닌 남의 생각에 집중하게 되고 자신이 중요하게 생각하는 것보다 남이 중요하게 생각하는 것이 무엇인지를 먼저 생각한다.

책을 읽고 아이에게 재미있는 것, 마음에 드는 것을 먼저 질문해야 하는 이유가 바로 여기에 있다. 남들이 다 틀리다고 하는 걸 아이가 혼자서 맞다고 우기면 아이가 옳다고 생각하는 답이 왜 옳은지 먼저 질문하는 것이 좋다. 아이들은 자신이 선택한 답이 타당하다고 생각하는 이유가 분명히 있기 때문이다. 그다음에 아이가 말한 답에 어떤 오류가 있는지 아이가 이해할 수 있게 설명해 준다. 아이의 생각이 옳을 수도 있지만 대부분의 사람들이 옳다고 생각하는 것이 정답이 된다는 사실을 말해 주지 않으면 계속 혼란스러울 수 있다.

독서를 학습과 구분해야 하는 이유는 글쓰기에서 더 뚜렷하게 나타난다. 공부하듯 책을 읽는 아이는 글을 쓸 때도 남들이 다 좋다고 하는 말, 가장 바른 생각, 어디선가 들은 듯한 말로 글을 써 내려 간다.

글쓰기 대회에서 심사위원들이 글을 평가하는 첫 번째 기준은 얼마나 자기만의 창의적인 생각이 들어 있는가이다. 글쓰기 대회에 제출된 많은 글 중에서 잠깐 훑어보고 1단계를 통과할 글을 뽑는다. 1단계에서 뽑히는 글은 아름다운 말로 꾸며 쓴 이야기도 아니고 유명한 사람의 말을 인용해서 쓴 글도 아니다. 바로 글을 쓴 아이가 자신의 생각을 얼마나 독창적으로 표현했는지를 본다. 2단계에서 평가할 때는 얼마나 논리적인지, 얼마나 글의 구성이 탄탄한지 글쓴이의 생생한 자기 경험이 들어 있는지 등을 살펴본다.

글을 잘 쓴다는 것은 아름답고 멋진 말로 꾸며 쓴다는 의미가 아니다. 자신의 감정과 생각을 자신만의 방식으로 독창적으로 쓰는 것이다. 그래서 그 글을 읽는 사람이 공감하고 이해하고 재미와 감동을 느끼게 할 때 좋은 글이 된다. 그러기 위해서는 국어 공부를 하듯 정답을 찾는 책 읽기가 아니라 자신만의 독창적인 생각을 찾고 왜 그런 생각을 하는지 근거를 찾는 책 읽기가 필요하다.

°책 읽고 좋은 글을 쓰는 방법

"책은 많이 읽는데 글을 잘 못 써요. 왜 책을 많이 읽는데도 글쓰기가 안 되나요?"

> 초등학교 2학년 남자아이 엄마입니다. 어려서부터 책을 읽어 주면 옆에서 떠나질 않고 계속 읽어 달라고 하기에 집중력이 좋은 아이인 줄 알았습니다. 그런데 독서만 열심히 할 뿐 독후 활동이나 일기 같은 쓰기는 너무 싫어합니다. 반에서 독서량은 상위권이라 독서 스티커도 제일 많습니다.
> 하지만 쓰기를 너무 싫어하니 어찌해야 할까요? 아이가 일기나 독서록

을 쓸 때마다 야단치고 윽박질러야 하니 방학 때 논술 지도라도 받으면 조금 나을까요?

 오죽 답답하면 2학년 아이에게 논술 지도를 받게 할 생각까지 했을까? 이런 경우라도 엄마가 몇 가지 원칙만 알면 글쓰기도 쉽게 가르칠 수 있다. 아이가 글을 잘 쓰도록 하려면 좋은 방법으로 글쓰기를 가르치면 된다. 저학년 아이들이 글을 쉽게 쓰게 하기 위해서는 좀 더 흥미를 느낄 수 있는 단계별 접근이 필요하다.

즐겁게 시작하는 글쓰기 5단계

1단계 : 아이가 좋아하는 책으로 글쓰기를 시작한다

책을 읽고 글쓰기까지 하려면 가장 첫 번째 조건은 아이가 좋아하고 재미있는 책이어야 한다. 그래야만 다양한 감정을 느낄 수 있어 하고 싶은 말, 상상하는 것, 생각하는 것도 많아진다. 다양한 감정과 여러 가지 생각으로 자꾸 말하고 싶게 하는 책은 유아와 초등학교 저학년 아이의 글쓰기를 위한 필수 조건이다.

2단계 : 좋은 질문으로 신나게 이야기를 끌어낸다

아이에게 질문하는 것이 중요하다. 내용이나 지식을 질문하는 것이 아니라 주인공의 어떤 행동이 마음에 드는지, 어떤 장면이 제일 재미있는지, 마음에 안 드는 것은 무엇인지 물어보는 것이다. 자신이 해 보고 싶은 것은 무엇인지, 자신이 주인공이라면 어떻게 하고 싶은지 질문한다. 아이들은 자신이 좋아하는 이야기에는 무척 할 말이 많다. 아이가 하는 말을 한마디도 놓치지 말고 받아써 두거나 녹음하기 바란다.

3단계 : 받아써 둔 것을 아이에게 보여 주고 소리 내어 읽어 준다

녹음을 들으며 절대 줄이지 말고 아이와 엄마의 대화를 있는 그대로 써서 읽어 주는 것이 좋다. 글을 잘 쓰기 위한 기본 과정은 아이가 자신의 말이 글이 되는 경험을 하는 것이다. 그래야만 머릿속에 떠오르는 자신의 생각을 말하듯이 글로 쓸 수 있다. 또 한 가지 꼭 기억해야 할 점은 아이가 한 말을 그대로 받아썼다는 것을 강조해 주는 것이다. 자신이 한 말이지만 글로 써서 들려주면 굉장히 좋은 글로 느껴진다. 그래서 아이들은 자신이 한 것이 아니라 엄마가 써 준 것으로 오해할 수 있다. 자신의 말이 멋진 글이 되었다는 사실을 깨달아야 아이는 글에 대한 자신감을 갖는다.

4단계 : 받아쓴 것을 보면서 따라 쓰게 하는 방법이다

엄마가 쓴 것을 보며 아이가 스스로 글을 쓰는 단계다. 손의 힘이 부족해서 힘들어할 때는 2~3번에 나누어 아이가 힘들지 않게 쓸 수 있는 분량만큼만 쓰게 하는 것이 좋다. 보통은 한 번에 독후감이나 일기 쓰기를 마쳐야 한다고 생각하지만 사실 글쓰기를 한 번에 끝내기는 어렵다. 세상에 모든 완성된 글들도 수십 번, 수백 번의 보태쓰기와 고쳐쓰기 단계를 거쳐서 마무리된다는 것을 아이에게 알려 주는 것이 좋다. 그래야 글에 대한 부담에서 조금은 벗어날 수 있다.

5단계 : 글에 대한 성취감과 동기부여

아이가 쓴 글을 가족 앞에서 낭독하게 하고 칭찬해 주거나 아이의 글과 그림으로 집 안을 멋있게 꾸미고 장식하는 방법이다. 아이가 주변 사람들의 반응을 눈으로, 피부로 확인할 수 있어서 큰 성취감을 느낀다. 성취감은 다시 글쓰기에 대한 동기를 갖게 한다. 좀 더 나아가서 어린이 신문에 기고하거나 글쓰기 공모전에 제출해 보는 것도 방법이다. 상을 받는 것도 아이가 글쓰기를 좋아하고 자신감을 갖는 데 무척 효과적이다.

아이에게 글쓰기 5단계에 대한 설명을 미리 해 주면 좋다. 아이는 자신이 지금 무엇을 해야 하고 앞으로 해야 할 것이 무엇인지 정확하게 알 때 더 잘할 수 있다. 자신이 지금 몇 단계를 하는지 정확하게 알면 힘든 글쓰기도 끝까지 참아낼 힘이 생긴다.

rule 7
원하는 만큼 쓰고 다음 날 이어서 쓰자

°글쓰기 시작할 때 알아야 할 대화법

글을 쓰고 싶은 마음이 들게 하는 것은 결국 말이다. 아이에게 어떤 말을 어떻게 하는가에 따라 글을 쓰고 싶기도 하고 글쓰기가 싫어질 수도 있다.

"오늘은 얼마만큼 쓰고 싶니?"
"더 떠오르는 생각이 있니?"
"오늘 쓴 글이 네 마음에 드니?"
"좀 더 보태서 쓰고 싶은 말은 없니?"

이렇게 질문하면 아이는 존중받는 느낌을 받는다. 그래서 스스로 자신이 원하는 바가 무엇인지 생각하고 결정할 수 있다. 아이가 힘들다는 사실을 인정해 주면 아이는 참 고맙게 느낀다. 그래서 지금은 조금만 쓰더라도 나중에 다시 쓰고 싶은 마음을 먹을 수 있다.

질문을 사용했으면 칭찬하고 격려하는 말도 사용해 보자.

"네가 원하는 만큼만 쓰는 게 좋아."
"조금씩 써서 보태면 아주 좋은 글을 쓸 수 있어."
"넌 쓸 때마다 좋은 생각을 해 내는구나."
"네가 원하는 대로 했더니 훨씬 더 좋은 글이 되는구나."
"잊지 않고 계속 쓰니 참 기특하구나."
"원하는 만큼 쓰고 나중에 쓰는 방법에 대해 어떻게 생각하니?"

원하는 만큼만 쓰고 다시 쓰는 방식의 글쓰기에서 한 번에 쓰는 글의 양을 부모나 선생님이 정할 필요는 없다. 아이가 자신의 마음을 가장 잘 아니까 얼마만큼 쓰고 싶은지 아이가 결정하는 것이 좋다. 공연히 한 줄만 더 쓰자거나 인내심을 발휘하라는 말도 필요 없다. 싫은 것을 참고 견디는 힘을 키우는 방법이 나쁘지는 않지만, 그보다 먼저 원하는 것을 그대로 실현해 보는 과정이 더 중요하기 때문이다. 자신이 원하는 대로 실천하고 성취한 경험 없이 무조건 참고 견디라는 방식을 아이에게 강요하면 아이는 그 어느 것도 제대로 배우지 못한다.

글을 여러 번에 나누어 쓰는 것은 무척 효율적이다. 잠시 쉬었다 쓸 수도 있고 하루 지나서 쓸 수도 있다. 어려서부터 글을 조금씩 써서 채워 가는 연습을 꾸준히 한다면 어떤 글쓰기도 두렵지 않다. 혹시 논술 시험에서는 한 번에 긴 글을 써야 하는데 이렇게 조금씩 쓰는 습관이

rule 7

들면 나중에 못 쓰지 않을까 걱정할 수도 있다. 하지만 전혀 걱정할 필요가 없다. 원하는 만큼 쓰고 다음에 다시 보태어 쓰는 습관을 들인 아이들은 점점 한 번에 쓰는 글의 양이 많아지기 시작한다. 처음엔 한 가지 생각만 났지만 다음에 쓸 땐 더 많은 생각이 떠오른다는 것을 경험했기 때문에 한 번에 앉은 자리에서 생각하면서 쓰는 것이 가능해지기 때문이다.

글은 완성된 아이디어로 쓰는 것이 아니다. 한 줄을 쓰다 보면 다음 생각이 떠오르고 다음 줄을 쓰다 보니 그다음 생각이 더 나게 된다. 그래서 처음엔 한 줄밖에 못쓰던 아이가 학년이 올라가면서 점점 글의 양이 많아진다. 10년 후의 일을 미리 앞당겨서 걱정을 사서 하는 부모라도 1년만 이렇게 한다면 정말 아이가 앉은 자리에서 쓰는 글의 양이 점점 많아지는 것을 경험한다.

°원하는 만큼 쓰고 보태 가며 글쓰기

처음 마음 글쓰기를 배울 때 2학년 재원이의 글이다. 아이들이 모여 색종이로 딱지 접기를 하였다. 신나게 배우면서 만들고 난 후 바로 그 이야기를 글로 써 보게 하였다.

성원이 형한테 딱지 접는 법을 배운 후 고마웠고 배우고 또 만들어 봤는데 똑같이 안 만들어졌다.

흔히 볼 수 있는 저학년의 글이다. 이야기는 있는데 그 이야기가 제대로 드러나지 않아 왠지 어설프고 부족한 글로 느껴진다. 그래서 다음 시간에 이야기를 나누기로 하였다.

재원이에게 지난번에 쓴 글을 읽게 하였다. 그리고 어떤 기분이 들었는지 질문하고 그대로 쓰게 하였다.

그래서 나는 조금 기분이 나빴다. 그래도 참을 만했다.

처음에 선생님이 아이들에게 무슨 말을 했는지 질문했다.

"선생님이 딱지 접을 줄 아는 사람 있냐고 물어보셨어요."
"그래 바로 그 말을 그대로 써 보자."

선생님이 딱지 접을 줄 아는 사람? 하고 물어보셨다.

"그래서 너는 어떻게 했니?"
"못 접는다고 고개를 저었어요."

그 말도 그대로 쓰게 하였다.

나는 못 접는다고 고개를 저었다.

rule 7

"그다음에 선생님이 뭐라고 했니?"
"딱지 접는 법을 배우고 싶냐고 물어보셨어요."

이제는 쓰라는 말을 하기도 전에 스스로 적고 그다음 문장도 써 내려 간다.

> 딱지 접는 법을 배우고 싶냐고 물어보았다.
> 그래서 나는 배우고 싶다고 했다.

딱지를 접을 때 어떤 점이 어려웠는지 왜 똑같이 안 만들어졌는지에 대한 질문을 하자 재원이는 힘든 표정을 지었다. 이 정도면 하루 글쓰기로는 충분하다. 다음 시간에 다시 이야기를 나누었다.

다시 지난번까지 쓴 글을 읽어 보았다. 이제 글의 순서를 생각해 볼 차례다. 어느 문장이 제일 앞에 가면 좋겠는지 질문하자 선생님이 아이들에게 '딱지 접을 줄 아는 사람?' 하고 물어보셨다는 문장에 ①이라고 번호를 매겼다. 처음 쓴 부분은 ②라고 썼다. 번호를 매긴 순서대로 다시 글을 쓰도록 격려해 주었다.

> 선생님이 '딱지 접을 줄 아는 사람' 하고 물어보셨다.
> 나는 못 접는다고 고개를 저었다.
> 딱지 접는 법을 배우고 싶냐고 물어보았다.
> 그래서 나는 배우고 싶다고 했다.

성원이 형한테 딱지 접는 법을 배운 후 고마웠고 배우고 또 만들어 봤는데 똑같이 안 만들어졌다.
그래서 나는 조금 기분이 나빴다.
그래도 참을 만했다.

재원이는 보태 쓰라는 말을 하지 않았는데도 마지막에 다시 '그래도 참을 만했다.'라는 문장을 집어넣는다. 완성된 글을 다시 한 번 읽어 보도록 하였다. 재원이는 살짝 미소 지으며 글이 마음에 든다고 말한다. 원하는 만큼 써서 글을 완성하는 경험은 아이를 뿌듯하게 만든다. 스스로 느끼기에도 처음 글과 나중 글의 완성도 차이가 매우 컸기 때문이다.

° 원하는 만큼만 쓰는 것이 좋은 심리학적 이유

글쓰기를 어렵고 힘겨운 일로만 생각하는 아이일수록 이 방법이 꼭 필요하다. 힘겨운 일을 한 번에 끝내려니 얼마나 지긋지긋할지 생각해 보자. 그러니 아이가 한두 마디 말한 걸 그대로 쓰게 하고 쉬게 한다. 나중에 간식 먹는 시간이나 한가한 시간에 다시 글을 읽어 본다. "읽어 보니 무슨 생각이 드니?" 하고 이야기를 나눈다. 아이는 자신이 강요 받지 않을 때, 자신이 있는 그대로 존중받는다고 느낄 때 무척 의욕적이다. 엄마가 친절하고 자신을 존중해 준다고 느낄 땐 더욱 그렇다. 그래서 좀 더 보태서 자신의 생각을 말하게 된다. 그럼 또 그대로 쓰게 하면 되는 것이다. 처음엔 2~3번으로 나누어 조금씩 글을 보태어 쓰는 정도면 충분하다. 완성된 글을 읽으면서 아이는 스스로 무척 만족스럽다. 우선 평소보다 글의 양이 많아서 만족스럽고 자신의 생각을 있는 그대로 표현하여 마음이 편하고 후련해서 좋다. 게다가 들어 보니 정말 잘 쓴 것 같아서 기분이 더 좋아진다. 이런 경험은 아이의 심리적 성장에 어떤 도움을 줄까?

자아존중감을 키운다

아이는 자신의 느낌과 생각을 있는 그대로 표현함으로써 자아존중감을 갖게 된다. 자아존중감이란 자신의 가치를 알고 소중하게 생각하는 자신에 대한 신념이며, 나는 다른 사람의 사랑과 관심을 받을 만한 사람이라는 자기 가치에 대한 확신이다. 자신의 느낌과 생각을 있는 그대로 표현했더니 칭찬과 관심을 받는다. 게다가 자신이 원하는 만큼만 조금씩 써도 되고 그 내용이 자신이 생각해도 마음에 든다. 스스로 훌륭하다고 인정하기에 더욱 자기 존재에 대해 스스로 뿌듯하게 생각한다. 이런 경험은 다른 일을 할 때도 자신에게 잘 맞는 방법을 찾을 수 있게 해 준다. 글쓰기에서 원하는 만큼만 쓰고 쉬어 가며 쓰는 방법이 주는 심리학적 의미가 이것이다. 간단한 방법이지만 아이들의 마음과 정신이 건강하게 성장하는 데는 아주 특별한 처방이다.

사고력이 발달한다

사고력이란 생각하고 궁리하는 힘이다. '몰라요 그냥요.'라고만 말하는 아이들을 보며 요즘 아이들이 잘 생각하지 않는다는 말을 많이 한다. 늘 가르침을 받고 지시에 따르다 보니 스스로 생각할 기회가 없기 때문이다. 한두 줄의 문장을 쓰고 나중에 다시 이어서 쓰게 하면 어떤 효과가 나타날까?

　사람은 기본적으로 끝나지 않은 것에 대해서는 생각을 이어서 하게 되어 있다. 끝나지 않은 것에 대해 불편한 감정을 느끼기 때문이다. 원하는 만큼만 쓰고 나중에 다시 쓰는 방법은 아직 끝나지 않은 글쓰기에 대해 저절로 생각하게 만든다. 그러니 쓸 때마다 새로운 생각을 보태서 쓰게 되고 아이는 스스로 그런 자신을 더욱 만족스럽게 생각하게 된다. 아이의 사고력도 발달하고 자존감도 올라가는 것이다.

감성 지능을 발달시킨다

글감에 대한 자신의 감정을 찾는 작업을 하게 되고 자신이 찾은 감정에 대해 한 문장씩 쓸 때마다 되짚어 생각한다. 그러면서 왜 그런 감정이 생겼는지, 그래서 어떻게 하면 좋을지 생각하며 아이가 자신을 더 잘 이해하게 된다. 자기 감정에 빠져 있는 것과 자기 감정을 인식하는 것은 매우 큰 차이가 있다. "짜증 나 죽겠어."라고 외치는 아이와 "내가 지금 짜증 나는구나."라고 인식하는 아이는 그다음의 행동이 크게 달라진다. 자신의 생각에 대해 다시 생각하는 상위 인지 기능이 발달하게 된다. 상위 인지 기능이 발달하면 짜증에만 머물러 있지 않고, 객관적인 자신의 상태를 파악하고 자신이 짜증 나지 않게 하려면 어떻게 해야 할지 생각할 수 있다. 결국 충동적인 감정을 좀 더 잘 조절할 수 있고 나아가 친구들의 감정에 공감하는 능력도 함께 발달한다.

rule 8
훌륭한 작가는 글을 꼭 고친다

°세상에 고치지 않은 글은 없다

아이가 좋아하는 그림책을 펴놓고 함께 보면서 질문해 보자.

"이 책의 작가는 이 책을 쓰면서 몇 번이나 고쳤을 것 같아?"

"이 한 페이지를 쓸 때는 몇 번을 고쳤을 것 같니?"

아이들은 고쳐쓰기를 좋아하지 않는다. 겨우 다 썼는데 다시 고치라고 하면 짜증부터 내기 일쑤다. 이럴 땐 아이가 좋아하는 책도 여러 번 고쳐 써서 완성된 책이라는 사실을 알려 주는 것이 좋다. 책을 자주 읽지만 정작 책을 쓴 작가가 얼마나 고민하며 수십 번, 수백 번 고쳐서 이 글을 썼는지는 잘 생각하지 못한다. 작가는 무조건 글을 잘 쓰는 사람이고 특별한 사람으로만 생각하기 때문이다. 그래서 이런 질문이 필요하다. 엄마가 요리할 때 음식의 간을 맞추는 것을 비유해서 말해 주어도 좋다. 단 한 번에 맛있는 음식을 완성하는 것이 아니라 조금씩 소

훌륭한 작가는 글을 꼭 고친다

금이나 국간장을 넣어 가며 맛을 찾아간다. 고쳐 쓴다는 것은 바로 그런 과정이라고 알려 주면 이해하기 쉽다.

이런 대화를 통해 고쳐쓰기란 좀 더 좋은 글로 만들어 가는 과정이라는 것을 이해하게 된다. 기왕에 쓴 글이 좋은 글이 되어 두고두고 읽을 수 있기를 바라는지, 아니면 한 번 읽고 잊어버리는 글이 되기를 바라는지 질문해도 좋다. 아이들은 누구나 자신의 창작물로 많은 사람들에게 칭찬과 인정을 받고 싶어 한다. 엄마가 손수 만든 음식을 가족들이 맛있게 먹지 않으면 실망하고 속상해 하는 것처럼 아이도 자신의 글에 대해 그렇게 생각하는 것이다.

그래도 이해하지 못하는 아이라면 다시 그림책으로 이야기를 나누어 보자. 아이들은 자신이 좋아하는 그림책의 그림 작가가 단 한 번에 글과 그림을 완성했다고 막연하게 믿는다. '작가와의 만남' 같은 강연회에 참석하여 질문해 보거나 아니면 출판사의 홈페이지에 들어가 질문을 올려 보는 것도 좋은 방법이다. 작가가 몇 번이나 글을 고치며 이야기를 완성했는지 질문해 보자. 어떠한 작가도 한 번에 글을 완성할 수 없다는 사실을 알게 된다. 기회가 된다면 그림책의 원화전에 가 보기 바란다. 그림 작가가 여러 번 수정하고 덧칠한 흔적이 그대로 남아 있다. 인쇄 과정을 거치면서 아주 깔끔하게 보여지니 아이들은 그저 단 한 번에 아주 멋진 그림이 완성되는 줄 안다.

글도 마찬가지다. 적게는 5~6번에서 많게는 수백 번을 고친다고 말하는 작가도 있다. 고치지 않는 글은 없다. 우리가 읽는 글은 모두 다 고치면서 완성된 글이다.

아이가 좋아하는 과자 이름은 단 몇 글자에 불과하지만 그 이름이 정해지기까지 얼마나 많은 제안과 고치는 과정이 있었을지 생각해 보도록 하는 것도 좋다. 과자 회사에서 아이디어를 공모해서 그중 괜찮은 이름을 고르고 다시 그중에서 고르고 조금씩 고치는 과정을 여러 번 반복해서 만들어진다는 것을 알려 주자. 바로 우리 집 앞의 미용실, 세탁소, 슈퍼 이름도 마찬가지다. 이름 하나를 만들고 광고 문구를 만드는 데 얼마나 많은 고치기 과정이 들어 있는지 이야기해 주는 것만으로도 아이는 글을 고치는 것에 대해 좀 더 쉽게 받아들인다.

°스스로 고치는 것이 가장 좋다

아이의 글은 말하고자 하는 의미가 불확실하게 표현되는 경우가 많다. 아이의 마음이 충분히 표현되지 않아 무엇을 말하는지 명확하게 보이지 않을 때도 있다. 고쳐쓰기를 거쳐야 아이가 말하고자 하는 것이 무엇인지 확실하게 드러난다. 유아와 저학년 아이들에게 글을 고친다는 것은 스스로 글에 대해 더욱 자부심을 갖게 하고 자기 글에 대한 애착을 키운다는 의미다. 글 솜씨를 좋게 하려는 교육적 목적보다는 아이의 심리적 성장에 초점을 둔 고치기 전략이 필요하다. 그래서 유아와 저학년 아이의 고쳐쓰기는 일반적으로 사용하는 방법과는 조금 달라야 한다.

모처럼 글에 대한 자신감도 생기고 글 쓰는 것을 좋아하게 되었는데 잘못된 고치기 방법으로 아이의 마음에 찬물을 끼얹을 필요가 없다. 특히 일반적으로 아이들의 글을 고치는 방법으로 활용되는 첨삭 지도는 더 이상 사용하지 말아야 할 방법이다. 빨간 펜으로 자신의 글에 줄을 긋거나 들어가야 할 말을 써 놓은 것을 보면 아이가 어떻게 받아들일지 생각해 보자. 자신의 글이 잘못되었다고 말하면 글에 대한 애착이 없어진다. 애착 없는 대상을 위해 고쳐 쓰는 번거로움을 감수할 사람은 없다. 아이가 자신의 글을 좋아하고 아끼게 만들려면 절대 아이의 글에 어른이 손을 대는 일은 하지 않는 것이 좋다.

아이가 스스로 깨우치는 것만큼 좋은 교육 방법은 없다. 고쳐쓰기에서 스스로 깨우치는 방법은 아이가 스스로 자신의 글을 고치는 것이다. 아이가 자신의 글을 스스로 고칠 수 있도록 해 주는 몇 가지 방법이 있다.

① 소리 내어 읽게 한다

스스로 고쳐쓰기를 하기 위해 자신의 글을 소리 내어 읽도록 하는 것이다. 자신이 완성한 글을 소리 내어 읽다 보면 아이들은 중간 중간 버벅거리고, 문장이 이어지지 않아 스스로 고개를 갸우뚱하게 된다. 저학년 아이들의 공통적인 실수인 띄어쓰기도 안 되어 읽기가 불편하기도 하다. 아이가 읽을 때 이렇게 이상하게 표현한 것을 기억하게 하고 아이에게 스스로 색깔이 있는 펜으로 표시하도록 한다. 표시해 주는 것이 아니라 스스로 표시하게 하는 것이다. 틀린 글자를 고쳐 주듯 빨간 펜으로 긋거나 체크하지 말기 바란다. 자신의 글에 다른 사람이 그렇게 표시하는 것은 아무런 도움도 되지 않고 아이의 자존심만 상하게 할 뿐이다.

② 고치고 싶은 부분을 질문한다

다 읽고 나서 아이가 이상하다고 표현한 부분을 무슨 말로 고치고 싶은지 이야기를 나누고 그대로 고치게 한다. 고칠 때는 지우고 고치는 방법보다 여백이나 다른 공책에 다시 쓰는 것이 좋다.

③ 글의 순서를 정한다

아이의 글은 했던 말이 반복되거나 갑자기 엉뚱한 말이 툭 튀어나와 맥락이 어색해지는 경우가 많다. 그래서 먼저 쓴 글에 번호를 붙여 두고 추가할 부분이나 고쳐 쓸 부분에도 번호를 매겨 보자. 번호를 붙이면서 글의 전체적인 순서에 대해 생각하면 글의 흐름을 매끄럽게 정리할 수 있다. 나중에 정리할 때 번호를 보면서 다시 글을 완성하면 멋진 수정 글이 된다.

④ 고쳐 쓰고 싶은 마음을 불러일으킨다

고쳐쓰기에 대한 심리적 동기부여 방법으로 친구들 앞에서 글을 읽거나 글을 써서 전시를 하면 아이들은 훨씬 더 적극적으로 글을 고친다. 친구는 아이들에게 매우 특별한 대상이다. 이 시기엔 부모나 선생님보다 더 중요하게 생각하기도 한다. 친구들 앞에서는 자존심도 세우고 좀 더 멋진 아이로 보이고 싶다. 그래서 발표하거나 글을 벽에 전시하게 하면 고치기 싫어하던 아이도 자발적으로 고치려는 태도를 보인다. 글을 고치기 위해 설득하고 잔소리하는 것보다 훨씬 효과적이다. 우리 아이들은 세상에서 가장 중요하고 멋진 사람이 되고 싶다. 자신의 모습이 남에게 공식적으로 보여지는 경험은 성장을 촉진하는 좋은 자극이 된다.

˚친구들과 질문하고 대답하면 더 적극적으로 고친다

스스로 고치는 글이 그래도 부족하다고 느껴지면 친구들의 힘을 빌리는 방법이 있다. 자신이 쓴 글을 돌아가면서 읽게 하고, 한 사람이 글을 읽으면 다른 친구들은 잘 듣고 그 글에 대해 궁금한 점이나 더 알고 싶은 점, 혹은 이상하다고 생각되는 점을 질문하는 방식이다. 부모나 선생님이 잘못된 부분을 지적하면 괜한 반발심을 보이는 아이들도 친구들이 질문하면 자기 생각을 열심히 말한다. 그게 변명처럼 들릴 수도 있고, 억지로 지어낸 이야기처럼 들릴 수도 있지만 모두 인정해 주는 것이 좋다. 질문하는 친구들에게는 궁금하거나 말하고 싶은 건 뭐든지 말하라고 하자. 단 놀리거나 기분 나쁜 말은 하지 않아야 한다는 규칙을 강조해서 말해 주는 것이 좋다.

글을 쓴 아이는 "그런데 그게 무슨 말이야?"라는 질문에 좀 더 상세하게 대답한다. "그다음에 어떻게 됐어?"라는 질문에는 신이 나서 다음 이야기를 들려준다. 글에 쓰지는 않았지만 아이의 마음속에 그대로 담겨져 있는 말들이 친구의 질문에 의해 술술 풀려 나오기 시작하는 것이다.

친구가 없다면 엄마나 아빠 또는 형제들 앞에서 글을 읽는다. 들은 사람은 궁금한 점만 질문한다. 질문을 받은 아이는 막연한 표현에 대한 정확한 이유나 숨겨진 이야기를 더 말한다. 이렇게 말한 것을 다시 보태어 쓰면 더 좋은 글이 된다고 말해 주자. 분명 힘들다고 투덜대지만 격려해 주자. 그렇다고 불필요한 보상을 제시할 필요는 없다. 아이의 성장은 보상으로 이루어지지 않는다. 돈이나 선물 등으로 보상을

rule 8

하기 시작하면 글쓰기에 대한 심리적 동기를 얻기보다 오히려 보상을 얻기 위한 도구로 전락할 위험이 있기 때문이다.

고쳐 써서 완성한 글은 칭찬해 주기 전에 아이가 먼저 스스로 평가할 수 있는 시간을 준다. 스스로 점수를 매기고 왜 그런 점수를 주었는지 질문해 보자. 아이들은 100점을 주기도 하지만 90점이나 99점을 주기도 한다. 100점을 주면 축하한다고 말해 주자. 스스로 만족하는 글을 썼으니 축하할 일이다. 100점이 아닌 점수를 줄 땐 무엇이 부족하다고 느끼는지 질문해 보자. 아이는 솔직한 자신의 마음으로 평가를 했기 때문에 이유도 아주 타당하다. 엄마는 아이의 말을 있는 그대로 인정해 주고 힘든 고쳐쓰기를 완성한 것에 대해 100점을 주고 싶다고 말하여 기운을 북돋운다.

이런 고쳐쓰기의 과정은 틀림없이 아이에게 스스로 성취했다는 뿌듯함을 느끼게 해 줄 것이다. 뿌듯함은 참 소중한 감정이다. 힘들었지만 힘들 만한 가치가 있었다고 스스로 판단하고, 다음에 다시 도전할 힘을 얻는다. 아이가 이렇게 자신의 느낌을 충분히 만끽하기 전에 어른들이 먼저 칭찬해 주면 아이가 뿌듯함을 느낄 기회가 줄어든다. 스스로 충분히 만족스러운 미소로 얼굴이 활짝 펴지는 것을 확인한 후 칭찬해 주자.

rule 9
자신의 글로 성취감을 느끼게 하라

°글쓰기로 성취감을 얻는 방법

아이가 자신이 쓴 글로 성취감을 느껴야 글쓰기를 좋아한다. 성취감을 느끼게 하는 것이 곧 잘 쓰게 하는 가장 좋은 방법이다. 성취감은 글쓰기에 대한 확실한 동기를 부여하는데, 글쓰기를 통해 성취감을 얻을 수 있는 방법은 아주 많다.

① 멋진 전시회 열기

벽의 한 켠을 정해 아이의 글로 전시를 한다. 아이가 쓴 글을 예쁘게 오려 붙여 장식을 하거나 그림을 그리게 하면 더 좋다. 간단한 액자로 만들어 주면 아이는 자신의 글이 무척 의미 있고 중요하게 느껴져 글을 더 많이 열심히 쓰고 싶어 한다.

② 아이만의 낭독회를 연다

할머니, 할아버지 그리고 친척들이 오실 때마다 아이의 글을 낭독하여 칭찬을 받게 하는 것도 아이의 성취감을 위해 무척 좋은 경험이 된다.

③ 메모나 문자 등을 자주 쓰게 하여 감사한 마음을 전한다

아이가 엄마 아빠께 하고 싶은 말을 작은 메모지에 쓰는 법을 가르쳐 주면 아이들은 잘 활용한다. 그래서 그 메모 덕분에 아이의 마음을 잘 알게 되었음을 진솔하게 알려 준다. 날마다 아이의 예쁜 메모 편지를 받을 수도 있다.

④ 독서록이나 일기 쓰기로 상을 받는 경험

상을 받을 때 아이가 어떤 점을 잘해서 상을 받았는지 질문을 통해 스스로 깨닫게 하는 것이 중요하다. 상을 받아도 그 경험이 아이에게 큰 도움이 되지 않는 경우가 의외로 많다. 자신이 왜 상을 받았는지 인식하지 못하거나 스스로는 상을 받을 이유가 없는데 받았을 경우 혼란스럽다. 이럴 땐 오히려 자존감에 좋지 않은 영향을 끼친다. 상을 받으면 꼭 어떤 점을 잘해서 상을 받았는지 스스로 생각하게 한다.

⑤ 각종 독후감 대회나 글쓰기 공모전에 도전하기

학교 밖의 행사에도 관심을 갖게 하는 것이 좋다. 신문사나 출판사 등에서 종종 글쓰기 행사가 열린다. 학교에서 하는 글쓰기는 주로 시켜서 하지만, 학교 밖의 글쓰기 행사는 아이가 스스로 선택해서 자발적으로 하기 때문에 둘 사이에는 큰 차이점이 있다. 스스로 도전하는 멋진 모습은 저절로 얻어지는 것이 아니다. 글쓰기에 약간의 자신감을 얻으면 꼭 도전할 수 있도록 잘 설득해 보자. 물론 한 번의 도전으로 좋은 결과를 얻기는 어렵다. 몇 번 도전하면 원하는 결과를 얻을 수 있을지 예측해 보기도 하고 몇 번 정도까지 실패해도 괜찮을지 미리 이야기를 나누는 것이 좋다. 마음의 준비가 되면 상을 받지 못했을 때 실망은 하지만 좌절하지는 않는다. 괜히 했다며 후회하기보다 원하는 결과를 얻을 때까지 계속해 보겠다는 굳은 의지를 가질 수도 있다. 실패해도 또 다시 도전하는 멋진 아이로 성장하게 된다.

⑥ 아이만의 문집 만들기

문집이라면 보통 학급에서 만드는 학급 문집만 떠올리는데, 아이만의 문집을 만들어 보자. 아이가 쓴 글을 모아 함께 편집도 하고 꾸미기도 하면 더 좋다. 글의 양에 따라 두세 달에 한 권을 만들어도 좋고 한 학기에 한 권을 만들어도 좋다. 아이가 자신의 글을 모아 멋지게 책으로 완성되는 모습을 경험하는 것이 중요하다. 책으로 만들어진 아이만의 문집은 세상에서 가장 소중한 책이 된다.

°현실 참여 글쓰기 방법

현실에 참여한다는 말은 아이가 가르침만 받는 수동적 역할에만 머무르는 것이 아니라 적극적으로 세상과 소통하고 세상의 문을 두드린다는 의미다. 아이의 글이 그냥 아이의 글로 머물게 하지 않고 현실에 참여하게 하는 방법이다. 일기나 독서록을 쓰고 상을 받는 것은 정해진 어린이의 역할에 머무르는 것이다. 좀 더 나아가 자신의 의견을 전달하고 세상 사람들의 생각을 듣고 함께 소통하는 경험이 필요하다. 자신의 생각을 세상에 알리는 현실 참여 글쓰기는 아이의 정신적·심리적 성장과 글쓰기 실력을 크게 키워 준다. 아이에게 가장 적합한 방법을 하나씩 차근차근 실행해 보자. 글쓰기를 좋아하는 아이, 글을 잘 쓰는 아이로 성장해 갈 것이다.

① 작가나 자신이 만나고 싶은 인물에게 메일 보내기

아이가 좋아하는 작가의 메일 주소는 출판사를 통해 알아볼 수 있다. 작가에게 직접 메일을 보내 궁금한 것도 질문하고 좋은 책을 써 주셔서 감사하다는 말도 전해 보자. 나아가 아이가 존경하는 인물, 만나고 싶은 사람에게 메일을 보내는 것도 좋은 방법이다. 『만화 보다 하버드 갔습니다』(징검다리, 2000)의 작가 김형섭은 대학교 2학년 때 학교 공부에 지쳐 선배들을 찾아보기로 하였다. 하버드 대학교를 졸업한 유명인 200명의 주소를 찾아 자신의 힘든 마음을 이야기하고 조언을 구하는 편지를 보냈다. 의외로 너무 많은 분들이 답장을 보내 주어 놀랐다고 한다. 하버드 대학교 총장, 미국의 상원의원들, 미국·영국·일본·이탈리아의 CEO들, 첼로 연주자 요요마, 만화가 이현세, 김수정, 이희재, 방송인 김미화, 액션 무술 감독 정두홍, 다수의 정치가들과 기업가, 작가들도 포함되어 있다. 누구나 배우고자 하는 열의만 있으면 성공적으로 살아간 이들이 성심껏 자신들의 노하우를 전하고 싶어 한다는 중요한 사실을 그는 알게 되었다.

우리 아이들이 어릴 적에 이런 경험을 한다면 정말 좋겠다. 단 1명에게 보낸 후 답장이 안 온다고 실망하는 일은 없기 바란다. 10명 정도에게 보내서 답장을 못 받는다면 또 다른 사람에게 편지를 쓰는 끈기를 가질 수 있게 도와준다.

② 출판사 게시판에 책에 대한 궁금증 올리기

책을 읽다 보면 궁금한 게 많다. 작가는 그곳에 직접 가 보았는지, 어떻게 그런 생각을 할 수 있었는지, 왜 그렇게 생각하는지, 이런 궁금증들을 그냥 묻어 버리지 말고 직접 질문하게 해 보자. 출판사에서는 어떤 형태로든 답을 해 준다. 아주 사소하고 간단한 일이지만 아이에게 미치는 심리적 영향은 무척 크다. 자신이 직접 어른들과 소통했다는 사실, 자신의 질문을 무시하지 않고 성의껏 대답해 주었다는 사실은 아이가 한 사람의 당당한 존재로 인정받았다는 느낌을 갖게 한다.

③ 서평 쓰기

아이 스스로 책을 평가하고 글을 쓰게 한다. 출판사의 게시판에 올려도 좋고 신문에 투고해도 좋다. 아니면 선생님께 말씀드려 학급 게시판에 책 소개 코너를 만들어 붙이는 것도 좋다. 그것도 어렵게 생각된다면 독서록에 책 소개 코너를 만들어 가족과 친구들에게 소개해 주는 것도 좋다. 어떤 형태든 책에 대한 자신의 생각을 적어 누군가에게 소개해 보는 것이다. 마음에 드는 점, 아쉬운 점, 바라는 점 또는 친구에게 소개하고 싶은 이유 등을 쓰면 충분하다. 방송이나 언론을 통해 소개되는 책 평론이나 영화 평론 같은 글을 읽고 참고하면 된다. 아이들이 '아~ 이렇게 쓰면 되는구나!'라고 느끼기만 하면 그다음은 참 쉽게 할 수 있다. 아주 가끔, 한 달에 한 번만이라도 이런 경험을 한다면 책에 대해 생각하고 받아들이는 정도가 남달라진다.

④ 신문에 투고하기

어린이 신문이나 인터넷 신문에 글을 보내는 방법이다. 기사가 실릴 때까지 꼭 한 번 해 보기 바란다. 한 번이라도 자신의 글이 기사로 실리는 경험은 아이가 성장하는 데 디딤돌 역할을 한다.

⑤ 블로그, 카페, 트위터 활용하기

인터넷에서는 의외로 다양한 형태의 글쓰기가 가능하다. 아이가 자신의 블로그나 카페를 만들어 운영하는 것도 좋다. 하루의 일상이나 관심 있는 것에 대한 글을 꾸준히 쓸 수 있다. 인터넷에서는 아이의 글에 대한 반응을 확인하기가 쉽다. 좋은 댓글도 달리고 엉뚱한 댓글이 달릴 수도 있다. 댓글에 휘둘리지 않고 현명하게 대처하는 방법을 미리 배울 수도 있다.

°아이가 성장하는 현실 참여 글쓰기

한 번의 중요한 경험이 아이에게 아주 강한 인상을 남기는 경우가 있다. 누군가 나에게 했던 한마디의 말, 책에서 본 한 줄의 글이 자신을 성장하게 했다는 말을 많이 듣는다. 글쓰기에서도 마찬가지다. 글쓰기를 오래 배운다고 모두 글을 잘 쓰는 것은 아니다. 한 번을 배워도 그 배움이 아이에게 강한 인상을 남긴다면 그 아이는 글쓰기에 대해 남다른 생각을 갖게 되기도 한다.

초등학교 2학년 지은이는 어린이 기자 교실에 참여하였다. 4회가 진행되는 동안 우리말과 우리글을 바르게 쓰는 방법, 그리고 기자의 역할, 신문 기사 쓰는 법 등을 배울 수 있었다. 기자 교실에서 배우기는 했지만 글쓰기를 그다지 좋아하지 않았던 지은이는 자발적으로 기사를 보낼 생각을 하지 않았다. 그런데 겨울 방학 때 기자 교실에서 강의를 했던 기자가 전화를 하였다. 결론부터 말하면 지은이는 글을 썼고 그 글은 어린이 신문 『굴렁쇠』(1998년 5월 5일 창간되어 2006년 3월 27일 폐간됨)에 실렸다. 글을 쓰기 싫어하던 지은이는 어떻게 글을 썼을까? 지은이의 글이 어린이 신문 『굴렁쇠』에 기사로 실리기까지의 과정은 글쓰기의 바람직한 모습을 잘 보여 준다.

기자는 지은이에게 전화해서 이야기를 나누었다. 지은이는 방학 동안 구미에 있는 이모 댁에 갔다 온 일에 대해 이야기하였다.

"구미에 왜 가게 되었니?"
"이모 댁에 가면 어떤 점이 좋니?"
"구미 이모 댁엔 누가 살고 있니?"
"언니랑 동생을 만나서 무슨 이야기를 나누었니?"
"구미 이모 댁에서 느낀 점은 뭐니?"
"똑같거나 다르다고 생각되는 점이 있니?"
"언니랑 다툰 적이 있니?"

rule 9

"구미랑 서울의 차이점이 느껴지니?"
"지금은 무슨 생각이 드니?"

이런 질문에 대답하느라 30분 정도 전화 통화를 하였다. 지은이와 통화가 끝나자 기자는 엄마를 다시 바꿔서 지금 지은이가 한 이야기를 보태지도 말고 고치지도 말로 그대로 글로 쓰도록 도와주기를 당부하였다. 그런데 아이가 말한 내용 그대로 글을 쓰게 하는 것이 쉬운 일이 아니었다. 지은이는 말한 대로 글을 써 본 적이 없었을 뿐 아니라 자신이 말한 내용 중에 글로 쓰고 싶지 않은 부분도 있었기 때문이다. 지은이는 자신의 모습이 드러나는 것을 많이 불편해 하였다. 남들에게 보여 주었을 때 좋지 않은 모습이라고 생각되는 것은 모두 빼고 싶어 하였다. 사촌 언니랑 동생이 이모에게 혼나는 것을 보면서 우리 집이랑 똑같다고 말한 부분과 언니랑 동생이 싸우는 것도 자기가 동생이랑 싸우는 것과 똑같았다는 말은 글로 표현하기 싫어했다. 언니랑 서로 잘난 체하며 말싸움한 것도 쓰고 싶지 않다고 하였다.

글에서 그 부분이 빠지면 자신의 이야기에서 중요한 이야기는 모두 빠지게 된다는 사실을 처음엔 이해하지 못했다. 기사로 신문에 나오게 될 경우 읽는 사람이 전혀 재미도 없고 아무런 의미도 느끼지 못한다는 말을 해 주었다. 한 시간 정도 설득하여 우선 말한 대로 다 써 보고 난 다음 다시 뺄 부분에 대해 고민해 보자고 하여 그대로 쓸 수 있었다. 다 쓰고 난 후에도 결국 사촌 언니랑 동생이 이모에게 혼나는 것을 보면서 우리 집이랑 똑같다고 말한 부분은 절대 보내지 않겠다고 고집을 부려 그 부분은 빼고 글을 보낼 수 있었다.

다음은 신문에 실린 지은이의 글이다.

구미 이모네 집에 갔다 왔어요

서울 석관초 3학년 최지은

지난 금요일, 아빠가 출장 간다고 하셨다. 아빠가 안 계시는 동안 무엇을 할까 고민하는데 아빠가 구미 이모 댁에서 만나자고 하셨다. 이모네 댁에 가면 가서 공부 안 하고 놀 수도 있고 올 때 용돈도 받을 수 있고 언니랑 만나서 재미있게 놀 수도 있기 때문에 좋았다.

언니와 태원이를 만났다. 구미에 서울보다 더 좋은 시설이 있냐고 물었더니, 언니는 약간 삐친 듯이 다 못하다고 말했다. 태원이는 누나 말이 맞다고 맞장구를 쳤다.

구미에서 지내다 보니 구미 생활도 우리 집에서 생활하는 거와 비슷하였다. 태원이와 언니가 싸우는 것도 우리 집이랑 똑같았고, 이모부가 회사에 일찍 출근하는 것도 똑같았다. 다른 점은 구미가 서울보다 잘 알려지지 않았다는 것이다.

지난 여름방학에 언니가 서울 길 다 아냐고 물어봤을 때도 모른다고 하였더니, 언니는 구미 길을 다 안다고 잘난 척을 했다. 나는 화가 나서 구미는 좁고 서울은 넓어서 내가 다 알지 못한다고 했다. 언니는 '흥!' 하고 콧방귀를 뀌었다. 그때를 생각하면 언니한테 너무 미안하다.

요번에도 언니가 화난 걸 알면서도 다시 물어봐서 정말 미안하다. 일주일 전에 구미에 갔다 왔는데도 다시 구미에 가서 언니랑 태원이를 다시보고 싶다.

—『굴렁쇠』 2000년 1월 27일

rule 9

신문에 글이 실린 후 지은이는 정말 자랑스러워 했다. 자신의 글이 신문에 실린 사실이 신기하기도 하고, 쓰고 싶지 않았던 부분도 쓰기를 잘했다고 하면서 심지어 "뺀 부분도 다 쓸 걸." 하면서 조금 아쉬운 마음도 이야기했다.

운이 좋게도 지은이의 글은 어린이 신문 『굴렁쇠』에서 초등학교 3학년 아이들의 글과 그림을 모은 『엄마 없는 날』(굴렁쇠, 2003)에도 실리게 되었다. 신문과 책에 자신의 글이 실렸다는 사실은 지은이에게 글쓰기에 대한 아주 큰 동기를 부여하였다.

한 번의 제대로 된 경험은 아이를 훌쩍 성장하게 만든다. 신문에 글이 실린 이후 지은이는 초등학교 시절 내내 아주 자유로운 글쓰기를 하였다. 자유로운 글쓰기란 자기 마음대로 쓰는 것으로, 형식이나 글의 양에 구애 받지도 않고 글로 쓰고 싶으면 글로 쓰고 그림으로 그리고 싶으면 그림으로 그리는 방식이다. 초등학교 시기까지는 바로 이런 글쓰기가 필요하다. **아무 거리낌 없이 자신의 마음을 있는 그대로 표현하는 방식을 경험한 아이는 나중에 글의 구조나 형식을 배울 때 훨씬 더 세련되고 내용이 알찬 자신만의 글을 쓸 수 있게 된다.**

중학생이 된 지은이는 자신이 지하철에서 부당한 대우를 받은 사실을 『한겨레』에 독자 투고를 하여 알리기도 하였다. 이처럼 억울한 일을 당했을 때 대처하는 방법 중 하나로 글쓰기를 선택한 것이다. 아이는 이렇게 성장해 간다.

rule 10
내가 만든 책으로 꾸민 책장

 글쓰기를 좋아하는 아이로 성장하게 하는 또 하나의 방법으로 아이가 스스로 만든 책으로 책장을 꾸미게 하는 것이다. 아이들의 글과 그림은 소중하지만 정작 그 뒤처리는 곤란할 때가 많다. 계속 보관하자니 왠지 짐만 되는 것 같고 그렇다고 아이가 애써 그리고 쓴 것을 버리자니 마음이 편치 않다. 그럴 때 아이만의 책으로 만들어 보관하면 좋다. 책으로 만들어졌으니 짐으로 생각되지 않고 더욱 소중한 가치를 지닌다. 구입한 책보다 더 좋은 자리에 더 예쁘고 특별한 공간을 만들어 아이의 책으로 채워 보자.
 책 만들기를 너무 부담스럽게 생각하지 않아도 좋다. 흔히 책 만들기라 하면 아트북을 떠올린다. 아트북은 완성된 모양이 예쁘기는 하지만 가끔씩만 활용하기 바란다. 책 만들기를 하는 중요한 목적은 예쁜 모양으로 완성하는 것이 아니라 아이가 자신의 느낌과 생각을 표현한 것을 엮어 낸다는 데 있다. 아직 어린아이들에게 책 만들기가 아트북

rule 10

만드는 것으로 인식되는 것은 바람직하지 않다. 자신의 느낌과 생각을 온전히 표현한 책 만들기가 우선되어야 한다. 아직 아이가 스스로 조작하기 힘든 재료들로 겉모양에 치중하다 보면 마음을 표현하는 것에 소홀히 하기 쉽다. 그러니 아트북은 아이가 좀 더 자라 고학년이 되어 스스로 자유롭게 재료를 조작하며 만들 수 있을 때, 무엇보다 자신의 마음을 있는 그대로 자유롭게 표현할 수 있을 때 시도한다. 형식만 갖춘 책이 아니라 아이의 마음 글쓰기로 이루어진 책 만들기라는 점을 강조하고 싶다.

°나만의 책장 만드는 방법 10가지

① 스크랩북 만들기

아이들이 짧게 쓴 글이나 메모를 모아 스프링 공책에 하나씩 붙여 보자. 처음 글자를 쓰면서 그리듯이 써 놓은 '엄마'라는 단어 하나도 좋다. 어린이집에 다니며 삐뚤거리는 글씨로 '아빠 사랑해요.'라고 쓴 글도 괜찮다. 각 글의 밑에는 쓴 날짜와 그 글에 대한 부연 설명을 달아 놓는다. 엄마가 아이의 말을 그대로 받아써 주면 된다. 맨 앞장에는 아이의 그림으로 표지를 만들어 붙이면 아주 멋진 책이 완성된다. 중요한 것은 아이의 낙서 같은 글이지만 모으고 설명을 덧붙여서 새로운 생명을 갖게 했다는 점이다. 아이는 자신의 글이 모여서 아주 멋진 결과물이 된 것을 보고 무척 기뻐한다. 이럴 때 가장 잘 배운다.

1학년 승준이의 스크랩북

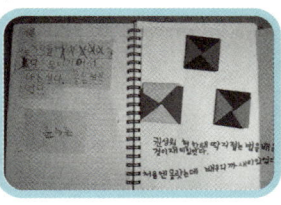

1학년 민준이의 쪽지 글

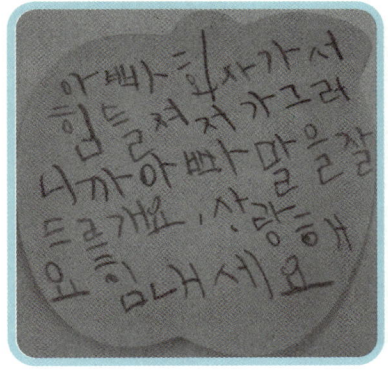
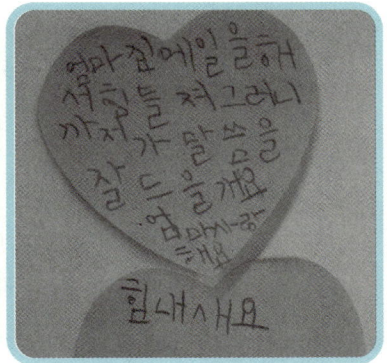

② 앨범북 만들기

사진을 모아 두는 앨범과는 달리 이야기가 있는 사진을 따로 모아 책을 만드는 방법이다. 사진 현상소에서 인화해도 좋고 A4 용지에 흑백으로 프린트할 수도 있다. 사진 한 장 한 장을 붙이고 설명글을 쓰는 것에 익숙해지면 몇 장의 사진을 연결하여 이야기를 만들어 본다. 아이와 놀이터에 가서 몇 장의 사진을 찍는다. 재미있게 그네 타는 모습, 미끄럼 타는 모습, 그러다 다른 아이와 부딪쳐서 찡그리는 모습, 우는 모습, 다시 활짝 웃으며 시소를 타는 모습을 차례로 찍어 프린트해 보자. 사진 5~6장을 차례로 붙여 놓고 그 밑에 실제 벌어진 이야기를 쓰기만 해도 재미있는 사진 그림책을 완성할 수 있다. A4 용지를 절반으로 잘라 한쪽에 한 장씩 붙이면 그야말로 완벽한 사진 그림책이다. 흑백으로 프린트했을 경우에는 색연필이나 사인펜으로 색칠하거나 멋지게 꾸며도 좋다. 아이는 자신이 주인공인 아주 멋진 그림책을 갖게 되는 것이다. 그림책의 표지를 만드는 일은 아이들이 아주 즐겨 하는 일이다. 마음껏 그림 그리고 제목도 만든다. 진짜 그림책처럼 출판사 이름도 정하고 작가 이름에는 당당히 자신의 이름을 써 넣는다. 그 어떤 그림책보다 자랑스러운 자신의 책이 된다.

③ 「말이 글이 되었어요」 책 만들기

이 책은 이 제목을 그대로 사용한다. 제목을 바꾸고 싶다면 아이의 말을 그대로 썼다는 의미를 살려서 제목을 정하는 것이 바람직하다. <mark>글쓰기의 처음 시작은 아이의 말을 그대로 글로 옮기는 데서 시작한다.</mark> 어릴 적 아이의 말은 한마디 한마디가 보석 같다. 그러니 아이가 한 말을 그대로 모아 엄마가 써 두는 책이다. 아이의 말을 그대로 써 두는 엄마의 작은 노력만으로도 우리 아이의 글쓰기는 식은 죽 먹기가 된다.

아이들은 자신의 흔적을 확인하기를 무척 좋아한다. 자신이 한창 말을 배우던 두 살, 세 살 때 했던 말을 읽을 수 있다는 사실이 무척 뿌듯하다. 엄마가 자신의 말을 소중하게 글로 적어 둔 것으로도 엄마의 사랑을 확인하고 자신의 존재에 대해 확신을 갖게 되고 정서적 안정감을 얻는다. 그리고 글을 어떻게 써야 하는지 아주 어릴 적부터 자연스럽게 배울 수 있는 것이다.

다섯 살 아이가 길에서 개똥을 보더니 말한다. "아, 강아지똥이다. 민들레한테 갔다 줘야 하는데." 이번엔 언덕길에서 민들레를 보았다.

"강아지똥 갖고 왔어야 하는데…."라고 말한다. 계곡물에 물고기가 있는 걸 보고 "엄마, 으뜸헤엄이 같아."라고 말한다.

여섯 살 된 아이가 엄마 생신날을 위해 모아 둔 천 원어치 동전을 들고 나가더니 붕어빵을 사왔다. 그리고 하는 말이 "엄마, 생일 축하해요. 엄마가 좋아하는 붕어빵 선물이에요."

일상에서 흘려버릴 수 있는 말들을 그대로 적어 두면 된다. 일 년이 지나고 이 년이 지나서 읽으면 세상에서 가장 소중한 보물이 된다.

④ 『○○의 느낌과 소중한 생각』 책 만들기

책의 맨 첫 번째 쪽에 감정 얼굴 그림이나 감정 단어를 붙여 놓자. 감정 단어와 그림은 인터넷에서 쉽게 구할 수 있다. 아이가 감정 그림이나 단어를 보고 하루 생활에서 느끼는 다양한 감정에 대해 기록하고 그와 관련된 이야기를 쓰는 책이다. 일기처럼 감정과 그에 얽힌 이야기를 써 두기만 해도 아이의 성장 과정을 그대로 알 수 있다. 어제의 감정을 다시 읽어 보고 오늘은 자신이 느끼는 감정을 객관적으로 인식하는 것이 가능해진다. 이야기를 나눌 거리도 무척 풍부해진다. "어젠 속상한 일이 많았네. 오늘은 좀 더 즐거운 날을 만들어 볼까?" 이런 대화가 가능해진다. 느낌에 대해 자주 이야기하면 비록 어리지만 자신의 감정을 조절하기가 수월해진다. 또래보다 성숙하고 안정된 모습으로 감정을 조절할 수 있다.

⑤ 물음표 책 만들기

성장하는 아이들은 언제나 궁금한 것이 많고, 순간순간 떠오르는 궁금증들을 늘 말로 표현한다. 하루 중 일정한 시간을 정해 '오늘의 궁금증'이라는 제목으로 질문을 정리해 보자. 답은 쓰지 않아도 된다. 아이가 굳이 쓰고 싶다면 엄마의 정답이 아니라 아이가 생각하는 답을 그대로 써 두자. 아이들의 사고력은 궁금증을 바탕으로 성장한다. 어떤 아이가 TV를 보다가 혼잣말로 중얼거린다. "흥미롭다는 게 뭐지?" 바로 이런 말을 기억했다 쓸 수 있게 도와주면 된다. 어휘력도 늘어날 뿐 아니라 무언가를 계속해서 알고 배우고 싶어 하는 학습 동기도 점점 커 간다.

⑥ 오디오북

아이가 직접 책을 읽게 되면 아이의 목소리를 자연스럽게 녹음해서 녹음테이프나 CD로 만드는 방법이다. 처음 글자를 배워 더듬더듬 읽는 목소리가 그대로 녹음되면 더 좋다. <mark>엄마나 아빠가 아이에게 읽어 주는 책을 녹음해서 오디오북으로 만드는 작업을 먼저 한다. 아이들은 성우가 매끄러운 목소리로 들려주는 오디오북보다 엄마 아빠의 목소리로 녹음한 책을 더 좋아한다.</mark> 무엇보다 녹음해서 오디오북으로 만들 수 있다는 사실이 아이들에게는 참 신기하고 재미있게 느껴진다. 엄마 아빠와 아이가 함께 만들면 오래 기억될 추억이 된다. 이런저런 대화하는 목소리가 들어가면 아이들은 더 신나한다. 들을 때마다 자신의 목소리가 나오는 바로 그 지점을 기다리고 또 기다린다. 이 또한 아이들의 심리적 안정과 성장에 큰 도움이 되는 부분이다. 부드러운 음악을 아주 작게 틀어 두고 녹음하면 일석이조의 효과를 얻을 수 있다.

⑦ 글 없는 그림책

아이들은 그리기나 색칠하기를 좋아한다. 글쓰기에 부담을 느끼는 아이들에게는 글 없는 그림책을 만들게 해 보자. 아이가 그린 그림들을 모아 차례로 붙여 두기만 하면 된다. 한 장의 그림에 이야기를 만들 수도 있고 여러 장의 그림을 이어서 이야기를 만들 수도 있다. 환상 이야기에 빠져 있고 늘 상상하기를 좋아하는 어린아이들은 그때그때 다른 상상으로 이야기를 꾸민다. 글쓰기에서 글을 쓰지 않는 것이 의미가 없는 것으로 생각할 수 있지만 그렇지 않다. 오히려 늘 글로 써야 하는 부담을 주는 것은 좋지 않다.

 말로만 표현하는 것도 좋은데, 아이가 자주 떠올린 생각들은 나중에 다시 꺼낸다. 조금씩 바뀌거나 변형되어 가지만 그래도 좋다. 아이가 자신의 그림 이야기를 글로 남기고 싶을 때 그때 글로 쓰면 된다. 엄마가 써 주든 자신이 직접 쓰든 어떤 방법이어도 상관없다. 아이가 자신의 그림으로 이야기할 때 녹음해서 오디오북을 만들면 더 좋다. CD에 아이가 이야기한 시기나 기간을 적고 제목도 차례로 적어 두자. 그리고 글자 없는 그림책의 부록이라는 표시도 한다. 아주 멋진 오디오북 세트가 된다.

⑧ 아이만의 백과사전 만들기

아이들은 늘 궁금증이 있기에 지식과 정보에도 관심이 많다. 자동차나 동물, 공주 이야기에 대한 지식 등 아이들은 자신이 좋아하는 것에 대한 새로운 걸 많이 알고 싶어 한다. 백과사전은 바로 이런 특성을 살려 만들 수 있다. 백과사전이라 해서 너무 거창하게 생각할 필요는 없다.

자동차에 관심이 많은 아이라면 자동차 사진을 모아 하나하나 붙여 나간다. 자동차의 이름, 배기량, 특징, 제조회사 등에 대한 지식을 기록하게 한다. 이렇게 순서 없이 무작위로 모아 만들어도 아이에게는 자신만의 소중한 자동차 백과사전이 된다. 순서나 특징으로 분류해서 만드는 백과사전이면 더 좋다. 스스로 만든 백과사전은 출판된 책보다 더 좋아한다. 관련된 지식을 검색하는 방법도 알려 주고 헌책방에 가서 전문 잡지의 과월호를 사서 스크랩하게 하면 더 알차게 만들 수 있다. 바로 이런 방법이 아이의 지식을 씨앗처럼 자라게 한다.

⑨ 아이가 만드는 동화책

아이가 만드는 이야기를 적어 놓는 책이다. 아이들은 상상하기를 좋아한다. 인형놀이나 소꿉놀이하는 것을 가만히 들어 보면 참 재미있다. 엄마 아빠를 그대로 흉내 내기도 하고 거기에 덧붙여 상상의 이야기를 만들어 내기도 한다. 이것저것 들은 동화 이야기를 빌려오기도 하고 누군가에게서 들은 이야기를 섞어 놓기도 한다. 엉뚱하면 엉뚱한 대로 황당하면 황당한 대로 인정해 주면 동화 작가처럼 글쓰기를 좋아하게 된다.

⑩ 아이가 받은 글 모음 책

아이들도 작은 메모나 편지 그리고 초대장을 수시로 받는다. 아이가 받은 글을 하나하나 모아 책을 만들어 보자. 공책 앞장에 제목을 써서 만들면 수월하다. 받을 때마다 갖다 붙이기만 하면 되니 어쩌면 가장 쉽게 만드는 책이다. 시간이 지나면서 추억은 희미해진다. 하지만 아이가 받은 편지와 초대장을 모아 두면 아이의 기억과 추억은 반짝반짝

빛이 난다. 엄마나 아빠, 할머니나 할아버지께서 용돈을 주시면서 봉투에 써 둔 축하 말 같은 것도 버리지 않고 모은다. 아이가 성장하면서 외롭거나 슬퍼질 때 뒤적여 보면 마음의 힘이 된다. 자신이 얼마나 사랑받고 자란 소중한 아이인지 확실한 증거를 갖고 있으니 그보다 좋은 약이 없다. 외로워도 슬퍼도 조금만 울고 벌떡 일어날 수 있는 마음의 힘을 주는 책이 된다.

새롭고 창의적인 아이디어는 원래 꼬리에 꼬리를 물고 떠오른다. 제시된 방법 중 단 한 가지라도 실천해 보면 아이에게 가장 적합하고 효과적인 방법이 창의적으로 떠오른다. 남들이 기발한 아이디어로 만들어 놓은 걸 보면 정말 부럽다. 하지만 실천만 하면 누구나 우리 아이에게 가장 잘 맞고 효과적인 멋진 아이디어를 만들어 낼 수 있다. 아이와 함께 멋진 우리 아이만의 특별한 책장을 채워 가자.

: 만약에 글이 없어진다면?

우리는 글을 읽거나 써서 소통을 하는데 '세상에 글이 없다면?' 어떤 일이 벌어질까. 아이와 상상해 보며 놀이를 시작한다. 순간순간 글자를 보고 내용을 파악하는 경우 계속 글자가 없다고 강조해 준다.

● **만약에 글이 없다면? 상상하기 놀이**

글이 없으면 무슨 일이 일어날지 여러 가지 질문을 만들고 상상하며 이야기를 나눈다.

"글이 없으면 편지배달은 어떻게 할 수 있을까?"
"글이 없으면 선생님은 어떻게 가르치실까?"
"글이 없으면 시험은 어떻게 볼까?"
"글자가 갑자기 사라진다면 무엇이 달라질까?"
"글이 없으면 _____?"

● **표지나 그림 보고 이야기 만들기**

그림책 중 한 장면을 정해 그림만 보고 이야기를 만드는 놀이다. 같은 그림을 보고 떠오르는 대로 이야기하면 된다. 아이가 왜 그렇게 생각하는지 이유를 말하고 그 이유가 타당하면 칭찬해 준다.

● **글자 없는 그림책으로 이야기 만들고 발표하기**

그림책의 4장면을 활용하여 이야기를 만든다. 글자를 보지 않도록 미리 가려 놓는다. 어떤 이야기든 지지해 준다.

● **문장이나 이야기 전달 게임**

중요한 말을 빨리 전달하는 게임이다. 여러 명의 아이가 함께할수록 재미있다. 아이 생일 등으로 친구들이 많이 모였을 때 해 보자. 처음에 전달 받는 문장이 맨 나중에 어떻게 달라져 있는지 확인한다. 글이 없을 경우 어떤 일이 생길지 생각하고 이야기를 나누면 좋다.

● **글자가 없다면 책은 어떻게 만들까?**

글자 없는 그림책, 오디오북 등에 대해 이야기를 나누어 본다. 또 책에서 글자를 모두 가려본다. 그림책과 동화책에서 글자를 가리고 비교해 보자. 어떤 생각이 떠오르는지 질문하고 이야기를 나눈다. 아이가 느끼고 생각하는 것이 소중하므로 "아, 그런 생각이 드는구나."라고 말하면 된다.

2부

어떤 글이든 잘 쓸 수 있다

chapter 1

독서록 잘 쓰는 아이

어떤 분야든 독서록을 척척!

°독서록이 아이들을 짓누르고 있다

독후감이나 독서록이라는 말을 인터넷에서 검색해 보자. 자동으로 완성되는 연관어에는 '독서록 베끼기, 독후감 베끼기'라는 단어가 상위에 검색된다. 참 어처구니없는 일이다. '독서록 쓸 만한 책 좀 알려 주세요. 줄거리 요약 좀 해 주세요.' 이렇게 독서록을 쓰기 위해 구걸하는 글이 종종 보인다. 수요자가 있으니 공급자가 생기게 마련인데, 독서록을 쓰기 위해 인터넷을 찾아 헤매고 다니는 아이들이 너무 많기 때문에 베끼는 사이트까지 생겨났다. 독서록이 아이들에게 얼마나 큰 부담과 짐으로 느껴지는지 짐작할 만하다.

독서록이 아이들을 괴롭히는 이유가 무엇일까? 독서록을 쓰는 이유는 아이가 책을 더 즐겨 읽고 이해력과 사고력을 높이고 자신의 느낌과 생각을 표현하는 능력을 기르기 위해서다. 과연 현재의 독서록이

chapter 1

아이의 이런 능력을 키워주는 데 도움이 될까? 별로 그렇지 못하다. 글은 많이 쓸수록 더 잘 쓸 수 있고 자신에 대해 생각을 많이 하게 된다고 말한다. 하지만 어떤 글을 쓰는가에 따라 너무 달라진다. ==한 번이라도 진짜 자신의 생각을 제대로 담은 글쓰기를 했다면 좋은 효과를 얻는다. 하지만 어른인 우리가 예전에 그랬듯이 아무리 일기를 쓰고 독후감을 썼어도 글쓰기 실력이 그 덕분에 나아진 경우는 많지 않다.== 처음부터 글쓰기 재주를 갖고 태어난 아이들만 점점 글쓰기에 날개를 단 듯 실력이 나아지는 걸 보았을 뿐이다.

아이가 자유롭게 자신을 표현하도록 도와주지 못하면 우리 아이들은 독서록에 짓눌리고 만다. 그뿐만이 아니라 책과 독서록이 하나의 이미지로 연결되면서 책마저도 읽기 싫어진다. 저학년 때까지 책을 좋아하던 그 많은 아이들이 고학년이 되면서 책 읽기를 싫어하는 가장 큰 이유가 바로 여기에 있다. 아이들이 독서록에 대해 고민하는 부분을 정리해 보면 다음의 세 가지다.

① 독서록 쓸 만한 책 좀 알려 주세요.
② 줄거리 간단하게 요약하는 방법 좀 알려 주세요.
③ 느낌과 생각을 어떻게 써야 하나요?

부모나 선생님은 글쓰기를 가르치면서 독서록에 대한 아이들의 고민을 쉽게 풀어 줄 수 있어야 한다. 너무 많은 기준과 규칙으로 혼란스럽게 하면 안 된다. 가능하면 쉽고 간단하게 자신의 느낌과 생각을 풀어 낼 수 있게 도와준다.

°어떤 장르, 어떤 책이든 독서록을 쓸 수 있다

사실 독서록은 이미 글감이 제시된 상태이니 글쓰기가 훨씬 쉽다. 책을 읽고 자신이 말하고 싶은 주제를 찾아 자신의 마음을 탐색해 보기만 하면 된다. 우리 마음속엔 늘 여러 가지 느낌과 생각이 존재하고 있다. 막연하고 불투명하지만 한 번만 더 생각하면 언어로 표현할 수 있다. 마음에 떠오르는 것으로 글을 쓰기 시작하면 된다. "이 책 별로예요. 쓸거리가 없어요."라고 말한다면 바로 그 점이 이 책에 대한 독서록의 주제가 될 수 있다. 아무것도 없다고 느껴지는 것, 꼭 집어서 말할 만한 이야깃거리가 없다고 생각하는 점이 바로 말할 거리가 되는 것이다.

'왜 이렇게 재미도 없고 의미도 없는 책을 만들었을까? 작가나 편집자는 책을 만들면서 무슨 생각을 했을까?' 이런 생각이 독서록의 아주 중요한 주제가 된다. 만약 엄마가 정성껏 준비해 주신 음식이 맛이 없다면, 그리고 그 음식에 대해 글을 써야 한다면 쓸거리가 많다는 것을 아이들은 잘 안다. 엄마가 준비하는 과정을 지켜보면서 생각한 것, 원래 엄마의 음식 솜씨에 대하여, 맛있다고 말했을 때 엄마의 언짢아 하는 표정, 그다음에 생기는 일들. 독서록도 마찬가지다.

독서록에 대한 첫 번째 오해는 독서록을 쓸 만한 책이 따로 있다는 생각이다. 독서록 쓰기에 좋은 책은 이야깃거리가 많은 책이다. 이것저것 생각나는 게 많으면 그만큼 하고 싶은 말도 많아진다. 그러니 독서록 쓰기가 수월하다. 하지만 이야깃거리가 부족해도 독서록을 쓰기엔 전혀 문제가 없다. 아무리 재미가 없는 책이라도 최소한 한 가지 이상의 이야깃거리는 있기 때문이다.

독서록을 쓸 만한 책이 따로 있는 것이 아니라 모든 책이 독서록의 대상이 될 수 있다는 사실을 깨달을 수 있게 도와주자. 어떤 장르든 상관없다. 옛이야기, 창작 동화, 명작 동화, 동시, 지식 책, 만화, 환상 동화, 인물 이야기 등 어떤 장르든 모두 다 독서록의 글감이 될 수 있다. 중요한 것은 우리 아이가 쓰고 싶은 책으로 쓰면 된다는 점이다. 좋아하는 책은 왜 좋아하는지에 대해서 쓰고, 싫어하는 책은 왜 싫은지에 대해서 쓴다. 그것이 자신의 진짜 마음을 표현하는 것이기에 가장 좋은 독서록이다.

°독서록에 대한 잘못된 고정관념

독서록 쓰는 방법을 이야기할 때 대부분의 부모나 선생님이 떠올리는 형식은 아이가 읽은 책의 줄거리를 쓰고 그에 대한 자신의 느낌이나 생각을 쓰는 것이다. 그런데 아이들은 줄거리를 요약하라는 이 간단한 말에 질린다. 초등학교 저학년 아이들은 자신이 읽은 책에 대해 논리적으로 줄거리를 말하는 것을 어려워한다. 말하기도 어려운 것을 글로 쓰려고 하니 더더욱 어려워지는 것이다. 그래서 줄거리를 요약하기 위해 책 소개 글을 보고 쓰기도 하고 독서록 베껴 쓰는 사이트에 들어가 자신이 써야 하는 책의 독서록을 올려 달라고 애원한다. 이제 '독서록 =줄거리+느낌이나 생각'이라는 공식은 잠시 접어 두자.

책은 아이에게 말을 건다. 그래서 아이는 책과 대화를 한다. 책이 지루한 느낌으로 아이에게 말을 건다면 아이는 "넌 왜 이렇게 재미가 없니?"라고 대답하는 것이다. 바로 그렇게 아이가 책과 자신의 느낌을 나누는 것은 그것이 무엇이든 독서록의 주제다. 그림 한 장면이 마음에 들면 그 그림으로만 이야기한다. 그렇게 아이가 책에 대해서 말하고 싶은 그 어떤 것이든 가능하다.

책의 내용을 읽고 나니 책값이 너무 비싸게 느껴지는 경우도 있다. 반면 너무 좋은 책인데 의외로 싼 가격이라 더 마음에 드는 경우도 있다. 이런 것도 독서록의 아주 좋은 이야기 주제가 된다. 책값이 너무 비싸게 느껴졌다면 그렇게 생각하는 이유에 대해서 말한다. 자신의 생각에 대한 이유를 하나하나 따지다 보면 책의 내용을 전체적으로 평가하지 않을 수 없다. 그러니 책값에서 시작한 이야기로 훌륭한 독서록이 완성될 수 있다.

독서록 형식에 대해 다시 생각해 보자. 정해진 틀을 제시하면 아이들은 그 틀과 형식이 이해되지 않아 잘 받아들이기 힘들다. 그러니 몇 가지의 형식 중에서 아이가 자신에게 맞는 방식으로 선택하여 독서록을 쓰게 하면 훨씬 수월하게 생각한다.

① 마음에 드는 단어 골라 쓰고 이유 말하기.
② 마음에 드는 문장 골라 베껴 쓰고 그 이유 말하기.
③ 마음에 드는 그림 골라 그 이유 말하기.
④ 책에서 마음에 드는 점이나 안 드는 점을 찾고 그 이유 말하기.(주인공 이름, 등장인물, 배경, 문장, 그림, 표지 등에서.)

chapter 1

이 중에서 아이가 쓰고 싶은 것을 고르라고 하면 아이는 독서록을 훨씬 쉽게 생각한다. 독서록 쓰는 방법으로 정해진 형식이나 틀을 가르쳐 주는 것은 바람직하지 않다. 독서록을 잘 쓰는 아이는 즐겨 쓰면서 자신이 스스로 그 형식을 찾아간다.

한마디로 글 쓰는 방식을 아이가 스스로 깨닫게 하는 방법이 최고로 좋은 방법이다. 예로부터 '하나를 가르치면 열을 아는 아이'가 똑똑함과 지혜로움의 대표적인 표현이었다. 형식을 가르치면 그 하나의 형식에 얽매여 더 이상 새로운 형식을 받아들이기 어려워진다. 반대로 자신이 좋아하는 방식에서 깨달음을 얻는 아이는 다른 아이들이 다른 방식의 글을 쓰는 것을 보기만 해도 자기 방식으로 응용해서 쓸 수 있게 된다. 그래서 여러 가지 방식으로 글쓰기가 가능해진다. 자신이 잘할 수 있는 것에서 시작하니 쉽고 즐겁게, 자신 있게 독서록을 쓰게 된다. 하나를 제대로 깨우치고 나면 열을 배우는 것은 정말 쉬운 일이 된다.

그림책으로 독서록 쓰기

°낱말을 수집해 문장 만들기

그림책은 참 매력적이다. 글이 짧아서 쉽게 느껴지고 그림이 있어 저절로 눈길을 끈다. 글과 그림이 함께 있으니 그만큼 말할 거리도 많다. 게다가 어느 연령대의 아이라도 부담 없이 책을 가까이할 수 있으니 그림책만 한 것이 어디 있을까. 그림책은 독서록을 쓰기에도 참 좋은 자료다. 글을 읽고 쓰거나 그림을 보고 쓸 수도 있다.

 글쓰기에 익숙해지고 자연스럽게 글을 쓰게 될 때까지는 그림책으로 글쓰기를 시작하는 것이 좋다. 그림책 중에서도 글쓰기와 관련한 내용을 다루고 있으면서 그림까지 재미있게 그려진 책을 먼저 활용하면 도움이 된다. 글쓰기란 어떤 단어를 정하고 어떤 문장을 만들지를 생각하고 결정하는 과정이다. 책의 내용에서 그런 과정을 자연스레 보여 주면 아이들은 글을 쓴다는 것을 좀 더 쉽고 색다르게 받아들이고,

chapter 1

재미있는 놀이처럼 생각한다.

『낱말 수집가 맥스』(케이트 뱅크스 글, 보리스 쿨리코프 그림, 보물창고, 2008)는 글쓰기에 대해 몇 가지 재미있는 생각을 떠올려 주는 책이다.

맥스의 형은 우표를 모은다. 또 다른 형은 동전을 모은다. 형들이 모은 우표나 동전에 모두들 놀라워하고 감탄한다. 맥스는 형들을 부러워하지만 형들은 맥스에게 단 하나도 나누어 주지 않는다. 맥스는 곰곰이 생각하다 마침내 낱말을 모으기로 결심한다. 짧은 낱말, 긴 낱말, 기분 좋게 하는 낱말, 좋아하는 음식 이름, 좋아하는 색깔 이름들을 모았다. 맥스는 낱말들을 모아 놓고 살펴보다 신기한 걸 발견하게 된다. 우표나 동전은 다른 순서로 정리해도 별 차이가 나지 않지만 맥스가 수집한 낱말들은 다른 순서로 늘어놓으면 엄청난 차이가 나는 것이다. 맥스가 모은 낱말들이 어떤 재미있는 문장과 이야기를 만들어 낼까?

우선 낱말 수집가라는 용어가 새롭고 신선하다. 낱말을 수집한다는 새로운 개념으로 글을 보니 정말 이제까지는 왜 낱말을 수집할 생각을 하지 못했지 하는 생각이 들기도 한다. 이 책을 보기 전까지 대부분의 사람들은 이렇게 맥스처럼 낱말을 수집한다는 것은 전혀 생각해 보지 못했던 일이다. 수집한다는 것은 가치가 있는 것을 모으는 일인데, 낱말이라는 존재는 충분히 수집할 만큼 가치가 있다는 것을 새롭게 깨달을 수 있게 해 준다. 게다가 우표나 동전은 순서를 다르게 해도 달라질 게 하나도 없지만 낱말은 순서를 조금만 다르게 해도 그 뜻이 전혀 달라지니 이렇게 재미있는 수집품이 어디 있을까 싶다.

아이들이 이 책을 읽고 보여 준 반응은 우선 '맥스 따라 하기'다. 어린이 신문이나 잡지 등에서 아이가 눈에 띄는 낱말을 잘라 낸다. 몇 가지 낱말로 문장을 만들기 시작하면 그때부터 엄마도 아이도 더 바빠진다. 아이는 문장을 만들기 위해 필요한 낱말을 찾아 달라고 하고 엄마도 아이의 요구에 따라 열심히 도와준다. 뭐 굳이 엄마가 도와주지 않아도 괜찮다. 글을 읽을 수 있는 아이들은 조금 힘이 들어도 스스로 글자를 찾으려 한다. 그리고 엄마가 찾아 주었을 때보다 스스로 원하는 낱말을 찾았을 때 훨씬 더 기뻐하고 뿌듯해 한다. 맥스처럼 낱말의 위치를 바꾸어 보기도 한다. 아이들은 문장의 의미가 달라지는 것에 다시 한 번 신기해 한다. 그리고 그런 문장을 더 만들고 싶어 한다.

글쓰기란 본래 낱말을 모아 적절한 위치에 배치하고 자신이 표현하고자 하는 뜻의 문장을 표현하는 방법이다. 그런데 이렇게 낱말로 문장 만들기를 열심히 할 수 있게 해 주는 책이 있으니 아이가 글쓰기의 구조도 이해하고 의미도 더 잘 받아들이게 된다. 무엇보다 글 쓰는 방법에 대해 아주 쉽게 이해할 수 있게 돕는다.

독서록은 책을 읽고 아이가 느끼고 생각한 점을 쓰는 것에서 시작한다. 그리고 그 책으로 인해 자신의 생각을 넓히고 예전에 경험해 보지 못한 새로운 생각의 세계를 경험하는 것까지 모두 포함한다. 그런 의미에서 아이들은 새로운 낱말을 수집하고 문장을 만들고 그 문장들을 이어 이야기를 만들면서 최고의 독서록을 쓰는 것이다. 그 과정에서 글쓰기에 필요한 상상력과 창의력이 쑥쑥 자라난다. 새로운 문장이나 전혀 의도하지 않았던 문장으로 새로운 이야기를 만들어 낸다. 이런 과정이 신나고 즐겁다는 사실이 중요하다. 낱말 수집가가 된 우리 아이들에게 글쓰기는 새로움을 창조하고 자신의 생각을 표현해 내는 즐거운 놀이가 된다.

°그림책이 들려주는 글쓰기 방법

『세상에서 가장 재미있는 글쓰기』(에일린 스피넬리 글, 안느 빌스도르프 그림, 주니어김영사, 2011)는 이야기를 통해 재미있고 좋은 글을 쓰는 방법을 들려준다.

도서관에서 글짓기 대회가 열린다. 자신이 좋아하는 작가와 함께 롤러코스트를 탈 수 있는 기회가 주어지는 욕심나는 대회였다. 주인공은 가족들에게 어떻게 하면 좋은 글을 쓸 수 있는지 자문을 구한다. 액션이 많이 들어가야 해, 아니야 웃겨야 해, 아니야 슬픈 이야기여야 해. 주인공은 가족들의 의견을 모두 모아 글을 쓰지만 전혀 마음에 들지 않는다. "내 생각엔 가장 재미있는 이야기는 네 마음속에서 나와야 할 것 같구나. 바로 너만의 이야기 말이야." 엄마의 말에 주인공은 비로소 자신만의 이야기를 완성한다.

==글을 쓰면 항상 다른 사람이 뭐라고 할지 신경이 쓰일 때가 많다. 그래서 글을 쓰기가 망설여지고 이렇게 쓸까 저렇게 쓸까 고민하며 남의 평가에 먼저 귀를 기울인다.== 한마디로 자신이 무슨 이야기를 하려고 하는지 길을 잃어버리게 되는 것이다. 자신이 하고 싶은 자신만의 이

야기가 아니라 남들이 듣고 싶어 하는 이야기, 남의 입맛에 맞추는 이야기를 억지로 꾸며서 쓰게 된다. 이 책의 이야기는 글쓰기를 어려워하는 우리 아이들에게 무엇이 좋은 글이고 재미있는 글인지 제대로 배울 수 있게 도와준다. 또 최고의 이야기란 바로 자신만의 이야기라는 것도 깨닫게 한다. 책 내용을 찬찬히 읽은 아이들은 자신도 이 책의 주인공처럼 자신의 이야기를 그리고 자기 가족의 이야기를 쓰겠다고 말한다.

'일기 쓰기, 독후감 쓰기, 글짓기, 왜 이렇게 써야 되는 글이 많아요?'라고 구원의 눈길을 보내는 아이에게 주인공의 엄마가 한 말을 들려주면 좋겠다. "오늘은 뭘 쓰지?" "책을 읽고 어떻게 써야 하나?" "과학 글쓰기는 어떻게 해요?"라며 힘들어하는 아이에게도 "내 생각엔 가장 재미있는 이야기는 네 마음속에서 나와야 할 것 같구나. 바로 너만의 이야기 말이야."라고 이야기해 주면 좋겠다.

°어려운 말을 아이의 말로 바꾸어 주는 그림책

『쿠키 한 입의 인생 수업』(에이미 크루즈 로젠탈 글, 제인 다이어 그림, 책읽는곰, 2008)은 삶에서 중요한 가치들을 쿠키를 굽는 일상의 작은 행동을 통해 쉽게 이해하도록 쓴 책이다.

서로 돕는다는 건 이런 거야. "내가 반죽을 저을게. 너는 초콜릿 조각을 넣을래?"

chapter 1

참는다는 건, 이런 거야. 쿠키가 다 익을 때까지 기다리고 또 기다리는 거야.

당당하다는 건, 고개를 들고 "내가 만든 쿠키는 정말 맛있어." 하고 말하는 거야.

어른을 공경한다는 건, 갓 구운 쿠키를 맨 먼저 할머니께 드리는 거야.

쿠키를 만들어 나누어 먹는 평범한 일에서 우리 인생의 진정한 가치를 알기 쉽게 이야기한다. 이 책을 읽고 재영이에게 책에서처럼 자신이 좋아하는 활동 한 가지를 정해 가치에 대해 이야기하도록 하였다. 재영이는 축구를 선택했다.

서로 돕는다는 건, "내가 패스해 줄게"라고 말하는 거야.
참는다는 건, 다른 사람이 나한테 패스할 때까지 기다리는 거야.
당당하다는 건, "내 슛이 멋있어." 하고 말하는 거야.
겸손하다는 건, 축구 잘한다고 잘난 척을 안 하는 거야.
어른을 공경한다는 건, 선생님이나 감독님 말씀을 잘 듣는 거야.
공평하다는 건, 친구한테 패스해 주면 다음엔 나한테 패스해 주는 거야.
욕심이 많다는 건, 패스 안 하고 계속 혼자 공을 차는 거야.
부정적이라는 건, 지고 있는데 시간이 끝나 간다고 생각하는 거야.
긍정적이라는 건, 지고 있어도 만회할 시간이 있다고 생각하는 거야.
예의 바르다는 건, "미안하지만 그 축구공 좀 건네줄래?"라고 말하는 거야.
용감하다는 건, 내가 축구공을 잃어버린 것을 털어놓는 거야.
우정이란 "네 축구 실력이 좋아."라고 말하는 거야.

후회한다는 건 이런 거야. 패스 안 하고 혼자 노는 게 아니었는데….

만족스럽다는 건, 축구에서 골을 넣고 공격하는 거야.

지혜롭다는 건, 축구할 때 어떤 역할이든 열심히 하는 거야.

—3학년 박재영

재영이는 평소 친구 관계가 편치 않았다. 축구를 무척 좋아하지만 친구들과 축구를 하다가 툭하면 화를 내 끝까지 재미있게 놀지 못하는 아이였다. 아이는 축구를 하면서 자신이 느끼고 생각한 것을 자신의 언어로 표현했다. 재영이가 자신의 생각을 정리하고 표현한 후에 아이의 행동에는 변화가 있었다. 공이 자기에게로 오면 늘 혼자 갖고 있어 친구들이 짜증을 내는 일도 줄었고, 자신에게 패스 안 해 준다고 화를 내거나 중간에 그만두는 일도 줄었다고 한다. 막연했던 자신의 마음을 책의 도움을 받아 구체적으로 표현해 보았을 뿐인데 참으로 고마운 일이 생긴 것이다. 스스로 인식하지 못했던 자신의 마음에 대해 자신의 말과 글로 정리했기에 가능했던 일이다. 역시 가르치고 훈계하는 것은 스스로 깨닫는 것을 따라가지 못한다.

이 독서록에는 줄거리가 없다. 다만 글의 형식만 빌어 와 그 틀에 자신의 생각을 써 넣었다. 처음부터 공책에 쓰게 하는 것보다 포스트잇으로 그림책 한 페이지 한 페이지에 써서 붙이도록 하는 방법을 사용하였다. 3학년이지만 글쓰기를 무척 어려워하는 아이라 포스트잇에 한 문장씩 쓰게 한 것이다. 그 글을 모아 다시 공책에 정리하니 아주 멋지고 글의 양도 많아졌다. 글에 대한 만족감은 어떨까? 책의 주제 중에서 15개의 주제를 골라 자신의 생각을 쓰는 동안 재영이는 점점

chapter 1

힘들어했다. 그러나 마음 글쓰기가 정말 좋은 경험이 될 수 있다고 판단될 땐 극복할 수 있게 도와주는 것이 좋다. 힘들게 해 냈을 때 성취감을 얻을 수 있다는 확신이 드는 작업은 꼭 끝까지 수행할 수 있게 도와주어야 한다. 완성된 글을 보면 아이도 스스로 대견하고 자랑스럽다. 마음의 뿌듯함은 그 어떤 칭찬보다 약이 된다. 재영이는 자신의 글이 완성되고 나서 무척 뿌듯해 했다. 다른 친구들 앞에서 읽어 주니 친구들도 재미있다고 칭찬해 준다. 이런 경험은 재영이에게 글쓰기의 전환점이 되었다.

재영이가 「쿠키 한입의 인생수업」에 포스트잇을 써서 붙인 모습

아이들은 느낌도 많고 생각도 많다. 다만 그것을 표현하는 방법이 미숙할 뿐이다. 그 점을 어른들이 도와주어야 한다. 아이의 마음속에서 나오는 이야기를 찾을 수 있게 하고, 우리 아이가 자신의 마음속에 이미 엄청나게 많은 이야기를 갖고 있다는 사실을 믿게 해 주어야 한다. 남들이 어떻게 썼는지 비교하지 말고 우리 아이가 자신의 이야기를 잘 표현할 수 있게 도와주자. 아이만이 표현할 수 있는 최고로 아름다운 글을 쓸 수 있다.

: 글쓰기를 도와주는 그림책 – 편지

● 『탁탁 톡톡 음매 젖소가 편지를 쓴대요』(도린 크로닌 글, 베시 루윈 그림, 주니어랜덤, 2001)

젖소들이 뭉툭한 발톱으로 타자를 친다는 독특한 발상으로 시작한다. 젖소는 자신들이 원하는 것을 편지로 쓴다. 거절하면 또 쓰고 거절하면 또 쓰는 모습이 아이들과 똑같다. 자신의 요구를 당당하게 편지로 표현하는 젖소의 모습이 재미있다.

● 『피터의 편지』(에즈라 잭 키츠 글·그림, 비룡소, 1996)

피터는 좋아하는 여자 친구 에이미에게 정성껏 생일 초대 편지를 쓴다. 바람에 날아간 편지를 잡으려다 에이미와 부딪치고 에이미는 울면서 집으로 돌아간다. 피터는 생일날 에이미가 오지 않을까 봐 마음을 졸인다. 설렘과 기대 그리고 걱정하는 피터의 마음이 잘 나타나 있다.

● 『피터 래빗과 친구들』(알마 아다 글, 레슬리 트라이언 그림, 베틀북, 2007)

피터 래빗이 『아기돼지 삼형제』의 첫째 돼지에게 편지를 받는다. 『금발머리와 곰 세 마리』, 『빨간 모자』 등 명작 동화 속 주인공들이 피터 래빗과 주고받는 편지 속에 재미있는 이야기들이 숨어 있다. 우리 아이도 누군가에게 편지를 쓰고 싶어진다.

● 『우체부 아저씨와 비밀 편지』(앨런 앨버그 글, 자넷 앨버그 그림, 미래 M&B, 2003)

자전거를 탄 우체부 아저씨가 동화 속 주인공들에게 전해 주는 6통의 편지를 보는 재미가 쏠쏠하다. 작가가 되기 전에 우체부로 일한 적이 있는 작가가 어린 딸이 편지 더미를 갖고 노는 것을 보고 만든 이야기다. 기발한 편지를 보면 누구나 한 번 따라 쓰고 싶어진다.

● 『겁쟁이 빌리』(앤서니 브라운 글·그림, 비룡소, 2006)

이 책은 중앙아메리카의 과테말라 인디언들에게 전해 내려오는 걱정 인형을 소재로 쓴 글이다. 걱정 인형에게 자신의 걱정을 털어 놓으면 걱정이 사라진다고 믿었다. 걱정 인형에게 자신의 걱정에 대해 편지를 쓰는 것만으로도 아이들은 불안한 마음을 잘 달랠 수 있게 된다.

● 『빨간 우체통과 의사 선생님』(군 구미코 글, 구로이 켄 그림, 웅진닷컴, 2011)

어머니께 안부를 전하고 싶지만, 어떻게 편지를 써야 할지 막막한 치과 의사 선생님은 여자아이에게 치료비 대신 어머니께 편지를 써 달라고 부탁한다. 어느 날 밤, 의사 선생님은 문득 돌아가신 아버지가 무척 그리워진다. 보고 싶은 마음을 담아 직접 편지를 써서 빨간 우체통에게 꼭 전해 달라고 기도한다. 편지의 위대한 힘을 느낄 수 있는 책이다.

옛이야기 책으로 독서록 쓰기

옛이야기를 읽으면서 어떤 점이 재미있는지 생각해 보자. '이야기가 흥미진진하다. 노랫말처럼 운율이 느껴진다. 재미있는 의성어와 의태어가 있다. 모험이 있다. 인물의 동작이나 배경이 훨씬 더 과장되게 그려져 있다.' 옛이야기에는 이렇게 아이들이 좋아하는 요소가 많기 때문에 그런 특성을 잘 활용하면 독서록을 쉽게 쓸 수 있다.

°옛이야기로 쓰는 6가지 방법

① 의성어·의태어를 반복해서 소리 내며 놀아보자

사람의 두뇌는 기본적으로 '반복되는 음절'에 먼저 반응하면서 배운다. 잘 기억하고 말로 표현하기에도 좋다. 무엇보다 아이들이 가장 재미있어 하는 놀이다.

『훨훨 간다』(권정생 글, 김용철 그림, 국민서관, 2003)에는 재미있는 의성어·의태어가 많이 들어 있다. '훨훨 온다. 성큼성큼 걷는다. 기웃기웃 살핀다. 콕 집어 먹는다. 예끼, 이놈! 하하하하, 호호호호, 훨훨 간다.'

아이들은 책에 나오는 의성어와 의태어로 말놀이하기를 무척 좋아한다. 그냥 따라 읽기만 해도 즐겁다. 이 중에서 가장 재미있는 말을 고르게 한다. 특히 재미있는 말을 반복하며 놀기를 더 좋아하기 때문이다. 좋아하는 소리를 넣어 새로운 문장을 만들어 보자.

'아기가 바지에 오줌을 쌌습니다. 그래서 내가 "예끼, 이놈!"이라고 혼냈습니다.'

'내가 숙제를 안 해서 혼날 때 "예끼 이놈!"이라고 혼내면 재미있겠습니다.'

새로운 의성어·의태어를 만드는 것도 아이들이 무척 좋아하는 놀이다. 일상의 행동을 의성어나 의태어로 표현하고 비슷한 말을 더 만들어 내면 쉽다.

'퐁당퐁당, 풍덩풍덩, 핑퐁핑퐁, 팡퐁팡퐁, 펑펑펑펑, 팡팡팡팡, 풍풍풍풍.'

독서록을 쓸 때 시작하는 첫 문장을 가르쳐 주고 아이와 나눈 이야기를 그대로 쓰도록 도와주자. 1학년 영진이가 말놀이로 글을 썼다.

> 엄마랑 『훨훨 간다』를 읽고 말놀이를 하였다. 새롭게 만드니까 정말 재미있다.
> 퐁당퐁당 풍덩풍덩 핑퐁핑퐁 팡퐁팡퐁 펑펑펑펑 팡팡팡팡 풍풍풍풍.
> 팡팡팡팡은 엄마가 내 엉덩이 때릴 때 나는 소리다.

chapter 1

풍덩풍덩은 목욕탕에서 물놀이하는 소리다.
핑퐁핑퐁은 잘 모르겠지만 귀여운 소리다.
나는 말놀이가 재미있다.

아이의 말은 그 자체가 훌륭한 글이 된다. 한 번 말놀이를 하면 아이들은 혼자 놀 때도 종종 중얼거리며 논다. 새로운 말을 만들거나 흉내내며 놀 수 있는 아이라면 문장을 만들거나 새로운 이야기를 만드는 활동으로 발전시켜 가면 된다. 맥락이 조금 이상해도 상관없다. 커 가면서 저절로 맥락 있는, 재미있는 이야기를 만들어 간다.

② 노랫말처럼 반복되는 운율을 좋아하는 아이는 가사를 바꾸어 노래로 부른다
아이들은 옛이야기에서 특히 운율 있는 말놀이를 좋아한다. 운율이 있어 노래처럼 읽을 수 있는 부분을 무척 좋아한다. 『해와 달이 된 오누이』를 읽고 '떡 하나 주면 안 잡아먹지.'를 신나게 외치더니 친구들에게는 바꾸어서 장난을 친다. '과자 하나 주면 안 잡아먹지.' '나랑 놀면 안 잡아먹지.' '나 따라 하면 안 잡아먹지.' 가사 바꾸듯 글을 바꾸어서 이야기 만들기를 좋아한다. 『누군 누구야 도깨비지』에 나오는 말도 재미있다.

"김서방, 나 수수팥떡 좀 해 주지."
"그래 해 주마."
김서방은 수수팥떡을 해 주었어.
도깨비는 수수팥떡을 뚝딱 먹어치우고 돌아갔지.

그러더니 도깨비란 놈 하루도 안 거르고 날마다 찾아와서

메밀묵 쑤어 달라.

개고기 삶아 달라.

수수팥떡 해 달라.

끝도 없이 보채네.

　짧은 이야기 대목을 그대로 옮겨와 새로운 이야기를 만드는 것도 재미있는 방법이다. 시작하는 첫 문장을 아이가 스스로 만들지 못하면 도와주자. "지금 우리가 뭐했지?"라고 물어보면 아이가 대답하는 문장으로 첫 문장을 시작하면 된다. 몇 번만 도와주면 자기 스스로 첫 문장을 만들 수 있다.

『누군 누구야 도깨비지』에 나오는 '김서방 부자 되기'를 읽고 내가 이야기를 새로 만들었다.

"엄마, 나 돈까스 좀 해 주지."

"그래 해 주마"

엄마는 돈까스를 해 주셨어.

나는 돈까스를 뚝딱 먹어 치웠지.

이제 날마다 엄마한테 졸랐어.

피자 해 달라.

불고기 해 달라.

삼겹살 구워 달라.

돈까스 해 달라.

chapter 1

팥빙수 해 달라.

끝도 없이 보채네.

엄마한테 해 달라고 하고 싶은 게 너무 많이 생각났어.

그래도 이제 그만 써야겠다. 엄마 사랑해요.

③ 아이가 옛이야기의 주인공이 되어 본다

아이들은 옛이야기에 나오는 모험을 무척 좋아한다. 자신이 주인공이 되어 모험에서 멋진 역할을 하거나 주인공을 돕는 역할을 하는 이야기 만들기를 좋아한다. 아이가 좋아하는 옛이야기 책에서 주인공의 이름을 아이 이름으로 바꾸어 주면 아이들은 무척 재미있어 한다. 자신이 주인공이니 이야기가 훨씬 더 실감 나서 재미있고, 부분 부분 이야기 바꾸는 재미도 있다. 그래서 '내가 주인공이라면'이라는 글감으로 독서록을 쉽게 쓸 수 있다. 아이들이 무척 재미있어 하는 작업이다. 『반쪽이』를 읽었으면 반쪽이를 흉내 내어 한쪽 팔과 다리를 몸에 붙여서 쓰지 않고 움직이면 더 실감 나는 이야기를 만든다. 좋은 질문을 하면 더 쉽게 상상하고 실감 나게 즐길 수 있다. 질문에 대한 아이의 답으로 글을 쓰면 훌륭한 독서록이 된다.

"형들이 나무에 묶어 놓고 가 버렸을 때 반쪽이는 어떤 기분일까?"
"반쪽이가 형들에게 하고 싶은 말은 뭘까?"
"부자 영감의 딸은 왜 반쪽이랑 결혼했을까?"
"내가 반쪽이라면 어떨까?"
"반쪽이가 앞으로 할 수 있는 일은 뭘까?"

④ 옛이야기를 들으면서 자기만의 방식으로 상황을 다시 만들어 보자

뒷이야기를 바꾸어도 좋고 새로운 인물을 등장시켜도 좋다. 아이들은 인물을 만들어 내는 재주가 뛰어나다. 그러니 이야기를 변형하고 새롭게 그려 보는 것은 아이의 두뇌 활동을 활성화시킬 수 있는 좋은 계기가 된다. 주인공이 겪는 모험을 바탕으로 역할극을 해 보고, 이야기의 각 부분을 다르게 상상하여 만들어 보자. 아이는 자신을 주인공으로 이야기를 새롭게 만드는 작업을 무척 좋아한다. 그 과정에서 아이와 나누는 이야기는 무엇이든 글로 옮기기만 하면 된다.

⑤ 아이를 주인공으로 새로운 옛이야기를 만든다

아이들은 굉장히 쉽게 옛이야기 하나를 뚝딱 만들어 낼 수 있다. 그만큼 옛이야기의 구조가 단순하고 쉽기 때문이다. 호랑이나 도깨비처럼 등장인물을 정하는 것도 쉽고 사건을 구성하기도 아주 쉽다. 그래서 옛이야기를 읽고 나서 비슷한 이야기를 만들면 아주 쉽게 이야기를 만들 수 있다.

⑥ 등장인물의 성격을 분석하고 자신의 이야기로 확장한다

어린아이라도 인물의 특징을 아주 잘 찾아낸다. 특정 행동을 살펴보고 그 행동에 비추어 보아 어떤 성격의 인물인지 생각해 보고 정리하는 방법이다. 옛이야기의 주인공은 다른 장르와는 달리 아주 확실한 성격을 갖고 있다. 착하고 희생적이거나 정의감이 강하고 모험심이 강하다. 반면 남을 괴롭히는 인물도 나온다. 등장인물의 성격에 대한 이야기는 유아와 초등학교 저학년 아이들이 자신의 성격을 형성해 가는 데

chapter 1

도움이 된다. 인물의 성격을 찾아보고 왜 그렇게 생각하는지 이유만 말해도 좋다. 어느새 자신도 누구처럼 어떻게 되고 싶다는 소망을 갖는다. 성격을 표현하는 낱말을 찾아 그것에 관해 이야기를 나누어 보자. 낱말을 찾아보면서 인물의 성격을 잘 생각해 보고 어떠한 말이 인물의 성격을 잘 표현하는지 고른다. 자연스럽게 책 내용도 다시 떠올리게 되니 내용을 이해하고 기억하는 데도 아주 좋은 방법이다.

성격의 긍정적인 면

강인한, 겸손한, 고상한, 공손한, 관대한, 근면한, 꼼꼼한, 낙천적인, 넉넉한, 논리적인, 느긋한, 다정한, 단호한, 대범한, 독립적인, 독창적인, 마음이 따뜻한, 믿음직한, 배려하는, 부지런한, 사교적인, 성실한, 솔직한, 섬세한, 수용적인, 순수한, 신중한, 실용적인, 얌전한, 엄격한, 열정적인, 영리한, 예의 바른, 온순한, 온화한, 외향적인, 용감한, 용기 있는, 우호적인, 융통성 있는, 유능한, 인정 있는, 자발적인, 자비로운, 재능 있는, 재치 있는, 적극적인, 정의로운, 정중한, 정직한, 정확한, 조용한, 조화로운, 지혜로운, 진실한, 창의적인, 충실한, 친절한, 합리적인, 현명한, 현실적인, 협동적인, 활동적인, 효율적인

성격의 부정적인 면

거만한, 건방진, 게으른, 경솔한, 고약한, 고집스런, 교활한, 내성적인, 냉정한, 느긋한, 둔감한, 멍청한, 무례한, 무분별한, 무심한, 무자비한, 무책임한, 바보 같은, 배려심 없는, 버릇없는, 변덕스런, 부주의한, 불친절한, 비겁한, 비난하는, 비판적인, 성급한, 성질 내는, 소심한, 수다스런, 수줍은, 시기하는, 실용적인, 심술궂은, 악명 높은, 어리석은, 욕심 많은, 용기 없는, 은혜를 모르는, 의심 많은, 이기적인, 인색한, 잔인한, 정직하지 못한, 질투하는, 짓궂은, 충동적인, 터무니없는, 혼란스런

1학년 아이들에게 『줄줄이 꿴 호랑이』를 읽고 참기름에 절인 강아지를 두 번째로 먹은 호랑이의 성격에 대해 이야기해 보라고 했다. 두 번째 호랑이는 첫 번째 호랑이가 먹지 말라고 소리쳤는데도 무시하고 덥석 먹었다. 이 호랑이는 어떤 성격일지 성격 단어 중에서 찾아 동그라미로 표시하게 했다. 다음엔 그렇게 생각한 이유만 질문하면 된다.

아이들은 자신이 생각하는 호랑이의 성격을 잘 찾아낸다. '바보 같은, 어리석은, 멍청한, 버릇없는, 심술궂은, 충동적인'을 찾아냈다. 먹지 말라고 했는데도 먹었으니까 어리석고 멍청하다. 첫 번째 호랑이의 항문에 줄이 있는 걸 보면 알 텐데 그걸 보지 않아서 멍청하다. "먹지 마." 그랬는데 먹고, 다음에 무슨 일이 생길지 생각 안 해서 바보 같다.

'버릇없다, 심술궂다'고 생각한 이유는 남에게 안 나눠 주고 자기 혼자 덥석 먹으려고 했기 때문이다. '충동적인'을 선택한 이유는 아무 생각 없이 하고 싶은 대로 덥석 물었기 때문이라고 말한다. 이야기에 나오는 게으른 아이에 대한 성격도 분석해 보았다. '지혜로운, 꼼꼼한, 게으른, 현실적인, 협동적인, 기발한, 정직하지 않은, 신중한'을 선택한다. 그 성격을 선택한 이유도 있다.

이렇게 성격을 찾아보는 것만으로도 이야기에서 주는 교훈을 아주 잘 이해할 수 있다. 굳이 이야기에서 전하는 교훈을 가르쳐 주어 책의 재미를 반감시키는 우를 범하지 않을 수 있다.

부모들은 유아기 때까지는 이런 놀이와 활동을 많이 한다. 읽어 줄 때에도 아이 이름을 넣어서 읽어 주고 말놀이도 재미있게 한다. 그런데 초등학생이 되면 이제 좀 더 어른스러워져야 한다는 생각에 아이들이 즐기던 말놀이와 활동을 그만둔다. 그런 놀이를 더 하고 싶어 하는 아이에게는 어린애처럼 군다고 핀잔을 주기도 한다. 아이들이 옛이야기를 읽고 원하는 활동이나 놀이는 아이가 원하는 만큼 해 주는 것이 좋다.

상상의 세계에서 겪는 다양한 모험과 정의로운 사람이 늘 이기는 권선징악의 절대적 법칙 덕분에 심리적 안정감을 얻고, 현실의 작은 어려움에 부딪칠 때 극복할 수 있는 용기도 얻는다. 또 자연스러운 말놀이는 언어 감각의 발달에도 큰 도움이 되면서 우리의 민족 정서도 자연스럽게 배우게 된다.

이처럼 옛이야기는 성장기의 아이들에게 꼭 필요한 이야기다. 옛이야기는 어린애가 읽는 책이라는 고정관념을 가질 필요가 없다. 초등학생이 된 이후에 아이들 각각의 독서 발달 정도에 맞추어 저절로 옛이야기에서 멀어지게 되는 때가 온다. 그때까지 옛이야기로 다양한 말놀이와 활동을 즐겨 보자. 그리고 아이가 말하는 다양한 이야기로 독서록을 쓴다면 최고의 독서록이 될 수 있다.

인물 이야기로 독서록 쓰기

훌륭한 일을 한 사람에 관한 인물 이야기로 독서록을 쓸 때는 그 사람의 업적도 중요하지만 유아나 저학년 아이에겐 그 사람의 인물 됨됨이나 어떤 상황에서 어떤 고민을 하고 어떤 역할을 하는지에 관한 이야기가 상세히 나와 있는 책이 훨씬 유용하다. 이런 이야기는 아이들이 좀 더 쉽게 그들의 어려움이 무엇인지 알 수 있고, 자신은 그런 상황에서 어떻게 할 수 있을지 생각할 수 있게 만든다. 좋은 인물을 존경하고 마음에 품는 것은 자라는 아이들에게 무척 바람직한 일이다. 요즘 말로 자신의 롤모델이나 정신적 멘토로 삼을 수도 있다. 그러니 독서록을 쓰기 위해서는 인물의 성격이나 됨됨이가 흥미로운 실제 사건을 통해 나타나는 책을 찾아 읽는 것이 중요하다.

아이들이 흥미를 끌 만한 인물 이야기를 찾아보자. 아이가 좋아하는 것과 연관된 인물이 가장 좋다. 자동차를 좋아하는 아이라면 자동차 왕이라 불리는 헨리 포드에 대한 이야기는 어떨까. "부자들의 전유물

chapter 1

인 자동차를 서민들의 생필품으로 바꾸겠다."는 그의 철학도 알게 되고 꿈을 실현하는 이야기를 통해 아이도 자신의 꿈을 키우고 싶어진다. 야구를 좋아한다면 야구 선수에 관한 인물 이야기가 더 흥미를 끈다. 다양한 인물에 대해 아는 것도 중요하지만 먼저 자신이 관심 있는 것과 관련된 여러 인물을 찾아보고 그들이 어떤 생각을 하고 어떤 고민을 하며 어떤 어려움에 직면했는지 아는 것이 더 중요하다. 성장하는 아이가 인물 이야기를 통해 정신적으로 성장할 수 있는 배움은 여기에서 나온다. 자신이 좋아하는 인물의 삶을 감동적으로 읽는다면 바로 거기에서 아이의 사고력과 상상력 그리고 창의력이 발달한다.

만일 관심 없는 인물에 대한 책을 읽어 주고 싶으면 우선 미리 궁금증을 유발하는 과정이 필요하다. 교과서에 나오는 인물 이야기로 시작하는 것도 좋은 방법이다. 학교 수업 중에 나오는 인물에 대한 자세한 이야기는 대부분의 아이들이 흥미를 가지기 쉽다. 책에는 나오지 않지만 자신이 아는 이야기를 발표하거나 친구에게 들려주는 일이 즐겁기 때문이다.

°인물 이야기로 쓰는 7가지 방법

① 주제를 찾는다

인물에 대해 마음에 드는 점, 훌륭한 점, 배우고 싶은 점, 궁금한 점 등에 대해 이야기를 나누고 그 내용을 그대로 쓰게 한다. 특히 궁금한 점에 대해 많은 이야기를 나누면 좋다. 책에 나오지 않지만 자신이 궁금한 점을 생각하고 그에 대한 답을 생각하거나 다른 자료에서 찾아보는 작업으로 확장할 수 있다. 궁금증은 아이를 성장하게 한다. 더 알고 싶고 찾아보고 싶은 마음이 들기 때문이다.

② 인터뷰 역할극

궁금한 점을 질문하는 역할극을 해 보자. 자신이 기자가 되고 동시에 그 인물이 되어 1인 2역으로 인터뷰하는 방식이다. 아이가 어색해 하거나 어렵게 생각하면 엄마랑 두 가지 역할을 번갈아 해 본다. 장난감 마이크를 준비하면 인터뷰 과정이 진지하게 이루어진다. 신기하게도 질문하고 대답하는 역할을 통해 아이는 그 인물과 동일시되고 어떤 어려움을 느꼈는지 어떤 고민을 하였는지 쉽게 깨닫는다.

③ 자신의 인물 이야기를 만든다

인물 이야기를 읽고 자신의 이야기를 만들어 보자. 상상하며 만들어도 좋다. 30년 후의 내가 되어 자신의 이야기를 들려주는 방식도 좋다. 아이는 자신의 이야기를 만들면서 자신이 하고 싶거나 이루고 싶은 것에 대해 생각한다. 어려움이 닥치면 어떻게 극복할지 이야기를 만들면서 실제로 그런 어려움에 맞설 용기를 키울 수 있다. 풍부한 이야기를 갖는다는 것은 곧바로 다양한 문제 해결 능력을 갖고 있음을 의미한다. 아이가 자신의 이야기를 다양하게 만들어 보는 것은 바로 이런 힘을 갖게 한다는 의미다.

④ 관련 자료 스크랩하기

인물에 대해 더 많은 자료를 알아보고 남들이 모르는 새로운 정보를 모으는 방법이다. 한 인물에 대해 여러 출판사의 책들을 찾아보는 것도 좋고 인터넷에서 좀 더 다양한 자료를 찾아 출력해서 스크랩해 보자. 자료를 붙이고 그 밑에 그에 대한 아이의 생각을 보태어 쓴다. 이렇게 만든 스크랩북을 부모나 선생님, 친구들에게 보여 줌으로써 자랑할 수 있는 기회를 갖는 것이 좋다. 다양한 자료를 모으는 과정을 통해 아이는 공부하는 방법을 깨닫고 정보의 중요성에 대해서도 배운다.

⑤ 작가처럼 인물에 대해 상상하기

인물 이야기 속에는 전해오는 역사적 사실과 작가의 상상이 함께 들어 있다. 그러니 정확한 역사적 사실 이외의 부분에 대해 아이가 작가처럼 상상해서 이야기를 만들어 보는 것도 좋다. 어떤 업적을 이룬 인물이란 보통 사람보다 좀 더 성실하거나, 용감한 점 또는 창의적인 면을 가진 사람이다. 그 외의 일상생활에서는 아주 인간적이고 보통 사람과 다를 게 없다. 엄마에게 무슨 잔소리를 들었을지, 어릴 적에 하루하루 생활하면서 어떤 점을 고민했을지, 학교에 가는 길에 무엇을 보고 무슨 생각을 하며 갔을지 상상해 보게 한다. 그렇게 상상했던 것들에 대해 이야기를 나누어 보자. 의외로 기발한 아이들의 생각을 들을 수 있다. 독서록에는 아이가 상상한 이야기를 쓴다. '나는 ○○○의 어릴 적 모습을 상상해 보았다.'는 말로 시작하면 될 것이다.

⑥ 세상의 어린이에 대한 이야기도 좋다

언론을 통해 알려진 세상의 어린이 이야기를 찾아 읽고 독서록을 쓴다. 독서록은 꼭 책을 읽고 써야만 하는 것은 아니다. 독서를 '읽기(reading)'의 개념으로 좀 더 확장해서 적용한다면 읽을거리는 무척 풍부해진다. 꼭 책으로 출판되지 않아도 충분히 좋은 독서록의 자료가 된다. 어머니의 병을 낫게 하기 위해 수백 킬로미터를 걸어가 구두닦이를 하는 중국의 아이, 초콜릿의 원료가 되는 카카오 따는 일을 하며 자신은 정작 한 번도 초콜릿을 못 먹어 봤다는 아프리카의 아이에 관한 이야기를 찾아보자. 심폐소생술로 아버지의 생명을 살린 우리나라 아이의 이야기도 좋다. 함께 성장하는 어린이의 이야기는 어른들의 이야기보다 더 큰 울림을 준다.

⑦ 쉽게 쓰는 독서록 방법들

그 외에 쉽게 할 수 있는 독서록 쓰기 방법으로 여러 가지가 있다. 주인공이나 주변 인물에게 편지 쓰기, 상장 주기, 연대표 만들기, 초상화 그려 보기, 가능하다면 인물의 유적지나 박물관 찾아가기, 다른 책에서 그 인물에 대해 언급한 내용을 찾아보는 방법들이다. 아이가 원하는 방법으로 하면 좋다.

동시로 독서록 쓰기

동시란 '어린이를 독자로 예상하고 어린이의 정서를 읊은 시'라는 의미와 '어린이가 지은 시'라는 두 가지 의미를 모두 포함한다. 즉 어른이 어린이를 위해 지은 시와 어린이가 지은 시 모두 동시라고 한다. 어느 쪽이든 좋은 시라면 다 좋다. 만약 어린이가 쓴 동시를 읽는다면 그 시가 어린이가 썼음을 다시 강조해 주는 것이 좋다. 자신과 비슷한 또래의 아이가 썼다는 사실은 시를 읽는 아이에게도 동시를 쓸 수 있다는 자신감을 주기 때문이다.

 동시를 읽고 어떤 이야기를 나누고 활동하면 좋을까? 동시를 읽고 독서록을 쓰는 방법을 살펴보자.

°동시로 쓰는 4가지 방법

① 베껴쓰기

창작하는 이들이 베껴쓰기를 통해 글쓰기 훈련을 했다고 말한다. 과학적으로도 우리의 뇌 속에 있는 신경절연물질이 오랜 시간 공들여 훈련하면 이 물질이 쌓여 그 방면의 고수가 된다고 한다. 그러나 유아나 저학년에게는 이 방법이 자칫 부정적 영향을 미칠 수 있다. 베껴 쓰느라 손이 아프고 힘들어 어렵다는 느낌을 갖는 경우가 많기 때문이다. 그런데 동시는 다르다. 일단 글의 양이 짧다. 그래서 동시를 읽고 독서록을 쓸 때 똑같이 베껴 써도 된다고 하면 아이들은 좋아라 한다.

베껴쓰기의 장점은 직접 해 보면서 느낄 수 있다. 자신이 거의 사용하지 않는 새로운 어휘를 쓰게 되니 어휘력이 풍부해지고, 문장의 구성과 형식에 익숙해진다. 그냥 말하거나 쓸 때는 몰랐지만 베껴 쓰면서 글 쓴 사람의 글 쓰는 특징을 은연중에 배울 수 있다. 그래서 좋은 글을 베껴 쓰면 글쓰기 실력이 좋아진다. 또 베껴쓰기를 하다 보면 마음에 드는 구절이나 문장을 잘 기억하여 나도 모르게 쉽게 활용한다. 내가 말하거나 글을 쓸 때 정확하게 누가 어디서 쓴 글인지 기억나지 않을 수 있지만, 어느새 자기 것이 되어 자신의 언어로 말하고 쓰게 되는 것도 베껴쓰기의 장점이다.

동시는 베껴 쓰는 것만으로도 훌륭한 독서록이 된다. 단 동시의 출처와 저자를 정확히 밝히고 왜 그 시를 골랐는지 이유와 베껴 쓴 소감까지 쓰도록 도와주는 것을 잊지 않는다.

chapter 1

② 외워서 쓰기

베껴쓰기와는 또 다른 의미가 있다. 좋은 시나 노래는 쉽게 외운다. 몇 번 읊조리다 보면 운율이 있어 입에 착착 감기고, 외워서 낭송하면 기분도 좋아진다. 아이가 좋아하는 동시를 골라 자주 읽어 주거나 스스로 소리 내어 읽게 하자. 엄마랑 함께 외우기 시합을 하면 더 열심히 잘 외운다. 외운 시를 그대로 독서록으로 옮겨 쓰자. 글의 첫머리에는 마음에 드는 동시가 있어 외웠다는 말을 쓰면 된다. 외우면 무엇이 좋은지 자신의 생각을 쓰게 하면 더 좋다.

혹시 학교에 가서 검사받을 때 외워서 쓴 건지, 보고 베껴 쓴 것인지 구분이 안 가서 선생님께 혼날 걱정은 할 필요가 없다. 선생님이 진짜 외웠는지 물어보시면 그 자리에서 낭송하면 된다. 아마 친구들 앞에서 칭찬을 듬뿍 받을 수 있을 것이다.

③ 바꿔쓰기

동시를 골라서 바꿔 쓰는 방법이다. 시를 너무 어렵게 생각하는 아이라면 바꿔 쓰는 방법도 도움이 된다. 물론 바꿔 쓰고 나서 다시 아이가 스스로의 힘으로 새로운 시를 써 보는 경험을 하는 것이 바람직하다. 누구나 마음속에 시를 갖고 있다는 것을 스스로 깨달을 수 있다.

지우개

2학년 안민석

글씨가 틀렸을 때
지우는 지우개.

지우면 지우면 똥이 나온다.
나쁜 마음을 지우는
지우개는 없을까?

— 『학교야 공차자』(김용택 편저, 보림, 2002) 중에서

「지우개」를 읽고 준범이는 바꿔쓰기를 해 보았다.

지우개

그림이 틀렸을 때
지우는 지우개
지우면 그림이 더러워진다.
완전히 깨끗해지는
지우개는 없을까?

지우개에 대한 자신의 경험을 있는 그대로 쓰면서 전혀 다른 느낌의 시가 되었다. 시의 형식과 운율을 그대로 따라서 바꿔 쓰기만 했는데도 이렇게 자연스럽게 완성되었다. 준범이는 "이게 시예요?"라며 묻는다. 대답은 필요 없다. 다시 되돌려 질문하면 된다.

"넌 어떻게 생각하니?"
"비슷한 것 같아요."
"그럼 네가 쓴 건 시일까 아닐까?"
"시 같아요."

chapter 1

"네 마음에 드니?"

"괜찮은 것 같아요."

"보지 않고 이렇게 쓸 수 있겠니?"

"쓸 수 있을 것 같아요."

한 번 따라 썼다고 금방 시를 잘 쓰게 되는 것은 아니다. 하지만 이런 경험이 몇 번만 계속되어도 이제 쉽게 동시를 쓸 수 있다. '모방은 창조의 어머니'라는 말이 그대로 적용되는데, 단 온전하게 제대로 모방해 보는 것이 좋다. 그대로 베껴 쓰는 것도 모방이고, 따라 쓰거나 바꿔 쓰는 것도 모방이다. 그리고 모방할 때는 꼭 그 출처가 어딘지 밝히고 쓰도록 가르쳐야 한다. 남의 것을 빌어 와 자기 것인 양 포장하는 것은 훔치는 일이다. 어디서 무슨 시를 보고 따라 썼다는 것을 꼭 밝혀야 한다는 것을 기억하자.

④ 관찰한 대로 동시 짓기

우리가 사는 주변을 살펴보고 눈에 보이는 자연과 사물들을 하나하나 꼼꼼하게 살펴보면 좋은 글을 쓸 수 있다. 나아가 자신의 마음과 친구의 마음을 살펴보고 보이는 대로 느껴지는 대로 글을 쓴다.

섬진강 시인 김용택 선생님은 "얘들아, 나무 하나를 너의 나무로 정해서 그 나무를 꾸준히 관찰하고 글로 써 보아라."고 말씀하신다. 그리고 아이들과 마주칠 때마다 "너 나무 봤어?"라고 계속 질문하신다. 아이들은 자연스럽게 관심을 갖고 나무를 보게 되고 그것을 그대로 글로 쓴다. 그게 바로 시가 된다.

우리 아이들에게 그대로 적용해 보자. 좋은 방법은 언제 어디서든 효과가 있다. 아이에게 자신의 나무를 정하게 하자. 자기 나무를 정하라고만 해도 아이들은 갑자기 말이 많아진다. "저 나무는 이름이 뭐예요? 난 이 나무가 좋아." 아이에게 나무가 잘 있는지 자주 물어보면 된다. 그러면 아이는 자신이 살펴본 걸 말한다. 그게 바로 좋은 시가 된다. 글쓰기는 이렇게 애정을 갖고 살펴보는 것에서 시작한다.

그런데 의외로 아이들은 관찰을 제대로 못하는 경우가 많다. 민들레를 보고 글을 쓰는 아이가 '길가에 핀 민들레'라고 쓴다. 어디선가 들은 말을 아무 생각 없이 쓰는 경우다. 길가가 아니라 풀숲 사이에 피어 있었고 길 가운데 피어 있는 민들레를 보아도 그렇게 쓰는 경우가 많다. 생각하지 않으면 자신도 모르게 상투적으로 표현한다. 관찰이란 있는 그대로 묘사한다는 것을 가르쳐 줄 필요가 있다.

아이들의 일상에서도 관찰해서 쓰는 연습이 필요하다. '엄마가 화가 났습니다.'는 자신이 해석한 느낌이다. 정확하게 관찰해서 글을 쓴다면 '엄마가 입술에 힘을 주고 꽉 다물었습니다. 그리고 얼굴이 붉어지고 눈썹을 찡그려서 이마에 주름살이 생겼습니다.'라고 표현하는 것이 관찰이다. 관찰만 잘해도 글쓰기는 무척 풍요로워진다.

: 글쓰기를 도와주는 그림책 – 동시

● 『넉 점 반』(윤석중 글, 이영경 그림, 창비, 2004)

시계가 흔하지 않던 시절, 아이는 시간을 알아보려고 가겟집으로 심부름을 간다. '넉 점 반' 이라는 영감님의 말을 되뇌다 닭, 개미, 잠자리에 정신이 팔려 해가 져서야 집으로 돌아온다. '엄마 시방 넉 점 반이래.' 순수한 동심을 보여 주는 아이의 말이 그대로 시가 된다.

● 『내 동생』(주동민 시, 조은수 그림, 창비, 2003)

구구단을 외우지 못하는 동생 때문에 학교에서 수모를 당한 심정과 화는 났지만 그래도 동생을 사랑하는 어린 오빠의 속마음이 실감 나게 표현되어 있다. 아이가 겪은 일이 그대로 시가 되는 과정을 보여 준다. 읽다 보면 자신의 경험으로 쉽게 시를 쓸 수 있다.

● 『노란 코끼리』(줄리 라리오스 글, 줄리 패스키스 그림, 보물창고, 2008)

동물의 색깔과 성질을 주제로 한 시그림책이다. 푸른 개구리, 청록색 도마뱀처럼 실제의 색을 담아내기도 하고 노란 코끼리, 분홍색 고양이같이 상상의 빛깔로 그려낸 시도 있다. 상상이 시가 되는 과정을 보면서 우리 아이들의 상상력이 시가 될 수 있음을 배운다.

● 『우리 선생 뿔났다』(강소천 등저, 권태향 그림, 루덴스, 2008)

강소천, 윤동주, 윤석중, 권정생, 이오덕, 임길택, 김용택 등 우리나라를 대표하는 아동 문학가들이 학교를 주제로 쓴 동시를 모았다. 선생님, 친구들과 함께 만들어 가는 사소한 일상을 상상력 넘치는 언어로 펼쳐 놓아 아이들이 무척 재미있게 읽을 수 있다. 아이들의 감성과 어휘력이 함께 성장할 수 있는 책이다.

● 『중요한 사실』(마거릿 와이즈 브라운 글, 최재은 그림, 보림, 2005)

숟가락, 사과, 신발 등 익숙한 사물의 근본적인 특성을 간결하고 시적인 언어로 표현했다. 우리가 만나는 모든 사물이 갖고 있는 중요한 사실은 뭘까? 아이들이 쉽게 자신의 생각을 키워 가도록 도와준다. 바로 나 자신에 대해 가장 중요한 사실이 무엇인지 생각하게 한다.

● 『엄마 마중』(이태준 글, 김동성 그림, 소년한길, 2004)

1930년대 시절을 담은 시그림책이다. 하루 종일 전차 거리를 서성이며 일 나간 엄마를 기다리는 아이의 모습이 바로 시가 된다. "우리 엄마 안 와요?"라고 반복해서 묻는 아이의 말에 가슴이 뭉클하고 찡하다. 있는 그대로의 모습이 바로 시라는 것을 배울 수 있다. 따뜻하면서 멋스러운 삽화가 보는 재미를 더한다.

지식 책으로 독서록 쓰기

　지식 책은 독서록 쓰기에 참 좋지만 정작 그 방법을 모르는 경우가 많다. 지식 책이니 그 내용을 잘 기억하면 된다는 수준에 머무르는 경우가 대부분이기 때문이다. 지식은 명확한 인식과 이해를 바탕으로 더 큰 생각을 할 수 있는 중요한 씨앗이 된다.
　사실 지식이란 많은 함정을 갖고 있다. 우리가 열심히 외웠던 많은 지식이 이제는 사실이 아닌 것으로 밝혀지기도 했다. 태양계를 도는 행성은 수성, 금성, 지구, 화성, 목성, 토성, 천왕성, 해왕성, 명왕성이었다. 그래서 '수금지화목토천해명'으로 열심히 외웠는데, 그렇게 열심히 외웠던 9개의 별이 이제 8개로 줄었다. 마지막 명왕성은 태양계의 행성에서 퇴출되었다. 과거에는 태양계를 행성과 행성이 아닌 것으로 구분했지만 이제는 행성과 왜소행성, 태양계 소천체 등의 세 그룹으로 나눈다. 명왕성은 달보다 작고 공전궤도가 둥글지 않아 왜소행성으로 재분류되었다. 이제 우리 아이들은 '수금지화목토천해명'이 아니라 '수금지화목토천해'로 외우고 있다.

　이런 사례는 또 있다. 전화기를 발명한 사람은 알렉산더 그레이엄 벨이었다. 수십 년 동안 그렇게 알고 있었는데, 2002년 미국 의회는 전화기를 발명한 사람은 미국의 알렉산더 그레이엄 벨이 아니라 이탈리아 출신의 이민자 안토니오 메우치라는 사실을 인정했다. 미국 하원은 표결을 통해 메우치가 발명해 1860년 뉴욕에서 시연한 '텔레트로포노'가 최초의 전화기이며, 벨은 메우치의 자료를 입수해 16년 뒤 특허를 획득했음을 인정했다. 이탈리아 출신의 메우치는 몸이 마비된 아내를 위해 침실과 자신의 작업실을 연결하는 시스템을 개발하였다. 그는 영구 특허 신청에 필요한 250달러가 없어 1871년에 겨우 1년짜리 특허를 신청했지만 돈이 없어 특허를 갱신하지 못했다. 1876년에 그와 연구소를 함께 사용했던 벨이 전화기 특허를 내고 큰돈을 벌자 그는 벨을 상대로 소송을 제기했다. 대법원이 벨의 사기혐의를 인정함으로써 승리를 눈앞에 뒀으나 1889년 그가 숨지자 재판도 중단됐다. 그로부터 백 년이 지난 후에야 전화기의 발명가가 안토니오 메우치로 고쳐진 것이다.

　재미있는 사실이 또 하나 있다. 동시대 인물 중 전화기를 발명한 이들이 한둘이 아니었다는 사실이다. 당시 전화기 발명에 대한 경쟁이 무척 치열했음을 알 수 있는 대목이다. 아이들과 함께 이런 내용들을 찾아보면 재미있을 것이다. 이런 사실만으로도 아이들은 또 다른 깨달음을 얻을 수 있다. 현재 우리 아이들이 보는 책들에는 전화기 발명가로 알렉산더 그레이엄 벨, 안토니오 메우치, 그리고 필립 라이스로 기록된 책도 있다.

chapter 1

　책은 새로운 정보의 속도를 따라가지 못한다. 그리고 작가가 어떤 정보를 수집하는가에 따라 지식 책의 진실은 크게 달라질 수 있다. 사실이 항상 진실이 아닌 것도 깨닫게 된다. 따라서 우리 아이들이 접하는 정보들에 대해서는 검색하거나 여러 책과 자료를 얻어 그에 관련된 정보들을 다양하게 찾아보는 것이 좋다. 이런 사실들은 지식 책을 읽고 어떤 글을 쓰면 좋을지 생각하게 만든다. 이제 지식 책을 읽고 쓰는 독서록은 어떻게 쓰면 좋을지 생각해 보자.

˚지식 책으로 쓰는 5가지 방법

① 지식 책으로 쓰는 독서록에서는 재미있는 사실, 신기한 사실, 이상한 점, 궁금한 점, 더 알고 싶은 점 등에 대해 이야기를 나누는 과정이 필요하다

새롭게 알게 된 사실이 재미있다면 재미있게 느껴진 사실이 무엇인지 쓴다. 그리고 그 이유를 쓴다. 재미있다는 느낌과 관련된 생각을 모두 떠올리면 된다. 새로운 지식은 큰 즐거움의 원천으로 놀이보다 더 재미있다. 아이가 "아! 정말?" 하며 눈을 반짝이는 모습을 본 적이 있을 것이다. 지식이 놀이보다 즐거움이 더 클 때 보여 주는 반응이다. 진정한 즐거움은 배움에서 온다. 배움의 즐거움을 깨닫게 하는 지식이 많아질수록 우리 아이가 배움과 학습에 더 큰 동기를 갖는다.

② 사실의 출처와 근거 따져 보기

작가가 글을 쓸 땐 꼭 출처가 있다. 그 출처를 밝힌 책이면 다시 그 책에서 확인해 보는 것이 좋다. 배우고 익히는 과정을 아이가 스스로 체험할 수 있기 때문이다. 대부분 출처는 아이 수준에 비해 어려운 책이다. 이럴 경우 엄마가 아이를 도와서 그 부분을 함께 찾아본다. 독서록에는 어떤 지식을 보고 그게 사실인지 확인하기 위해서 출처인 책을 찾아보았다는 내용, 그 책의 말을 인용하여 적으면 된다.

『쌍둥이 빌딩 사이를 걸어간 남자』(모디캐이 저스타인 글·그림, 보물창고, 2004)를 읽고 아이들은 주인공인 필립이 정말 쌍둥이 빌딩 사이 줄 위에 누웠을지 의심스러워 한다. 이제 실제 자료를 찾아볼 차례다. 『나는 구름 위를 걷는다』(필리프 프티 저. 이레, 2008)에는 실제 필립이 쌍둥이 빌딩 사이를 건너는 이야기와 줄 위에 누운 사진이 실려 있다. 높은 상공에서 누워 있는 사진을 직접 확인한 아이는 더 감탄한다. 사진을 본 느낌과 생각으로 아이는 할 말이 많아진다. 이 과정을 그대로 독서록으로 옮겨 쓰면 된다.

③ 사실에 가려진 또 다른 사실 찾아보기

지식 책에는 사실을 다루는 정보들이 있다. 하지만 사실 속에 가려져 있는 또 다른 사실을 보는 눈이 필요하다. 우리 아이들이 다이너마이트를 발명한 노벨이 왜 자신의 전 재산으로 인류에게 공헌한 사람에게 주는 노벨상을 만들었는지 고민해 보게 하는 것이 좋다. 노벨상은 노벨이 만들었고 노벨은 다이너마이트를 발명했다는 사실만 기억하게 하는 것은 의미가 없다. 숨어 있는 사실을 찾아보자. 인터넷에서 검색하면 뉴스, 책, 전문 정보 등 다양한 정보를 찾을 수 있다.

노년기의 노벨이 어느 날 신문을 펼쳐 들고 깜짝 놀랐다. 신문의 1면

chapter 1

에 '알프레드 노벨이 사망하다'라고 쓴 큰 기사가 나왔는데 '죽음의 사업가, 파괴의 발명가, 다이너마이트의 왕이 죽다.'라고 기록되어 있었다. 그 보도는 프랑스의 한 기자가 이름이 같은 사람의 죽음을 잘못 알고 쓴 오보였다. 그로 인해 노벨은 커다란 충격을 받았다. 자기가 세상을 떠나고 나면 사람들이 어떻게 자신을 평가할 것인가를 깨달았기 때문이다. 그는 '죽음의 사업가나 파괴의 발명가'로 자신의 일생을 끝내고 싶지는 않았다. 결국 그는 자신의 거대한 재산을 바쳐서 평화와 번영을 위하여 인류에게 공헌한 사람들을 선정하여 해마다 수여하는 큰 상인 '노벨상'을 만들었다.

<mark>글을 쓸 때 새로 알게 된 사실에 대해서 쓰면 된다. '노벨에 대한 책을 읽었다. 더 궁금해서 인터넷을 검색했다. 그랬더니 이러한 사실을 알게 되었다.'라고 쓰면 되는 것이다.</mark>

④ 의심스러운 점 찾아보기

'과연 그럴까?'라는 질문을 해 보자. 아이가 만나는 새로운 지식과 정보는 늘 의문을 갖고 보는 눈을 길러 주는 것이 좋다. "과연 그럴까? 정말 좋을까? 정말 필요한 것일까? 진실은 무엇일까?"

라듐의 발견과 연구로 노벨 과학상을 두 번이나 받은 마리 퀴리는 결국 방사능 중독으로 인한 백혈병으로 고생하다 숨을 거두었다. 라듐은 발견 뒤 꽤 오랫동안 인체 유해성이 알려지지 않았다. 퀴리 부인이 발견한 방사능 물질의 첫 용도는 화장품과 유아 용품 첨가물이었다. 방사능이 건강한 피부를 유지시켜 주고 피부의 흠집마저 없애 준다고 생각했기 때문이다. 노화된 세포를 죽이고 젊은 세포를 생성시켜 준다는 광고와 함께 라듐이 첨가된 화장품이 등장하기도 했다. 라듐은 빛을 흡수하지 않아도 자연광을 내는 물질이라 어둠 속에서도 빛이 났다. 당시 유명한 미국의 무용수 로이 풀러는 파리 공연에서 '빛의 요정'이라는 별명에 걸맞게 어둠 속에서도 빛을 내고 싶었다. 그래서 마리 퀴리에게 부탁해 라듐이 들어간 의상을 입고 '라듐 댄스'를 추기도 했다. 라듐은 특히 만병통치약으로 알려져 라듐이 들어간 음료가 판매되기도 했다. 지금 생각하면 끔찍한 사실들이다. 현재 프랑스 파리에 있는 퀴리 박물관에는 퀴리의 실험실이 그대로 재현되어 있다. 마리 퀴리가 실제 사용한 물건들은 아직도 방사능이 검출된다. 그러니 질문을 통해 사실 뒤에 가려진 진실을 볼 수 있는 눈을 길러 주는 것이 필요하다. 의문은 좀 더 올바른 과학의 발전에 영향을 미친다.

단순히 안다는 것은 아이의 성장에 도움이 되지 않는다. 그 지식으로 인해 아이가 생각하고 고민하고 더 깨닫게 되는 과정이 바로 성장하는 과정이다. 지식 책을 읽고 쓰는 글쓰기는 지식과 함께 아이가 성장할 수 있도록 도와주는 것이어야 한다. 지식에 대해 갖는 의문을 그대로 글로 옮기면 정말 훌륭한 글이 된다.

chapter 2

일기 잘 쓰는 아이

일기는 나에 대한 글이다

°일기 쓰기에 꼭 필요한 2가지

피카소의 미술 선생님이었던 아버지가 가장 중요시한 것은 데생이다. 데생을 제대로 할 때까지는 그림물감을 사용하면 안 된다는 가르침을 받은 피카소는 뒷날 "나만큼 데생 연습을 많이 한 화가는 없을 것이다."라고 회상할 정도였다. 피카소는 수많은 데생을 연습한 후에야 사람의 마음에 감동을 주는 그림을 그릴 수 있었다. 한편 피카소의 어머니는 늘 피카소에게 "너는 군인이 된다면 틀림없이 장군이 될 수 있을 것이고, 신부가 된다면 반드시 로마 교황이 될 것이다."라는 말을 했다고 한다. 피카소는 그림의 기초를 강조하는 아버지와 피카소를 믿고 지지하는 든든한 어머니 덕분에 최고의 화가가 될 수 있었다.

모차르트가 음악의 신동으로 알려져 있지만 엄청난 연습을 했다는 사실도 마찬가지다. 사실 그의 아버지는 어려서부터 잠을 제대로 재우

chapter 2

지 않고 연습을 시켰다고 한다. 하지만 모차르트가 그렇게 아름다운 명곡을 작곡해도 아버지는 만족하지 못했다. 결국 모차르트는 살아가는 동안 내내 아버지의 인정을 받고 싶어 마음고생이 심했다.

두 위인의 이야기에서 우리는 중요한 교훈을 얻을 수 있다. 기본적인 연습의 중요성, 심리적 지지와 믿음이 아이에게 얼마나 중요한 것인가 하는 점이다. 이를 글쓰기에 적용해서 생각해 보자. 글쓰기에서 기본적인 연습이란 어떤 것일까? 글쓰기에서 아이를 믿어 주고 지지자가 된다는 것은 어떤 의미일까?

글쓰기에서 기본에 충실한 연습이란 아이가 자신의 마음을 숨김없이 솔직하게 쓰는 것이다. 어떤 기교도 부리지 않고 쓸까 말까 망설이지도 않고 마음속에 떠오르는 말을 모두 적어 보는 것이다. 이렇게 자신의 마음을 들여다보며 자신의 감정과 생각을 모두 써 내려 가는 것이 글쓰기의 기본과정이다. 기본에 충실하면 좋은 글이 나온다. 일기 쓰기가 아이에게 의미가 있고 아이의 성장에 도움 되게 하려면 수없이 데생 연습을 한 피카소처럼, 밤을 새워 피아노를 연습한 모차르트처럼 글쓰기의 기본인 마음 글쓰기에 충실하면 좋겠다.

글쓰기에서 아이를 믿어 주고 든든한 지지자가 된다는 것은 미숙하거나 엉뚱해도 아이의 마음을 표현한 글이면 늘 지지하고 인정해 주는 것을 말한다. 그래야만 자유롭게 거리낌 없이 자신을 표현하는 글쓰기가 가능해진다. 이 두 가지를 잊지 않고 글쓰기에 적용하면 우리 아이들은 언제 어디서나 자신의 마음을 글로 표현하는 데 어려움을 겪지 않는다.

° "오늘 일기 뭐 써요?"

일기는 나에 대한 글이기 때문에 나에 대한 것은 무엇이든 일기의 글감이다. 나의 느낌과 생각, 내가 하는 말과 행동, 그리고 감각으로 체험한 모든 것을 일기로 쓸 수 있다. 무엇으로 일기를 쓰든 그건 결국 나를 이야기하는 일이다. 어느 것으로 시작해도 결국은 나의 마음을 표현하는 일이다.

<mark>그런데 왜 아이들은 자신에 관한 일기 쓰기를 힘들어 할까? 왜 날마다 "오늘 일기 뭐 써요?" 하고 물어볼까?</mark> 글 쓰는 방법을 몰라서 그럴 수도 있지만 <mark>더 중요한 이유는 나에 대해 무엇을 말해야 할지 몰라서다.</mark> 나에 대해 말한다는 것은 나를 다시 들여다보고 내가 무엇을 느끼는지, 무슨 생각을 하는지, 무엇을 좋아하는지, 무엇을 싫어하는지 알아 가는 과정이다. 나에 대해 안다는 것은 말처럼 쉽지 않다. 나의 느낌에 집중해야 하고 다시 객관적으로 그 말을 할 수 있어야 한다. 그러니 나에 대한 글이지만 쓰기가 더 힘들게 느껴진다.

자신에 대한 글을 쉽게 쓰려면 자신에 대해 아는 과정이 필요하다. 어린아이는 스스로 생각함으로써 자신을 이해하는 것이 아니라 주변 사람들이 자신에게 보여 주는 반응을 통해 자기 존재에 대해 지각하기 시작한다. 자신이 필요한 것을 제공해 주고 자신을 보며 웃어 주고, 자주 안아 주고, 사랑해 준다면 그제야 자신이 사랑받는 아이, 좋은 아이, 능력 있는 아이라는 것을 알게 된다. 그래서 자신을 아끼고 존중할 줄 알고 자신감이 생긴 아이는 자신에 대해 있는 그대로 말하는 것이 두렵지 않다. 잘하는 것은 잘한다고 말할 수 있고, 못하는 것은 못한다

chapter 2

고 말할 수 있다. 그리고 앞으로 배워서 더 잘할 수 있다고 생각한다. 결국 충분한 사랑을 받고 자유롭게 자신을 표현할 수 있는 아이가 글쓰기도 잘한다.

마음이 불편한 아이, 상처 받은 아이는 자신에 대해 글쓰기가 어렵다. 상처 받은 만큼 자신에 대해 부정적으로 생각하기 때문이다. 자주 야단맞고 혼난 아이는 그렇게 혼나는 자신을 스스로 보잘것없고 부족하다고 생각한다. 못난 자기를 드러내어 이야기하고 싶은 사람은 없다. 그저 감추고 가리고 싶은 마음뿐이다. 그러니 어떻게 자신에 대한 글을 쓸 수 있겠는가. 나에 대한 글이 알고 보면 쉬운 글이지만 자신을 감추고 싶은 아이에게는 무척 힘든 글이 된다. 그러므로 혹시 아이가 자신감이 부족하거나 자존감에 문제가 있다고 느껴진다면 아주 천천히 접근하는 것이 좋다. 아이가 표현하는 한 줄 문장이라도 지지하고 격려해 주어야 한다. 어떤 감정이나 생각을 표현해도 된다는 것을 알려 주어야 한다. 무슨 말을 쓰더라도 혼나지 않을 거라는 확신을 줄 필요도 있다. 상처 받은 아이는 더 쉽게 상처가 덧난다. 그러므로 아이의 마음을 표현하는 글쓰기가 치유의 과정이 되도록 도와준다. 글의 양도 글씨도 띄어쓰기도 틀린 글자도 모두 아이에게 맡기고 원하는 대로 하고 싶은 대로 쓰도록 도와주는 것이 좋다. 그렇게 한 글자 한 글자를 써 나가면서 아이는 힘을 얻고 치유의 과정도 경험하게 될 것이다.

아이가 자신의 마음이나 모습을 드러내어 표현하기를 꺼린다면 자신이 드러나지 않는 안전한 주제에 대해 쓸 수 있게 도와주자. 하나라도 잘 쓸 수 있게 되면 자신감과 성취감을 느낀다. 이런 경험을 충분히 쌓으면 자신을 드러내는 것에 대한 두려움을 극복할 수 있다. 천천히 아이가 자신에 대해 말할 수 있도록 도와주자. 아이가 스스로 무엇을 느끼고 생각하는지 자각할 수 있다면 글쓰기는 어려울 게 없다.

°내가 보고 듣고 느낀 것으로 쓰기

행동이란 눈으로 보고 귀로 들을 수 있는 것, 감각으로 느낄 수 있는 모든 것과 우리가 말하고 움직이는 모든 것을 말한다. 밥을 먹고, 이야기를 나누고, 손으로 만지거나 조작하고, 귀로 듣고, 웃고 우는 모든 것이 행동이다. 우리는 하루 종일 행동하며 살아가고, 우리의 행동 하나하나에는 다 이유가 있고 의미가 있다. 이유와 의미가 있는 것은 모두 훌륭한 글감이다. 좀 더 세부적으로 우리의 행동을 살펴보자.

인간은 시각, 청각, 미각, 후각, 촉각의 다섯 가지 감각이 있다. 하루 종일 이 감각을 활용하며 생활한다. 눈으로 보고, 귀로 듣고, 손으로 만지고 조작하고, 맛을 보고, 냄새를 맡는다. 이를 하나하나 글감의 소재로 생각하면 된다.

아이가 눈으로 보는 것은 무엇일까? 아이들은 자신이 관심 있는 것만 보는 경향이 강하다. 그것이 무엇이든 아이의 호기심을 자극한다. 아이에게 "오늘 본 것에 대해 이야기해 볼래?"라고 질문해 보자. 아이는 눈으로 본 것에 대해 할 말이 많다. 학교에 가다가 또는 학교 안에서 본 일, 학원에서 본 일, 아이가 하루 종일 본 것 중에서 기억나는 것을 말한다.

chapter 2

자전거를 타는데 갑자기 어린애가 다가와서 놀랐다.
못 봤으면 큰일 날 뻔했다.

만일 눈으로 본 게 없다고 말하면 잠깐 눈을 감으라고 했다가 잠시 후 눈을 떠서 눈에 보이는 게 무엇인지 질문한다. 당연한 것에 대해서는 별로 특별한 의미를 못 느낀다. 하지만 일부러 눈을 감았다가 떴을 때는 눈에 보이는 게 많아진다. "지금 뭐가 보이니?"라고 질문하면 이제 보이는 게 많아진다.

별로 본 게 없는 줄 알았는데 눈을 감았다가 뜨니까 정말 많이 보입니다.
텔레비전, 소파, 탁자, 책, 컵, 퍼즐, 엄마, 식탁, 사과 너무 많습니다.

귀로 듣는 것은 무엇일까? 사람들이 말하는 소리도 듣고 음악도 듣는다. 만화영화에서 나오는 소리에 귀 기울여 들으며 즐거워한다. 들은 것에 대해서도 참 할 말이 많다. 수없이 들은 소리 중에서 기억하는 말, 기억나는 소리만으로도 글을 쓸 수 있다.

아빠가 출근하면서 '안뇽'이라고 말씀하셨다.
참 웃겼다. 아빠가 장난치는 것 같아 기분이 좋다.
아빠가 이렇게 장난치시면 같이 놀고 싶다.

손으로 만진 이야기는 더 할 말이 많다. 손을 못 쓰면 할 수 없는 일들이 많다는 사실을 생각해 봄으로써 손으로 하는 일이 얼마나 많은지 쉽게 알 수 있다. 10분만 손을 쓰지 말라고 하면 이 사실을 잘 느낄 수 있다. 아이가 손으로 하는 일은 무엇일까? 수저로 밥을 먹고, 문을 여닫고, 화장실에 가고, 책장을 넘기고, TV 리모컨을 돌리고, 컴퓨터의 자판을 치는 일까지 모두 손으로 한다. 이렇게 펼쳐 놓으니 아이가 손으로 하는 일에 대해 쓸거리가 무척 많다.

냄새 맡는 것 또한 재미있는 일이 많다. 꽃 향기, 엄마 냄새, 아기 냄새, 화장품 냄새, 입 냄새, 방귀 냄새, 음식 냄새 등 종류도 많다. 때로는 가스 냄새 같은 걸로 위험을 감지할 수도 있다. 냄새에 관해서도 충분히 할 말이 많다.

맛을 보는 일도 참 많다. 먹는 일은 아이들에게 가장 중요하고, 또 아이들이 가장 좋아하는 일이다. 그러니 좋아하는 음식부터 시작해 할 말이 무척 많다. 이렇게 아이의 다섯 가지 감각만 생각해 보아도 일기에 쓸거리는 충분하다.

아이의 말을 살펴보자. 하루 종일 말을 한다. 작심하고 한번쯤 우리 아이들은 하루 종일 어떤 말을 하는지 잘 들어 보자. 늘 뭔가를 해 달라는 말을 주로 하기도 하고, 허락받는 말을 주로 하는 아이도 있다. 반면 자기 느낌이나 생각을 주로 말하는 아이도 있다. 우리 아이가 하는 말은 결국 아이 자신의 마음을 있는 그대로 나타낸다. 우리 아이가 자신을 나타내고 표현하는 말을 더 많이 할 수 있도록 도와주자.

아이가 한 말을 그대로 기억했다가 들려주고 그 말에 대해 일기를 쓰면 좋다. "엄마 게임해도 돼요? 친구랑 놀아도 돼요? 아빠 언제 오세요? 오늘 저녁 메뉴는 뭐예요?" 아이가 한 말을 몇 문장 기억했다가 다시 들려주자. 그리고 오늘 내가 한 말이라는 제목으로 일기를 쓰면 된다.

chapter 2

내가 한 말

엄마한테 "오늘 저녁이 뭐예요?"라고 물었다.

내가 좋아하는 돈가스를 해 주신다고 해서 기분이 좋았다.

우리 엄마가 해 주시는 돈가스는 정말 맛있다.

그런데 몸에 별로 좋지 않다고 해서 자주 안 해 주신다.

좀 더 자주 해 주시면 좋겠다.

일기는 나에 대한 글이다. 자신에 대해 무엇을 이야기해도 다 의미가 있다는 점을 가르쳐 주자. 아주 사소한 것이라도 아이가 자신에 대해 이야기할 수 있고 글로 쓸 수 있다면 마음이 건강한 아이로 자란다. 마음이 건강한 아이는 자신이 해야 할 일과 하고 싶은 일을 잘 조절할 수 있고, 행복하고 긍정적이며 무엇이든 열심히 집중하고 몰입하는 아이로 성장한다.

°아이가 느낀 감정 끌어내기

학교에 다녀온 아이는 보통 특별한 일이 없다고 말한다. 하지만 말과는 달리 아이의 마음속에선 하루 종일 특별한 일들이 생겨나고 있다. 인기 있는 친구가 '안녕'이라고 인사 한 번 하면 금세 기분이 좋아진다. 반대로 내가 먼저 '안녕'이라고 말했는데 그 친구가 아무 대답이 없으면 하루 종일 기분이 나빠진다. 이런 일들이 어른의 눈에는 사소하게 보여도 아이들의 인생에서는 아주 중요한 일이다. 학교와 학원을 오가는 그 많은 시간 동안 아이들은 시시각각 이렇게 특별한 감정을 느끼며 지내고 있다. 이제 아이가 하루 종일 느낀 다양한 감정들을 제대로 표현하는 방법을 살펴보자.

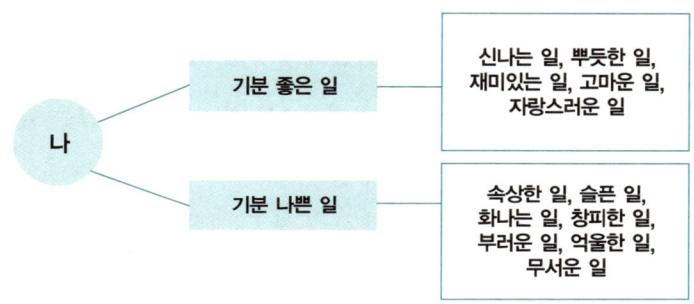

위의 그림을 보면 우리 마음속에는 자신이 느끼는 다양한 감정들이 있음을 알 수 있다. 글의 소재는 밖에 있지 않다. 이렇게 다양한 감정을 느끼고 있으므로 내 마음속에 이미 많은 글의 소재가 들어 있다. 크게 기분 좋은 일과 기분 나쁜 일로 나누어 보았지만 둘 다에 해당되는 일도 있다. 한 가지 사건에서 여러 가지 또는 상반된 감정을 느끼기도 하기 때문이다. 이 그림만 잘 기억해도 글감이 없다는 말은 쏙 들어간다.

아이의 감정에서 글감을 찾는 것은 좋은 글을 쓸 수 있는 시작이다. 겉으로 보이는 현상에서부터 글을 쓰다 보면 사실만 나열하거나 자신의 감정을 숨기고 쓰는 경우가 생긴다. 하지만 감정에서부터 시작하면 최소한 자신이 글을 쓰기로 마음먹은 사건에 대해서는 자신의 감정을 솔직하게 표현할 수 있다.

감정에서 시작하는 글은 크게 다음의 구조를 가진 글이 된다.

chapter 2

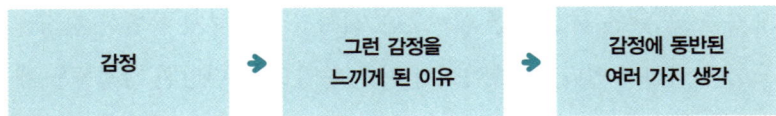

먼저 자신의 감정을 쓰고 그런 감정을 느끼게 된 이유를 쓴다. 이유를 쓰다 보면 어떤 사건이었는지 자세히 쓰게 된다. 그 사건에서 자신이 무슨 생각을 하게 되었는지를 구체적으로 쓴다면 좋은 글을 쓸 수 있다.

좀 더 깊이 있는 글을 쓰고 싶다면 2단계를 더 보태서 글을 쓴다.

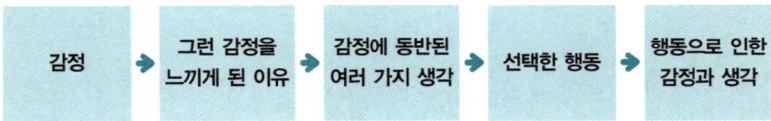

학교에 다녀온 3학년 경석이는 짜증이 나 있다. 오늘 청소 당번인데 다른 친구들이 도망가 버려서 선생님께 혼났다고 한다. 선생님께서 아이들이 도망간 걸 아시고 남아 있는 아이들에게 화를 내신 모양이었다. "왜 우리한테 화를 내시지?"라며 경석이는 계속해서 선생님이 이해가 안 된다고 말한다. "차라리 나도 도망이나 갈 걸."이라 말하고 자신이 억울하며 친구들한테 복수하고 싶은 생각도 든다고 했다.

경석이가 표현한 감정 단어를 다시 정리해서 보여 주었다. '짜증 난다. 화가 난다. 억울하다. 복수하고 싶다.' 그리고 경석이에게 이런 감정에서부터 글을 써보게 했다.

청소시간에 너무 화가 났다. 선생님께서 아이들이 도망을 갔다고 화를 내셨다. 그런데 괜히 남아 있던 우리한테 화를 내셨다. 도망간 아이들한테 화를 내야지 왜 우리한테 내시는지 모르겠다. 그냥 '나도 도망가 버릴 걸' 하는 생각이 들었다. 선생님 앞에서는 아무 말도 못했다. 그런데 그게 더 억울했다. 내가 잘못한 것도 아닌데 내가 잘못한 것처럼 해서 진짜 억울하다. 선생님이 마음에 안 든다. 내가 선생님이라면 잘못한 아이들만 혼내겠다. 아무리 생각해도 억울하다. 다음엔 선생님께 따지고 싶다. 그런데 내가 선생님 앞에서 그런 말을 할 수 있을지 모르겠다. 선생님이 더 화를 내실까 봐 무섭다. 아, 진짜 짜증 난다. 이러지도 못하고 저러지도 못하고. 난 왜 이렇지?

감정부터 표현하게 하니 글이 쉽게 써졌다. 경석이는 자신의 감정을 먼저 쓰고 그 원인을 쓰고 그다음에 그와 연관된 다양한 자신의 생각을 쓸 수 있었다. 여기에 좀 더 보태서 글을 쓴다면 자신이 바라는 것이 무엇인지 표현하는 것도 좋다. 그리고 다음 날 자신이 선생님께 어떤 행동을 했다면 다시 그 행동으로 인해 새롭게 생겨난 감정과 생각을 정리해 깊이 있는 글을 쓸 수 있다. 처음부터 이렇게 쓰는 것이 어렵다면 아래의 표를 먼저 완성하게 하고 그다음에 다시 글로 정리하게 하는 것도 좋은 방법이다.

나의 감정	
감정이 생긴 이유	
연관된 나의 생각	
내가 바라는 것	

chapter 2

　아이가 느끼는 감정에서 시작하는 글쓰기는 글이 쉽게 느껴지는 장점이 있다. 표를 작성하고 글을 쓰면 자신이 어떤 감정을 느끼고 무슨 생각을 했는지 쉽게 정리가 된다.

˚마인드맵으로 내 생각 알아보기

생각은 머리를 써서 사물을 헤아리고 판단하는 일이다. 그리고 어떤 일을 하고 싶거나 관심을 갖는 것을 말한다. 아이는 무슨 생각을 할까? 아이의 생각 크기는 어른과 별로 다르지 않다. 사물과 사람을 이해하고 판단하는 것도 잘하고 자신의 바람과 꿈도 갖고 있다. 아직 막연하고 말로 잘 표현하지 못한다고 해서 그것이 중요하지 않거나 언제든 변하는 것도 아니다. 유아나 초등학교 저학년 아이들도 어느새 자신의 개성과 성품을 만들어 가고 있다. 그러므로 아이의 생각으로 글을 쓰는 일은 정말 중요하다. 아이가 자신의 생각을 이해하고 다듬고 발전시켜 나가는 중요한 과정이 되기 때문이다.

　앞에서 나를 둘러싼 모든 것에 대한 글감 찾는 방법에 대해 이야기하였다. 여기서는 나에 대해 글감을 찾는 방법을 좀 더 알아보자. 나에 대해 제시했던 큰 항목에 대하여 2학년 민수는 각 항목에 대한 세부 항목들을 더 찾아냈다. 이렇게 마인드맵으로 그려서 한눈에 보면 왠지 마음이 뿌듯하다. 아이가 자신에 대해 스스로 마음에 들어 한다. 그리고 더 많은 항목을 갖고 싶어 한다. 나를 그림으로 그리거나 사진을 두고 이야기를 시작해도 좋다. 나의 생각, 나의 바람, 나의 꿈, 희망, 소

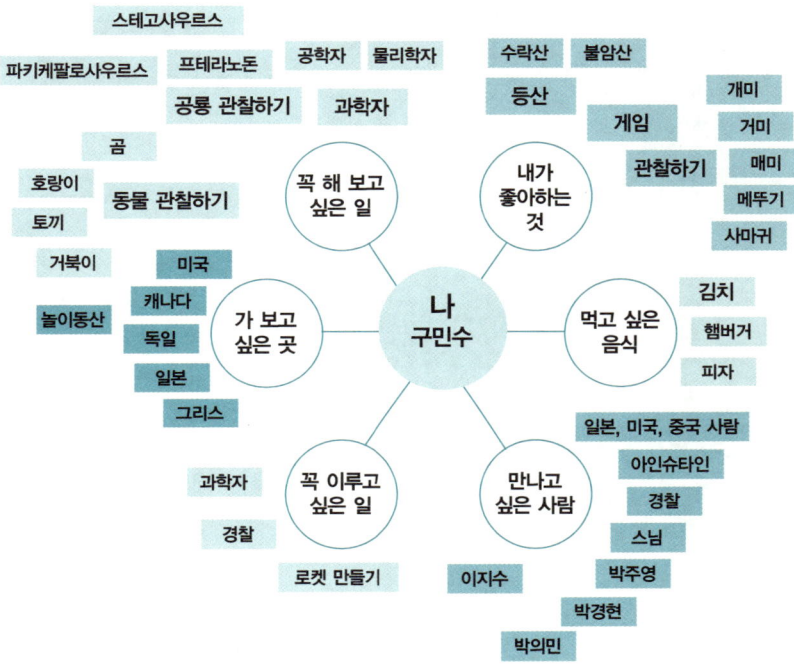

원에 대해 쓰면 쓸수록 더 발전하게 된다.

이렇게 보니 참 생각하는 게 많다. 표현된 것은 아이가 생각하는 것의 일부이니 아이는 더 많은 생각을 갖고 있는 것이 분명하다. 아이들은 모두 그렇다. 아무리 말을 안 하고 아는 게 없는 것처럼 보이는 아이도 사실 생각이 참 많다. 아이가 자신의 생각을 표현할 수 있도록 도와주는 것이 너무나 중요하다.

1학년 민준이는 자신이 알고 싶은 것에 대한 일기를 썼다.

돼지

돼지에 대해 궁금하다.

chapter 2

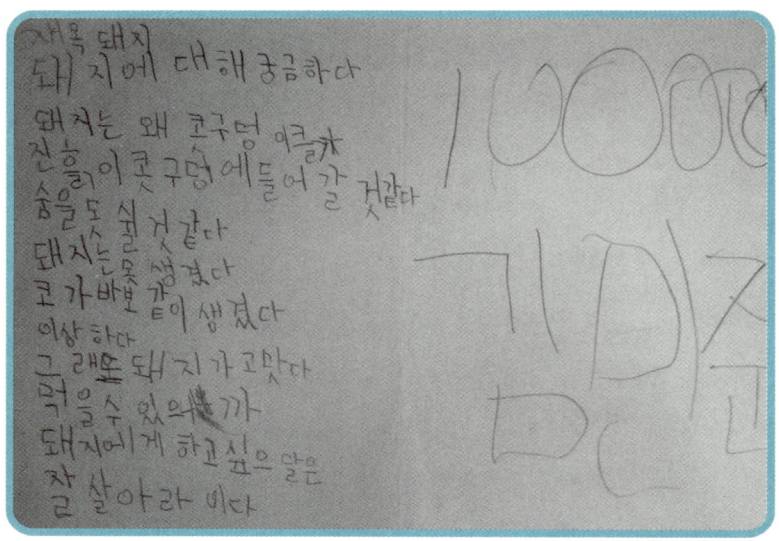

돼지는 왜 콧구멍이 클까?

진흙이 콧구멍에 들어갈 것 같다.

그래서 숨도 못 쉴 것 같다.

돼지는 못생겼다. 코가 바보같이 생겼다.

이상하다.

그래도 돼지가 고맙다.

먹을 수 있으니까.

돼지에게 하고 싶은 말은

'잘 살아라' 다.

민준이는 아직 한글과 글쓰기가 서투르다. 민준이가 하는 말을 받아 써서 보여 주니 다시 정성껏 글을 쓴다. 그리고 자신의 글에 10000점을 주고 아주 크게 이름을 적는다. 처음으로 완성한 글이 너무나 마음에 들었나 보다. 민준이는 한 번 글쓰기에 재미를 붙이더니 다음 시간에는 당당하게 "선생님, 제가 말할 테니 적어 주세요."라고 요구한다. '토끼와 거북이'에 대한 민준이의 생각일기다.

토끼와 거북이

난 거북이가 더 좋다.
토끼랑 거북이가 달리기 시합하자 그랬는데
토끼가 멀리 가서 거북이가 늦게 오는 걸 알고 잠을 잤다.
많이 자서 거북이가 먼저 도착했다.
나는 거북이가 부지런한 점이 좋다.
나는 토끼에게
"넌 왜 이렇게 이상하니?"라고 말하고 싶다.

2학년 윤지는 자신이 좋아하는 친구에 대해서는 다양한 생각 단어를 활용하였다.

박민지에 대하여

박민지는 내가 좋아하는 사람이다.
민지랑 같이 하고 싶은 것은 파자마 파티를 같이 하고 싶다.
단짝인 친구와 같이 한번 자 보고 싶기 때문이다.
민지랑 소풍도 가고 싶다. 소풍가서 같이 먹고 놀고 싶다. 3번 정도 가고 싶다.

chapter 2

민지랑 같은 2학년 5반이 되어서 놀면 정말 좋겠다.

민지는 강아지 소리를 잘 낸다. 정말 강아지 소리가 진짜 강아지 소리 같다. 웩웩.

민지가 신기한 점은 강아지 소리를 잘 내는 것이다. 정말 신기하다.

민지는 줄넘기를 잘한다. 쌩쌩이도 잘하고 줄넘기에 대해 잘 안다. 쌩쌩이를 20개나 한다.

민지는 인기가 많다. 강아지 소리도 잘 내고 줄넘기도 잘해서 인기가 많다.

민지를 보면 참 뿌듯하다. 내 친구라서.

나도 민지처럼 강아지 소리, 줄넘기를 잘해서 인기가 많은 아이가 되고 싶다.

3학년 준현이는 자신이 이루고 싶은 것에 대한 생각을 일기로 썼다.

난 마술사가 되고 싶다.

나는 커서 마술사가 되어 아이들에게 재미있게 마술을 보여 주고 싶다.

모자에서 비둘기가 나오는 걸 꼭 보여 주고 싶다.

모자에서 회오리가 나오는 걸 보여 주고 싶다.

아이들이 와! 하고 좋아하면 정말 기분이 좋겠다.

감정과 생각이 잘 드러난 아이의 글은 얼마나 사랑스럽게 느껴지는지 모른다. 우리 아이가 자신의 마음이 잘 드러나는 글을 쓸 수 있도록 도와주자. 앞에서 제시한 생각 단어와 감정 단어를 아이의 책상이나 냉장고 식탁 위에 붙여 놓으면 아이가 자주 보고 쉽게 활용할 수 있다.

3학년 경진이는 억울한 일을 당했다. 자기가 떠들지 않았는데 선생님이 자기를 혼내고 남아서 청소하는 벌까지 받았다. 씩씩거리며 말하는 경진이에게 지금 한 말을 그대로 글로 써 보라고 하니 잘 쓰지 못한다. 차근차근 항목별로 정리해서 글을 쓰는 방법을 가르쳐 주기로 하였다. 일단 아이가 말한 감정 단어로 시작하였다.

- 억울함 : 내가 떠든 게 아닌데 선생님께서 내가 떠들었다고 함.
- 행동 : 선생님께서 내가 떠들었다고 하면.
- 나에게 미치는 영향 : 애들이 나만 본다. 남아서 청소해야 한다.
- 느낌 : 짜증 난다. 기분 나쁘다.
- 원하는 것 : 잘 알아보고 지적하기.
- 하고 싶은 말 : 선생님께서 제가 떠들지 않았는데 저를 지적하면 애들이 저만 보고, 저만 청소해야 해요. 그러니까 잘 보고 말씀해 주세요.

항목별로 정리한 글을 다시 편지로 쓰면 더 생생할 것 같아 편지로 쓰게 하였다. 그랬더니 아이의 답답한 마음이 잘 드러나는 글이 되었다.

선생님께

선생님 오늘 수업 시간에 제가 떠든 게 아닌데 사실은 다른 애가 떠들었는데 제가 떠들었다고 혼내셨어요.
애들이 나만 쳐다봐서 너무 창피했어요. 그리고 남아서 청소하는 건 너무 억울해요.
정말 짜증 나고 기분 나빴어요.

제발 잘 알아보고 지적하시기 바랍니다.

전 정말 억울합니다.

  글에는 나타나지 않았지만 경진이는 무척 의리 있는 아이다. 누가 떠들었는지 물었을 때 뒤에 앉은 친구가 그랬다고 한다. 그런데 글에는 다른 아이라고 표현했다. 어린아이지만 누구라고 지칭하면 그 친구가 혼나게 될까 봐 살짝 바꾸어서 썼다. 경진이는 자신이 고자질하는 아이가 되고 싶지 않기 때문이라고도 했다. 아이의 예쁜 마음이 느껴진다.

  아이의 생각으로 일기를 쓸 때는 간단한 원리만 기억하고 있으면 의외로 쉽게 글을 쓴다. 앞에서 말한 글쓰기 5단계 방법을 응용하여 일기에 적용해 보자.(77쪽 참조)

°생각일기를 쉽게 잘 쓰는 법

① 우선 일기의 글감을 고른다

나의 생각 마인드맵을 활용하면 글감이 없어서 고민하는 것이 아니라 어느 것을 써야 할지 고르기가 어려워서 고민하게 된다. 여러 가지 중 선택하기 힘들면 '코카콜라'로 정해도 좋고 마인드맵 그림을 놓고 눈 감고 찍어서 정할 수도 있다.

② 마음속에 떠오르는 느낌과 생각을 솔직하게 다 쓴다

느낌과 생각이 모두 솔직한 글은 언제라도 좋은 글이 된다. 느낌 단어와 생각 단어를 보며 고르는 것이 좋다.

③ 시작과 마무리하는 말을 가르쳐 준다

생각일기를 어려워하는 아이라면 시작하는 말과 마무리하는 말을 알려 준다. 시작은 '~에 대하여 생각해 보았습니다.'면 충분하다. 마무리는 '그래서 나는 ~하고 싶습니다.' '~라고 생각했습니다.'라는 말로 끝나면 된다. 이렇게 시작과 마무리를 쓰면 멋진 글이 된다. 특히 글의 완성도는 글의 마지막 부분에서 결정된다.

④ 글은 천천히 쓴다

잘 쓰라는 말보다 천천히 쓰라고 말하면 아이가 스트레스를 덜 받는다. 보통 빨리 쓰라고 재촉하는데 그러면 마음만 급해져서 생각도 잘하지 못한다. 글씨는 더 엉망이 되어 일기 쓰기가 짜증 나기만 한다. 반대의 방법을 쓰면 의외로 효과적이다. 천천히 쓰면 생각도 더 깊게 하여 글로 잘 표현할 수 있다. 저절로 글씨도 잘 써진다. 일석삼조의 방법이다.

°대화를 통해 일기 고치기

일기를 고쳐 쓸 때는 막연한 표현을 좀 더 구체적으로 표현하게 도와주는 것이 좋다. 글의 전체적 구조가 어느 정도 잡힐 수 있도록 질문하는 것도 괜찮다. 중요한 것은 아이의 마음이 좀 더 확실하게 드러날 수

chapter 2

있도록 도와주는 것이다. 아이가 자신의 생각을 말하면 왜 그런 생각을 하게 되었는지, 그렇게 하면 어떤 점이 좋을지 등을 질문해서 아이의 마음속에 머물러 있는 말이 그대로 다 표현될 수 있도록 도와주자.
2학년 정현이의 일기다.

> 오늘은 토요일이다.
> 아빠가 일찍 퇴근하셔서 공원에 놀러가자고 하셨다.
> 정말 이상하다.
> 아빠랑 동생이랑 같이 공원에 갔다 왔다.
> 동생이랑 나는 그네를 타고 놀았다.
> 아빠는 운동하셨다.
> 재미있었다.

정말 간단한 일기로 끝났다. 정현이의 마음속에 많은 말이 들어 있는데 어떻게 표현하는지 모르고 있다. 글을 고칠 때는 읽는 사람이 어느 지점에서 어떤 감정을 느꼈는지 집중하면 여러 가지 질문을 생각해 낼 수 있다. 우선 정현이의 글에서 이상하다는 표현이 정확하게 이해되지 않아 질문하였다.

"뭐가 이상했니?"
"우리 아빠는 평소에 우리랑 잘 안 나가세요. 보통 운동하러 혼자 가시거든요. 좋기는 했는데 갑자기 그래서 이상했어요."

아이가 한 말을 '이상하다' 다음에 써 놓게 하였다.

"어느 공원으로 갔니?"
"우리 집 근처에 공원이 있어요. 거기에 운동기구도 있는데 우리는 그네 타고 아빠는 운동하셨어요."
"그래서 어땠어?"
"처음엔 그네 좀 밀어 주셨어요. 아빠가 옆에 있으니까 괜히 기분이 좋았어요."
"그다음엔 뭐했어?"
"그냥 한참 그렇게 놀다가 들어왔어요."

여기까지 한 말을 다른 종이에 적어 두게 하였다.

"아빠가 아무 말도 안 하셨니?"
"그냥 나오니까 좋지? 그러셨어요."
"그래서 뭐라고 했는데?"
"좋다고 했어요. 동생이 다음에 또 같이 나오자고 했어요."
"넌?"
"전 그냥 가만히 있었어요. 동생이 대신 말해 줘서 좋았어요."
"그리고 아빠가 그러자고 했어요. 또 아빠랑 같이 가고 싶어요."

정현이가 말한 것을 순서를 정해 중간 중간에 집어넣어 고치니 확연히 다른 글이 되었다.

chapter 2

　　오늘은 토요일이다. 아빠가 일찍 퇴근하셔서 공원에 놀러가자고 하셨다. 정말 이상하다. 우리 아빠는 평소에 우리랑 잘 안 나가신다. 보통 운동하러 혼자 나가신다. 좋기는 했는데 갑자기 그래서 이상했다. 아빠랑 동생이랑 같이 공원에 갔다. 우리 집 근처에 공원이 있다. 거기에 운동기구도 있는데 동생이랑 나는 그네 타고 아빠는 운동하셨다. 그래도 처음엔 그네를 좀 밀어 주셨다. 아빠가 옆에 있으니까 괜히 기분이 좋았다. 아빠가 "나오니까 좋지?"라고 말씀하셨다. 난 "네."라고 대답했다. 동생이 다음에 또 같이 나오자고 말했다. 난 그냥 가만히 있었는데 동생이 대신 말해 줘서 좋았다. 아빠가 그러자고 하셨다. 또 아빠랑 같이 가고 싶다. 재미있었다.

　　일기 쓰기에서는 특히 찌꺼기처럼 남아 있는 마음이 없도록 이끌어 주는 것이 필요하다. 마음에 앙금이 남는 것, 표현하지 못하고 남은 찌꺼기는 우리 마음을 답답하게 한다. 그 답답함이 심해지면 마음의 병이 생기기도 한다. 힘든 일이 있어서 마음이 아픈 것이 아니라 그 힘든 일을 겪었음에도 자기 마음을 다 털어놓지 못해 아파하는 것이다. 그러니 고쳐쓰기를 할 때는 아이의 마음에 찌꺼기가 남지 않고 속이 후련하게 다 쏟아낼 수 있도록 도와준다. 철자법과 띄어쓰기 그리고 글의 구조적인 부분들을 다루는 고쳐쓰기는 아이가 자신의 마음 글쓰기를 자유롭게 잘 할 수 있을 때 도와주는 것이 더 좋다.

　　정현이는 그동안 무관심했던 아빠에 대한 원망도 표현하고, 아빠와 함께한 시간이 그래도 참 좋았다는 감정도 인식하였다. 자신은 표현하지 못했지만 동생의 말을 통해 아빠에게 하고 싶은 말을 글로 쓰는 것도 중요한 작업이다. 아빠랑 또 그런 시간을 갖고 싶은 바람까지 표현하니 아이의 얼굴이 밝아진다. 이 정도면 아이가 자신의 마음을 다 표현했다고 할 수 있다. 그래도 아이에게 마음속에 하고 싶은 말이 남아 있는지 확인차 물어본다.

정현이는 이제 다 썼다고 한다. 아빠에 대한 글을 쓰기가 좀 망설여졌지만 쓰고 나니 좋다고 한다. 한 번이라도 이렇게 글을 통해 마음을 모두 풀어내면 아이들에게 글쓰기는 마음의 친구가 되고 위안처가 된다.

˚일기 쓰기를 너무 힘들어할 때는…

글쓰기는 어려운 일이라는 고정관념이 있는 아이들을 위해서는 좀 더 쉽고 재미있게 쓸 수 있는 방법들을 제시한다. 하지만 단 한 문장의 글을 쓰더라도 자신의 마음을 표현하는 일기를 쓰도록 이끄는 것이 바람직하다. 일기는 최소한 기본에 충실한 글쓰기이기를 바란다. 일기는 자신의 마음을 적는 글이다. 줄이거나 축약된 형태로 연습하기보다 자기 마음을 있는 그대로 표현하는 것이 좋다. 줄이면 줄이는 만큼 제대로 기억하지 못한다. 있는 그대로 쓴 글은 세월이 많이 흐른 후에 읽어도 그 가치가 빛난다. 그래서 일기에서는 만화일기, 동시일기, 마인드맵일기 등의 형식을 가능한 사용하지 않는 것이 더 좋다. 다양한 형식의 글쓰기는 독서록이나 편지 등 다른 글쓰기에서 활용하면 좋겠다.

저학년 아이가 다양한 형식의 일기 쓰기에 익숙해지면 자세하고 긴 글을 쓰기가 어려워진다. 글쓰기에 꾀가 날 때마다 대강의 운율만 살

chapter 2

린 의미 없는 동시를 쓰거나 적당히 만화나 그림을 그려 공간을 채우기에 급급해진다. 결국 전혀 도움 되지 않는 글쓰기가 되고 만다.

일기 쓰기를 어려워할 때는 대화를 통해 자신의 말을 그대로 글이 되는 연습을 하게 하고 그때마다 칭찬을 통해 글쓰기에 재미를 붙일 수 있게 한다. 그래서 좀 더 열심히 마음을 표현하는 글쓰기가 가능해진다. 이런 과정이 있어야 나중에 깊은 의미를 아주 짧은 동시로 표현할 수도 있게 된다. 자신의 마음을 자세히 표현하다 보면 어느새 아주 좋은 시를 쓰게 된다. 일부러 기교를 배우지 않아도 감동 있는 시를 쓸 수 있다. 재미있는 그림을 곁들인 만화일기를 쓸 때도 그 대사 한마디 한마디가 재미있어진다. 글의 맥락을 살려 제대로 축약할 줄 알게 되기 때문이다. 마인드맵을 활용한 일기도 마찬가지다. 있는 그대로 말하고 쓰는 글쓰기를 제대로 해 보지 않은 아이는 마인드맵을 그리고도 이야기를 구성해 내지 못한다. 생각을 있는 그대로 표현하는 연습이 부족한 탓이다. 그러니 다양한 일기 형식은 아주 가끔 아이가 일기 쓰기를 힘들어하는 경우에만 활용한다. 아주 특별한 경우가 아니라면 기본에 충실한 일기를 쓰도록 도와주자.

˚골라서 쓰는 다양한 일기 종류

일기를 쓰는 다양한 형식들이 제시되고 있다. 유아기에 시작하는 그림일기부터 만화일기, 마인드맵일기, 동시일기 등 그 종류가 무척 많다. 사진일기, 광고일기, 기사일기도 재미있다. 우리가 아는 모든 형식을 다 그대로 일기에 적용하면 될 것 같다. 그런데 이렇게 다양하고 흥미로운 일기의 형식을 활용하기 전에, 과연 이런 형식이 내 아이의 글쓰기 발달에 도움이 될지, 아니면 오히려 멋만 부리는 글쓰기를 조장하는 것은 아닌지를 생각해 봐야 한다. 초등학생 시절의 글쓰기는 기본에 충실한 연습 과정이어야 한다. 화려한 형식을 빌려 멋지게 꾸며 쓰기보다 아이가 자신의 생각을 있는 그대로 모두 쏟아 내는 글쓰기가 더 좋다. 따라서 형식을 활용하고 싶을 땐 그런 부분에서 도움이 될 수 있을지 먼저 판단해 본다.

아이가 일기 쓰기를 너무 힘들어 할 때 일기의 종류를 선택할 수 있게 도와준다. 일기의 종류는 내용에 따른 구분을 말한다.

내용으로 구분해 본 일기의 종류다. 오늘 하루 생활 중 아이가 고르고 싶은 내용의 일기를 고르게 한다. 각각의 일기들을 자세히 살펴보자.

일기 종류	쓰는 내용
공부일기	학교나 집에서 공부한 내용 중 기억나거나 중요한 것 또는 재미있었던 공부 내용을 쓴다. 그에 대한 느낌과 생각을 쓴다.
관심일기	아이가 관심을 갖는 것에 대한 일기다. 동물, 식물, 자동차, 로봇, 문구류 등 아이가 좋아하는 것에 대해 꾸준히 쓴다.
관찰일기	변화하고 성장하는 한 가지 대상을 정해 자세하게 관찰하고 보고 느끼는 대로 쓴다. 사진을 곁들이는 것도 좋다.
놀이일기	아이의 놀이에 대한 글이다. 카드 따먹기, 공기 놀이, 잡기 놀이 등 아이가 잠깐이라도 친구와 놀았던 이야기를 자세히 쓴다.
사람일기	아이가 만나는 가족, 친구 등 사람에 관한 일기다. 그 사람의 말과 행동에 대한 아이의 솔직한 느낌과 생각, 바람 등을 쓴다.

일기 종류	쓰는 내용
상상일기	엉뚱하거나 황당한 상상도 좋다. 놀거나 책을 보거나 수업을 듣다가 갑자기 떠오른 상상을 놓치지 않고 글로 쓴다.
신문, 인터넷, TV일기	신문, 인터넷, TV에서 본 기사나 정보에 대해 간단히 정리하고 소감을 쓴다. 그에 대한 자신의 비판적 생각을 쓰면 더 좋다.
음식일기	하루 동안 자신이 먹은 음식에 대한 글을 쓴다. 음식의 종류, 재료, 맛, 요리법 등에 대해 자유롭게 쓴다.
일지일기	하루 일과를 시간 순서대로 기록한다. 번호를 매겨서 글을 쓰면 더 쉽게 쓸 수 있다. 익숙해지면 느낌이나 생각을 한 마디씩 써도 좋다.
주장일기	부당하거나 불편함을 느끼는 부분에 대해 자신의 주장을 말하는 일기다. 자신이 바라는 바에 대해 근거를 제시하고 쓴다.
주제일기	재미있는 주제를 정해 일기를 쓴다. 아주 평범해서 글감을 찾을 수 없는 날 활용하기에 적당하다.
질문일기	궁금하거나 의심나는 것에 대한 질문을 쓴다. 답은 없어도 된다. 한 가지에 대한 집중적인 질문도 좋고 다양한 질문을 나열해도 좋다.
체험일기	견학, 관람, 방문 등의 체험 활동에 대해 쓴다. 친구 집을 방문하거나 영화 관람 혹은 가까운 유적지나 박물관 등을 견학하고 쓴다.

글쓰기를 도와주는 그림책 – 일기 :

● 『개구리와 두꺼비가 함께』(아놀드 로벨 글·그림, 비룡소, 2002)

친구인 두꺼비와 개구리가 나누는 생각과 대화는 바로 우리 아이들의 모습이다. 아이의 마음이 어떻게 움직이는지 재미있게 보여 준다. 글을 읽으면 아이는 자신의 모습을 보는 듯하다. 일기는 아니지만 일기처럼 쓰여진 글이라 흉내 내어 글을 쓰기에 좋은 책이다.

● 『감기 걸린 날』(김동수 글·그림, 보림, 2002)

주인공은 꿈속에서 만난 깃털 없는 오리를 위해 털을 심어 주고 오리와 신나게 놀다 잠이 깬다. 꿈속의 상상을 현실로 생각하는 어린아이의 순수한 마음을 잘 표현한 책이다. 조그만 낙서 같은 그림도 자세히 살펴 보면 글쓰기에 도움이 된다. 마치 다른 아이의 일기를 읽는 듯한 느낌을 준다.

● 『책이 된 일기』(박노아 글, 골목대장, 2010)

여덟 살 박노아 어린이의 일기를 한데 엮은 책이다. 노아는 한 줄로 쓰기 시작한 네 살 때의 그림일기부터 지금까지 쓴 일기만 해도 20권이 넘는다고 한다. 함께 자라는 아이의 실제 일기는 일기 쓰기에 부담을 갖는 아이들에게 힘이 된다. 일기 쓰기가 전혀 어려운 것이 아니라는 자신감을 얻을 수 있다.

● 『일기 쓰고 싶은 날』(니시카타 타쿠시 글·그림, 천개의바람, 2011)

주인공 별이와 달이는 삼촌과 함께 박물관 나들이를 간다. 박물관에서 경험한 즐거운 일, 놀라운 일로 나들이일기를 쓴다. 그림도 그리고 입장권도 붙이고 기념 스탬프도 오려서 붙인다. 체험일기를 쓸 때 참고하면 무척 좋은 책이다.

● 『일기 감추는 날』(황선미 글, 소윤경 그림, 웅진닷컴, 2003)

'아이가 일기 쓰는 시간은 거울을 보는 시간과 같다.'는 작가의 말이 참 좋다. 아이들은 누구나 일기를 어떻게 써야 할지 고민한다. 검사받는 일기, 좋은 것만 포장해서 써야 하는 일기, 아니면 반성하는 말을 꼭 써야 하는 일기에 지친 아이들이 읽으면 도움이 된다.

● 『일기 도서관』(박효미 글, 김유대 그림, 사계절, 2006)

민우는 일기를 잘 못 써서 선생님께 자주 혼난다. 도서실에서 벌 청소를 하다가 우연히 일기 도서관을 발견한 민우는 일기를 베껴쓰기 시작한다. 글쓰기가 힘들어 남의 글을 베껴 쓰고 싶은 유혹에 빠지는 아이가 읽으면 여러 가지를 느끼고 생각할 수 있는 재미있는 책이다.

● 『친구랑 싸웠어』(시바타 아이코 글, 이토 히데오 그림, 시공주니어, 2006)

친구와 싸우고 스스로 화해하는 아이들의 솔직한 모습을 담은 그림책이다. 친구와 싸우면서 한 말과 생각을 실감 나게 일기처럼 썼다. 자신의 마음을 있는 그대로 보여 주는 글을 읽으며 아이들의 마음이 누구나 자신과 비슷하다는 것도 알게 된다.

● 『오늘의 일기』(로드 클레멘트 글·그림, 풀빛, 2006)

아침부터 저녁까지, 하루 생활을 순서대로 기록한 일기이다. 한 아이의 반복된 일상이 재미있는 상상력으로 가득 차 있다. 글과 그림이 서로 다른 이야기를 전하고 있어 더욱 흥미롭다. 평범해 보이는 일상 속에서 아이들이 꿈꾸는 세상이 무엇인지 생각해 볼 수 있다.

● 『우리 형이니까』(후쿠다 이와오 글·그림, 아이세움, 2010)

동생이 들려주는 형의 이야기를 그린 그림책이다. 형 때문에 속상한 동생의 마음이 일기 형식으로 쓰여 있다. 종종 괴롭히고 가끔은 엄마 아빠보다 큰소리치고 무섭게 해도, 형을 좋아하는 동생의 속마음이 잘 드러난다. 익살스러운 그림과 어울리는 따뜻한 형제의 이야기가 재미있다.

그때그때 골라 쓰는 일기 ❶
공부일기

공부는 잘하든 못하든 늘 아이의 마음 한 켠을 차지하고 있다. 놀고 있어도 숙제해야 한다는 생각, TV를 볼 때도 다 보면 학습지를 해야 한다고 생각한다. 이렇게 생각해 보면 결국 우리 아이들의 마음속을 가장 많이 차지하는 것은 공부일 것이다. 기왕에 해야 하는 공부라면 공부에 대해 부담감과 책임감만 느끼게 하는 것에서 벗어나 공부는 즐겁기도 하고 자신이 성장하는 데 필요하다는 인식을 갖게 도와주는 것이 좋다. 공부에 대한 새로운 인식을 가질 수 있도록 공부의 내용이나 그와 관련된 여러 가지 생각들을 정리해서 일기의 글감으로 활용해 보자.

공부일기는 학교에서 배우는 각 과목의 내용을 글감으로 자신이 겪은 일이나 생각과 느낌을 쓰는 일기다. 어느 과목이든 가능하다. 공부한 내용을 그대로 옮겨 쓰면서 드는 생각이나 질문을 써도 된다. 생활에서 응용할 수 있는 내용으로 발전시켜서 쓰면 더 좋다. 아이가 공부와 관련해 느끼는 내용이면 무엇이든 공부일기의 좋은 소재가 된다.

좋아하는 과목, 싫어하는 과목, 좋아하는 과목이 좋은 이유, 특히 재미있는 부분, 공부가 잘되는 비법, 시험 잘 보는 나만의 비결, 잘 모를 땐 어떻게 하나요? 등 세부 항목으로 들어가면 공부에 관한 무엇이든 글감으로 정해 글을 쓸 수 있다.

수학으로 일기를 써 보자.

〈수학일기〉 암호랑이와 수호랑이는 몇 마리일까요?

문제 : 호랑이의 수는 18입니다. 암호랑이는 수호랑이보다 4마리 더 많습니다. 수호랑이는 몇 마리인가요?

처음엔 어려웠다. 선생님이 많은 만큼 빼 놓고 똑같이 나누어 보라고 하셨다.

그래서 18마리에서 4를 빼니 14가 되었다.

$18 - 4 = 14$

이제 14를 똑같이 둘로 나누면 된다.

$14 \div 2 = 7$ 암호랑이 7마리, 수호랑이 7마리다.

처음엔 빼 놓은 4마리를 암호랑이에 더한다. $7 + 4 = 11$

그래서 암호랑이는 11마리. 수호랑이는 7마리다.

비슷한 문제 만들기 : 옆 반 학생은 모두 31명이다. 그런데 여학생이 남학생보다 3명이 더 많다. 여학생은 몇 명일까?

숫자가 좀 더 커서 어렵게 느껴진다. 하지만 똑같은 방법으로 해 보면 될 것 같다.

먼저 3명이 많으니까 3을 뺀다.

31-3=28

28을 남학생과 여학생으로 나누면 된다.

28÷2=14 남학생이 14명이다.

처음에 빼 놓은 3명을 다시 더해 준다.

14+3=17

여학생은 17명이다.

피자를 먹거나 사과를 쪼개 먹으면서 분수로 일기를 써도 좋다.

〈수학일기〉 피자와 분수

엄마가 피자를 사 오셨다. 내가 좋아하는 불고기 피자다. 너무 신났다.
피자는 8조각으로 나누어져 있다. 그러니까 한 조각이 1/8이다.
그런데 오빠는 세 조각을 먹고 나는 두 조각을 먹었다.
분수로 표시하면 오빠는 3/8을 먹었고 나는 2/8을 먹은 것이다.
이제 세 조각이 남았다. 남은 것은 3/8이다.
모두 더해 보면 3/8+2/8+3/8=8/8 그러니까 다시 처음대로 1이 된다.
분수에서 분모와 분자의 숫자가 같으면 1이다.
피자 먹고 분수로 일기를 쓰니 재미있다. 그런데 피자가 또 먹고 싶다.
남은 피자를 오빠가 아침에 다 먹어 버릴까 봐 걱정이다.
엄마한테 일찍 깨워 달라고 해야겠다.

국어일기도 좋다. 국어책에 나오는 내용을 바탕으로 여러 가지를 변형시켜 쓰면 된다. 초등학교 2학년 아이의 국어일기다.

〈국어일기〉 국어읽기 놀이터

읽기책 22쪽은 놀이터다.

「이름을 지어 주세요」라는 제목이 있고 동물의 새끼에게 이름을 붙여주는 내용이다.

'아기 닭은 병아리라고 부르지요.

아기 소를 송아지라고 부르고요.

아기 말은 망아지라고 부릅니다.

그러면 아기 코끼리는 무엇이라고 부르면 좋을까요?

아기 동물들의 이름을 재미있게 지어 봅시다.'

교과서에는 코아지? 코아리? 아끼리? 이런 게 나와 있다.

그런데 이상한 게 있다. 왜 아지나 아리가 붙어 있을까?

그게 아마 새끼라는 뜻일 것 같다.

나는 아기 코끼리의 이름을 생각해 보았다.

아코리, 아기코끼, 코아기, 코동동, 코동이, 코순이,

이런 게 생각났다. 그런데 입으로 불러 보니 아기코끼가 제일 마음에 든다.

아기코끼야~

동물원에 가서 한 번 불러보고 싶다.

이런 방법을 통해 어떤 과목이든 일기가 가능하다고 생각한다. 그리고 공부일기는 이미 글감이 정해져 있고 그 내용도 교과서의 내용을 바탕으로 하기 때문에 쉽게 쓸 수 있다는 장점이 있다. 가능한 한 공부

chapter 2

일기의 자료로 교과서를 활용하기 바란다. 초등학교 저학년부터 교과서에 초점 맞춰 공부 이야기를 하면 제대로 된 공부 방법을 배울 수 있다. 교과서에 있는 문제를 똑같이 써도 좋고 응용하면 더 좋다. 그 내용을 쓰는 아이의 생각과 느낌만 보태서 써도 훌륭한 일기가 된다. 일기도 쓰고 다시 공부도 되니 꿩 먹고 알 먹는 방법이다.

그때그때 골라 쓰는 일기 ❷
관심일기

관심일기는 아이가 관심을 갖는 대상에 대한 일기다. 동물이나 식물 혹은 로봇이나 자동차 같은 것 중에서 아이가 특별히 관심을 갖는 소재에 대해서 쓴다. 그것에 대해 새로 알게 된 것이나 자신이 생각하는 것을 쓰는데, 그림이나 사진을 붙여도 좋다. 꾸준히 쓰다 보면 생각도 커 가고 전문적인 지식도 깊어진다.

 1학년 성현이는 연필깍지를 좋아한다. 이상하게도 문구점에 가면 연필깍지 종류만 구경하거나 사고 싶어 한다. 연필깍지를 하나씩 사다 보니 어느새 서랍 하나를 가득 채운다. 연필깍지의 다양한 모양을 알아보고 일기로 써 보자. 긴 것도 있고 짧은 것도 있다. 캐릭터 인형이 붙어 있는 것도 있고 그림이 그려져 있기도 하다. 모양에 대해 찾아보고 일기로 쓰다 보면 점점 그것에 대한 생각을 키워 나갈 수 있다. 재료의 차이도 알아보고 혹시 직접 만드는 방법에 대해서도 알아보자. 다 쓴 볼펜깍지로 연필깍지를 쓰던 시절부터 지금까지 변화에 대해서도

chapter 2

알려 주면 좋다. 그리고 더 나아가 스스로 만드는 방법에 대해서 쓸 수도 있다.

연필깍지처럼 별로 중요하지 않은 것에 집중하고 있으면 부모 입장에서는 별로 마음에 들지 않을 수도 있다. 하지만 중요한 건 아이가 자신이 관심을 가진 것에 대해 제대로 알아보고 배워 가는 과정이다. 한 가지에서 제대로 배우고 깨달은 아이는 다른 것에 대해 배울 때도 제대로 배우는 방법을 저절로 터득하게 된다. 아이가 관심 가진 것에 대한 관심일기는 그 대상이 무엇이든 잘 쓸 수 있도록 제대로 도와주는 것이 좋다.

3학년 지웅이는 만화나 영화를 무척 좋아한다. 그래서 집에 모아 둔 DVD가 꽤 많다. 자신의 관심거리로 일기를 써 보라고 하니 자신이 좋아하는 DVD에 대해 쓰겠다고 한다.

수많은 DVD

DVD를 보려고 장문을 열었는데, 문득 '우리 집에 DVD가 이렇게 많았나?' 하는 생각이 들었다. 생각해 보면 정말 많은 것 같다. DVD의 이름을 늘어놓으면 스펀지밥, 삐삐, 마고리엄의 장난감백화점, 찰리와 초콜릿 공장, 서핑업, 릴로와 스티치 등 정말 많은 DVD가 있다. DVD 대여점을 차려도 될 것 같다.

어머니께서 영어 공부를 하라고 사신 것이 쌓이고 쌓여서 여기까지 온 것 같다. 저 DVD를 돈으로 따져 보면 한 100만 원은 넘을 것 같다. 벽장을 꽉 채울 만큼 DVD가 많다면 정말 기네스북이 아닐까?

앞으로도 DVD를 더 사서 계속 모아서 기네스북에 도전할 것이다.

DVD를 보고 싶은 사람은 우리 집에 오시라.
우리 집에 없는 DVD 빼고 다 있다. 모든 DVD를 다 모을 때까지.

관심일기의 주제는 학년이 올라가면서 서서히 달라지는 것이 좋다. 처음에는 단순히 자신이 좋아하는 것에서 시작하는 것이 가장 좋지만, 고학년이 되면 자신에게서 벗어나 좀 더 넓은 범위의 관심거리를 생각하고 글을 쓰도록 도와주자. 그렇다고 일부러 관심거리를 찾아 줄 필요는 없다. 아이들은 하루하루 자라면서 다양한 관심거리가 생겨난다. 다만 그것이 공부와 관계가 없는 경우가 많아 어른들이 쉽게 지나쳐 버릴 뿐이다. 학교 앞 문구점에 있는 게임기에 대해서도 좋고 친구의 멋진 학용품에 대해서도 좋다. 왜 그것에 관심이 생기는지, 나의 관심으로 인해 내가 생각하는 것은 무엇이고 그래서 나는 어떤 행동을 하게 되는지, 혹시 나의 관심을 유발하여 상대방은 무슨 이익을 얻게 되는지, 객관적으로 생각해 보는 기회를 갖는 것이 좋다. 단순히 '좋아한다'에서 멈추지 않고 그것에 얽혀 있는 여러 가지 의미들을 생각할 수 있다.

지진이나 홍수로 세상이 떠들썩하면 아이의 관심도 온통 거기에 가 있다. 그러면 바로 그 문제로 관심일기를 쓰도록 도와주자. 아이들은 자신이 관심을 가진 것에 대해 생각하면서 쑥쑥 성장한다.

그때그때 골라 쓰는 일기 ❸
관찰일기

  관찰일기는 변화하고 성장하는 한 가지 대상을 정해 자세하게 관찰한 후 보고 느낀 대로 쓰는 글이다. 관찰의 대상은 동물이나 식물이 좋다. 집이나 학교 주변의 나무나 꽃이어도 좋고 집에서 키우는 동물이나 식물이어도 좋다. 나무 하나 꽃 하나를 정해서 며칠에 한 번씩 자세히 보고, 본 대로 느낀 대로 쓰면 된다. 꾸미지 않고 본 그대로 묘사하는 것이 중요하다. 자세히 보면 저절로 아름다운 글이 나와 굳이 느낌이나 생각을 쓰지 않아도 감동을 준다. 관찰일기는 자세히 관찰할 줄 아는 아이로 자라게 하는 데 많은 도움을 준다.

  학교에서 관찰일기를 숙제로 내주는 경우도 있다. 양파나 감자, 고구마를 키우면서 자세하게 관찰하게 한다. 하루하루 커 가는 식물을 날마다 관찰하면 아이들은 자신이 키우는 것에 대한 애착을 갖는다. 더 잘 자라기를 바라고 더 건강하기를 바란다. 시간 맞춰 햇볕을 쪼여 주기도 하고 바람이 잘 통하는 곳으로 옮겨 놓기도 한다. 보면서 알게 되고 알면서 사랑하게 되는 것이다. 자연을 보호해야 한다는 추상적인 말보다 이렇게 한 번 제대로 관찰하는 것이 더 낫다.

관찰일기의 목적은 대상을 자세히 관찰하는 것에 있다. 하지만 관찰해서 알기만 한다면 아무 소용이 없다. 자신이 아는 대상에 대해 애정을 갖고 보살피는 것이 더 큰 목적이다. 관찰일기는 우리 아이가 부모의 마음을 경험하게 한다. 잔소리에 상처 받는 경우도 많지만 모두 아끼고 사랑해서 그렇다는 것을 조금은 이해하기도 한다. 관찰일기 쓰는데 그렇게 큰 의미를 부여하는 것이 무리라고 느껴진다면 아이에게 이렇게 말하면 좋겠다. "엄마도 너를 그렇게 아끼고 사랑해." 관찰하며 글을 쓰는 아이라면 이 한마디로도 엄마의 마음이 어떤지 가늠할 수 있다.

관찰일기는 형식을 제시해 주면 더 쉽게 쓴다.

관찰 기록장

학교   학년   반   관찰자 :

관찰 대상	
관찰 날짜	년 월 일 날씨: 온도:
관찰한 내용	(생김새, 크기, 색깔, 움직임, 변화 등을 관찰하고 글과 그림으로 관찰한 것을 표현하세요. 사진을 붙여도 됩니다.)
관찰하면서 느끼고 생각한 점	
주의할 점	

형식을 만들어서 쓰기가 번거로우면 문구점에서 관찰일기장을 구입해서 사용한다. 관찰일기는 한 번 시작하면 그 대상이 자라는 과정을 꾸준히 쓰는 것이 중요하다. 다른 일기는 모두 쓰고 싶을 때 쓰면 되지만 관찰일기는 꾸준히 일정하게 쓰는 것이 중요하다. 그러니 방학이나 특정한 기간을 정해 쓰는 것이 좋다. 동물을 키우는 경우엔 처음 성장 시기에 쑥쑥 자라는 경향이 있으므로 초기엔 날마다, 그리고 나중엔 2, 3일에 한 번씩 쓰는 것이 적당하다. 관찰대상에 따라 일기 쓰는 주기를 아이와 의논해서 결정한다. 특히 자라면서 몸의 크기나 길이 등을 자로 재어 적는 것이 좋다. 그 수치로 나중에 꺾은선 그래프를 그려 보면 성장 과정을 한눈에 볼 수 있어 효과적이다.
　2학년 태원이의 양파 관찰일기다.

　　준비물 : 양파 1개. 알이 단단하고 껍질도 깨끗한 것이 좋다.
　　　　　투명한 유리컵(뿌리 관찰에 좋게 조금 긴 컵이 좋다.)
　　방법 : 유리컵에 물을 담고 양파를 올린다. 양파 뿌리가 물에 잠기게 한다.

관찰 기록장	
관찰 대상	수돗물로 양파 키우기(시작일 : 2011.5.7)
관찰 날짜	2011년 5월 10일 날씨 : 맑음, 관찰기록 3일째
관찰한 내용	뿌리 길이 : 가장 긴 것이 처음에 5.3cm였는데 오늘 보니 5.4cm다. 그냥 보면 안 자란 것 같은데 자로 재어 보니 차이가 난다. 다른 건 별로 차이가 없다.

관찰하면서 느끼고 생각한 점	무게도 변하는지 궁금하다. 저울에 재어 보는 것도 좋겠다. 그런데 우리 집 저울로는 표시가 안 난다. 마트에서 야채 무게 달 때 쓰는 전자저울로 재보고 싶다.
주의할 점	싱크대 위에는 누가 넘어뜨릴까 봐 걱정된다. 아무도 손이 닿지 않는 곳에 두는 것이 좋다.

관찰 기록장

관찰 대상	수돗물로 양파 키우기(시작일: 2011.5.7)
관찰 날짜	2011년 5월 16일 날씨: 맑음, 관찰기록 9일째
관찰한 내용	처음엔 원래 있던 뿌리가 자라는 줄 알았다. 그런데 하얀 뿌리가 새로 자라기 시작했다. 다시 자로 재어보니 원래 뿌리는 전혀 자라지 않았다. 지난번에는 자란 걸로 보였는데 내가 착각했던 것 같다. 신기하다. 하얀 뿌리가 6개나 새로 자라기 시작했다.
관찰하면서 느끼고 생각한 점	그런데 이파리 부분이 아직 새로 싹이 나지 않는다. 언제쯤 파란 싹이 나올지 궁금하다.
주의할 점	뿌리 길이를 잴 때 정확하게 재야겠다.

관찰일기를 쓴다고 문구점이나 마트에서 곤충과 동물을 사는 일은 피해야 한다. 소모품을 파는 곳에서 살아 있는 생명을 사게 되면 생명이 곧 소모품처럼 인식될 위험이 있다. 마트나 문구점에서 동물을 판매하는 나라는 세계 어디에도 없다. 아이가 잘 배우고 성장하도록 하는 글쓰기에서 그 자료가 건강하지 못하다면 좋은 글이 나오기가 어렵다.

그때그때 골라 쓰는 일기 ❹
놀이일기

아이들은 틈새 시간을 이용해 놀이를 하는데, 아이의 놀이는 아주 좋은 글감이다. 아이들은 앉아서는 묵찌빠 놀이, 뛸 수 있으면 잡기 놀이, 카드가 있으면 카드 놀이를 한다. 종이가 있으면 접기 놀이를 하고 낙서도 한다. "오늘 못 놀았는데요."라고 말하는 아이도 잘 살펴보면 분명히 놀이를 했다. 놀았지만 충분히 못 놀아서 놀이에 대한 갈망이 있는 것이다. 5분이나 10분밖에 놀지 못했어도 놀이일기를 쓰도록 도와주자. 노는 동안의 즐거움을 다시 생각하니 기분이 좋아지고, 함께 노는 친구 생각도 하고 더 잘 놀려면 친구에게 어떻게 말하고 행동해야 할지도 생각해 본다. 그래서 사회성 발달에도 도움이 된다. 다음에 놀 것에 대해 미리 계획하고 준비할 수도 있다. 아래 우진이 일기를 보면 아주 간단한 놀이지만 아이의 마음이 다 들어 있다. 아이의 생활과 친구들과 관계도 보인다.

2010년 4월 8일. 맑음, 바람 불어서 시원함.

잡기 놀이

친구들과 학원에서 쉬는 시간에 잡기 놀이를 했다. 술래가 다가와도 의자에 앉으면 못 잡는 놀이다. 이건 우리가 정했다. 얼음땡이랑 비슷한데 교실에서는 비좁아서 의자에 앉는 걸로 정했다. 재미있었다. 책상을 피해서 다녀야 하기 때문에 자꾸 부딪혀서 좀 아프다. 그래도 너무 재미있다. 그런데 내가 피하느라 의자에 앉는데 영철이도 같은 의자에 앉으려고 했다. 너무 세게 밀어서 내가 넘어졌다. 의자에도 못 앉았다. 밀리면서 벽에다 머리도 부딪혔다. 너무 아팠다. 그런데 밀린 게 창피해서 울지도 못했다. 지금 머리를 만져 보니 혹이 났다. 누르면 아프다. 그래도 피가 안 나서 다행이다. 다음에는 내가 좀 더 빨리 움직여서 먼저 의자에 앉아야겠다.

2011년 5월 3일. 구름과 황사.

눈싸움 놀이

짝이랑 놀고 싶어서 눈싸움 놀이를 하자고 했다. 먼저 깜빡이는 사람이 지는 거다. 처음엔 재미없다고 하더니 시작하니까 지가 더 열심히 한다. 처음엔 내가 졌다. 다음번엔 내가 이겼다. 그런데 더 하려니까 수업시간이 되어서 못했다. 다음 쉬는 시간에 하려는데 다른 친구들도 눈싸움을 하는 애들이 생겼다. 아까 우리가 하는 걸 보더니 따라 한다. 처음엔 기분 나빴는데 생각해 보니까 애들이 나를 따라 하는 게 기분이 좋다. 나를 따라 하니까 내 부하들 같다. 히히.

그때그때 골라 쓰는 일기 ❺
사람일기

아이의 성장에 가장 큰 영향을 미치는 부모와 형제, 그리고 친구들에 관한 이야기를 일기로 쓰면 여러모로 도움이 된다. 자기중심성이 강한 아이들이 그 대상에 대해 한 번 더 생각하면 그 사람이 무슨 생각을 하고 어떤 감정을 느끼는지 쉽게 짐작할 수 있다. 그렇게 사람에 대해 배워 나가고 동시에 자신에 대해서도 더 잘 알게 된다. 막연한 생각이 구체적 언어를 통해 확실해지고 더욱 소중하게 느껴지는 것이다.

가족일기, 친구일기 또는 선생님일기를 쓰도록 해 보자. 엄마, 아빠라는 큰 글감을 정해도 좋다. 엄마가 좋은 이유, 우리 엄마가 잘하는 것 등 좀 더 구체적인 제목으로 글감을 정하면 글쓰기가 수월하다.

저학년 아이들의 생각은 좀 더 구체적이고 자세하게 생각하는 과정에서 성장한다. 잘 알수록 더 사랑하게 되고 이해하게 된다. 그러니 큰 글감보다 작은 부분에 대한 글감을 제시해 주자. 처음엔 아이가 우리 아빠 같은 글감에서 '우리 아빠의 습관, 아빠에게 바라는 것, 우리 아빠가 자랑스러운 이유' 같은 제목을 알려 주면 다음엔 아이도 구체적인 제목의 글감을 찾을 수 있다. 일기에는 그 사람의 말과 행동에 대한 아이가 느낀 솔직한 감정과 생각, 바람 등을 쓰라고 일러준다.

형제자매에 관한 이야기를 쓰라고 하면 아이들이 부정적인 내용을 쓰는 경우가 많다. 형제들 간 다툼이 잦으면 그 스트레스로 '동생이 없으면 좋겠다.' 같은 자극적인 말을 쓰기도 한다. 어른들이 보기엔 무척 불편한 글이지만 아이의 솔직한 마음이라면 그대로 두는 것이 좋다. 왜 그렇게 쓰냐며 고치도록 강요하지도 말고 어떻게 그렇게 말할 수 있느냐고 혼내거나 훈계하지 않는다. 자신의 불편한 마음을 글로 표현하는 동안 아이는 많은 걸 생각한다.

어른들도 마찬가지다. 누군가가 미워서 그 사람에 대해 좋지 않은 마음을 글로 써 보자. 중요한 것은 그 글을 쓰고 난 다음 글 쓴 사람에게 일어나는 마음의 변화다. 어떤 마음이 드는가? 아마 한편으로는 속이 후련하기도 하고 또 다른 한편으로는 심하게 표현한 것에 대해 미안한 마음이 들기도 한다. 실제로 아이들이 동생이나 오빠, 형에 대해 험담을 늘어놓고 나면 오히려 그날 저녁엔 더 잘 지내기도 한다. 아이들 마음도 마찬가지다. 그러니 아이의 글이 마음에 들지 않고 불편해도 "네가 형 때문에 많이 힘들었구나." "동생이 귀찮게 해서 많이 속상했구나." 정도의 말만 하면 된다.

3학년 준현

형은 자꾸 때린다. 괴롭히고 그래서 형이 없을 때가 좋다.

없으니까 때리지도 않고 내 물건을 훔치지도 않고 숨기지도 않는다.

chapter 2

그래서 형이 없는 날이 제일 좋다.

그리고 친구랑 있으면 제일 좋다.

친구랑 있으면 말이 잘 통한다.

형이랑은 말이 잘 안 된다.

형이 있으면 형이 때리고 뺏는다.

내가 소리 지르면 겨우 주고 그런다.

형이 없으면 좀 편하긴 하다.

형이 시비 걸어 때릴 수도 없고 하니까 조용한 날이 많다.

그래서 제발 형이 좀 없으면 좋겠다.

다른 집은 아이가 1명씩 있다. 근데 우리 집은 2명이 있어서 자꾸 괴롭혀서 싫다.

형이 제발 좀 약 올리지 말고 욕 좀 안하면 좋겠다. 그것만 고치면 좀 괜찮다.

그중 제일 싫은 것은 때리고 욕하고 물건을 숨기는 것이다.

왜 그런지 모르겠다. 계속 심술을 낸다.

형은 "나 뭐 있다." 이렇게 뻥을 친다.

없는데도 있는 것처럼 해서 나를 자꾸 끌어 들인다. 내가 자꾸 눈으로 보게 한다.

그래서 형을 때리고 싶다.

1학년 승준

동생이 있어서 불편하다.

동생이 자꾸 꼬집는다. 엄마도 나도 막 꼬집는다.

엄마는 아기가 이상하다고 하신다.

꼬집을 때 한 번 때려 봤는데 엄마한테 혼났다.

아기를 발로 톡 차 봤더니 동생이 뒤로 바닥에 팍 넘어졌다.

아기가 넘어져서 울었다.

엄마한테 혼났다.

그냥 동생을 없애고 싶었다. 그냥 쓰레기 통으로.

이건 거의 진심이다.

동생 때문에 속상한 승준이는 글은 이렇게 썼지만 엄마가 "동생 다른 곳에 맡겨두고 올까?"라고 물으면 절대 그러지 말라고 한다. 그게 아이들의 마음이다. 아이도 동생이 소중하다는 것은 다 알고 있다. 다만 힘든 마음을 그렇게 표현하는 것이니 마음을 읽어 주기만 하면 된다. 그런 과정이 많을수록 우리 아이들은 참 잘 자란다.

그때그때 골라 쓰는 일기 ❻
상상일기

부모는 아이가 정말 멋지게 성장하기를 바란다. 공부도 잘하고 친구와도 잘 지내고 적극적이고 활달한 아이로 성장하기를 바란다. 이런 아이로 성장하려면 많이 상상하고 그 상상 속에서 신나게 노는 경험이 많아야 한다. 성공적인 삶이란 노력과 의지도 중요하지만 아이들에게는 상상이 더 큰 힘을 발휘한다. 힘든 일을 의지로 극복하려면 너무 힘이 든다. 그런데 상상하는 아이는 좀 다르다. 상상을 잘하는 아이는 힘들지 않게 주어진 과제를 수행한다. 마치 흐르는 물처럼 문제를 해결하는 모습이 자연스럽고 수월하다. 친구랑 문제가 생겨도 쉽게 화해하고 금방 재미있는 이야기를 꺼내 친구들을 웃게 만든다. 아이들은 상상 속에서 가장 멋진 모습의 나를 꿈꾼다. 그리고 상상 속의 나를 이루기 위해 공부를 더 열심히 하기도 한다. 아이들에게는 상상의 힘이 의지보다 더 강한 경우가 많다. 아이가 흔히 말하는 "내가 ~라면 참 좋겠다."라는 말을 놓치지 말고 좀 더 많은 상상을 하도록 도와주자. 엉뚱하거나 황당한 상상도 좋다. 갑자기 떠오른 상상을 놓치지 않고 글로 쓰도록 도와주자.

"넌 나중에 뭐가 되고 싶니?" 엄마가 묻는다.

"엄마, 나는 나중에 로봇이 되고 싶어." 아이는 웃으며 당당하게 말한다.

"사람이 어떻게 로봇이 되니?" 엄마는 말도 안 된다는 표정으로 단호하게 말한다.

아이는 더 이상 아무 말도 하지 않는다.

엄마는 기대를 갖고 아이에게 꿈을 물었고 아이는 자신이 늘 상상하는 대로 대답했다. 좀 더 현실적이고 멋진 직업을 말할 거라 기대했던 엄마는 실망하고 속이 상한다. 로봇이 되기를 바라는 아이의 마음을 잘 살펴보자. 아이는 로봇처럼 무엇이든 척척 해 내는 사람이 되고 싶어 한다. 어려운 일도 잘하고 적이 나타나면 쉽게 무찌르는 그런 사람이 되고 싶다. 아이의 소망이 현실적 직업의 모습으로 말하지 않았다고 해서 아이의 꿈이 남보다 못한 것이 아니다. 정말 멋진 꿈을 가진 아이다. 이런 대화는 아이의 상상에 익숙치 않은 어른들이 흔히 보여주는 실수다.

엄마랑 길을 가는 유치원생 남자아이가 엄마에게 말을 건다.

"엄마, 도라에몽 같은 친구 있으면 참 좋겠다."

"세상에 그런 친구는 없어." 엄마는 한마디 말로 냉정하게 아이의 상상을 잘라버린다.

이제 길을 가는 엄마와 아이는 아무 말을 하지 않는다.

도라에몽 이야기를 잠깐 살펴보자. 초등학생 진구는 아주 허약하고

chapter 2

겁이 많다. 종종 퉁퉁이와 비실이에게 괴롭힘을 당해서 하루하루가 힘들고 재미가 없다. 그러던 어느 날, 22세기에 사는 진구의 자손이 도라에몽을 보낸다. 책상 서랍에서 타임머신을 장착하고 튀어나온 고양이 모양의 로봇 도라에몽 덕분에 진구는 차츰 용기 있고 씩씩한 소년으로 변해간다.

이제 도라에몽 같은 친구가 있기를 바라는 이 아이의 마음을 살펴보자. 아이는 왜 이런 바람을 가지게 되었을까? 왜 도라에몽 같은 친구를 상상하고 싶어 할까? 아마 아이도 진구처럼 힘들지는 않을까? 엄마의 말을 들은 아이는 자유롭게 상상할 수 있을까? 혹시 자신이 겪는 어려움을 아무에게도 말하지 못하고 혼자 끙끙대는 것은 아닐까? 만약 엄마가 아이의 상상을 활짝 펼 수 있도록 이야기를 받아 주었으면 아이의 마음은 어떨까?

아이들은 자신이 좋아하는 만화 캐릭터가 되는 상상을 자주 한다. 자기가 가장 멋있다고 생각하는 인물이 되어 신나게 상상의 나래를 편다. 바로 그 순간 자신을 괴롭히는 친구를 무찌르기도 하고 세상을 구하는 천하무적이 되기도 한다. 그런 상상을 하고 나면 아이의 마음에는 어떤 변화가 생길까? 현실 속의 자신이 부족하고 마음에 들지 않을 때 상상하고 나면 그런 마음을 치유하고 회복할 수 있다. 상상으로 마음의 세계가 다시 풍요로워진다. 상상은 아이의 심리적 성장을 도와준다. 아이가 자신의 상상을 자유롭게 글로 쓸 수 있도록 도와주자. "네가 상상하는 대로 마음껏 써 봐. 너무 재미있을 것 같아."라는 말이면 충분하다.

그때그때 골라 쓰는 일기 ❼
신문, 인터넷, TV일기

신문이나 인터넷, 그리고 TV의 뉴스 기사를 활용한 일기 쓰기 방법이다. 날마다 보는 신문, 인터넷, TV에서 전달하는 소식을 활용하면 매일 새로운 글감을 얻을 수 있어 일기 쓰기에 부담을 덜 느낀다. 초등학교 저학년 때까지는 직접 경험하지 않은 것에 대해 생각하는 것이 힘들다. 초등학교 고학년 이상이나 청소년기가 되어야 '삶'이나 '우정' 등 추상적인 개념에 대한 사고 능력이 발달한다. 따라서 그전까지는 사진이나 그림같이 구체적인 시각 자료를 함께 활용하는 게 효과적이다. 그래서 신문과 TV, 인터넷의 사진과 기사들은 글감으로 활용하기에 무척 효과적이다. 뉴스 기사를 활용하면 일기 쓸거리를 쉽게 찾을 수 있다. 특별한 사건이 있었던 날은 일기 내용이 저절로 풍성해진다. 양이 많아질 뿐 아니라 자신의 경험에서 비롯된 느낌과 생각이 모두 제대로 나타나기도 한다.

신문일기는 신문을 뒤적이다 관심 가는 사진이나 광고를 찾아 스크

chapter 2

랩하고 생각을 적어 보는 방식이다. 신문은 한눈에 여러 기사를 훑어 볼 수 있는 장점이 있다. 헤드라인을 보며 관심 있는 제목을 찾고 다시 자세하게 읽는다. 제목에서 관심을 가진 글이라면 분명히 여러 가지 생각이 든다. 바로 그 생각을 기사의 내용과 함께 쓰면 된다. 신문일기를 쓰면 아이의 관심 분야가 다양해지는 이점도 있다. 처음엔 관심 없었지만 자주 신문을 들추다 보면 저절로 알게 되는 정보가 생기기 때문이다. 다방면에 상식이 풍부해지고 다시 통찰해 내는 능력도 잘 발달하게 된다.

인터넷은 늘 새로운 소식으로 넘친다. 그중 관심 가는 제목을 클릭해서 읽어 본다. 인터넷 기사는 특히 잘 생각하며 읽는 것이 좋다. 신문이나 TV 뉴스는 여러 차례 글을 수정하고 평가하는 과정을 거친다. 하지만 인터넷은 개인의 다양한 생각이 자유롭게 표현되어 있지만, 여과 과정을 거치지 않은 단점이 있다. 그러니 '정말 그럴까?'라고 생각하는 태도를 갖는 것이 좋다. 관련 정보를 좀 더 검색해서 서로 다른 생각을 함께 적는 방법도 있다. 한 가지 사건에 대해서 다양한 생각들이 존재할 수 있다는 사실도 배운다.

TV일기는 아이가 하루 동안 본 TV 내용에 대해 쓴다. 일단 자신이 보고 들은 내용을 쓴다. 전체 내용을 줄여서 써도 좋고 부분에 대해서만 써도 좋다. 아이가 말하고 싶은 것을 골라서 쓴다.

신문, 인터넷, TV 등 언론 매체의 정보를 활용한 글쓰기는 아이의 창의력도 향상시킨다. 자신이 아는 정보들을 조합하고 확산시켜 또 다른 아이디어로 발전시키는 것은 즐거운 일이기 때문이다.

참고로 매체를 보고 쓰는 일기는 항상 자신이 인용하는 기사의 출처를 명확히 밝히도록 가르치자. 이런 것에서 정직한 글쓰기가 시작된다. 조심할 것은 기사를 고를 땐 엄마가 골라주거나 아이가 궁금해 하지 않는 것에 대해 억지로 쓰도록 강요하거나 유도하지 말아야 한다는 점이다. 아이가 스스로 제목을 훑어 읽고 그중에서 마음에 드는 제목을 골라 읽는 방법이 좋다. 그 과정을 아이가 스스로 자유롭게 할 수 있도록 여유있게 기다리자.

그때그때 골라 쓰는 일기 ❽
음식일기

먹는 일은 어쩌면 아이들의 삶에서 가장 중요한 부분을 차지한다. 혼나다가도 맛있는 간식을 주면 마음이 풀어지고 학교 다녀와서 먹을 게 없으면 짜증을 낸다. 친구에게 과자 하나 얻기 위해 잘 보이려 하거나 때로는 비굴해지기를 서슴지 않는다. 음식은 아이들에게 다양한 감정을 불러일으킨다.

  대부분 사람들과의 추억에는 음식이 함께 있다. 아이들의 일상에도 음식이 매우 큰 자리를 차지한다. 아이와 음식에 대한 이야기를 나누어 보면 의외로 하고 싶은 말이 많다는 것을 알 수 있다. 음식에 대한 아이의 생각을 일기로 쓰라고 하면 정말 부담 없이 쉽게 글을 쓴다. 자신의 마음을 드러내는 글쓰기는 어쩌면 망설여지기도 하고 걱정되는 부분이 있을 수도 있다. 하지만 음식 이야기는 전혀 그럴 필요가 없다. 아이가 심리적 방어감 없이 자신의 느낌과 생각을 편하게 드러낼 수 있는 아주 좋은 소재다.

음식에 대한 일기를 써 보자. 그날 먹은 음식에 대해서든 아이가 좋아하는 음식에 대해서든 먹어 보고 싶은 음식에 대해서든 좋다. 음식의 종류, 재료, 맛, 요리법 등에 대해 자유롭게 쓰면 의외로 재미있는 일기가 된다. '내가 좋아하는 음식, 내가 아직 못 먹는 것들, 우리 엄마의 음식 솜씨, 내가 요리를 한다면' 같은 구체적인 제목을 제시해 주어도 된다. 세부적인 글감만 제시해 주어도 쓸 내용이 많아진다. 음식 사진이 있으면 아이들은 생각을 더 많이 하게 되고, 글도 풍요로워진다. 아이들은 음식에 대해서 정말 하고 싶은 말이 많다는 것을 알 수 있다. 2학년 지성이의 일기다.

내 친구의 엄마는 치킨을 해 주신다.
진짜 치킨을 해 주신다.
그래서 진짜 부러웠다.

3학년 준현이가 쓴 음식일기다.

오므라이스

나는 오므라이스가 맛있다.
그래서 비법을 알고 싶다.
비법을 알면 내가 해 먹을 수 있고 친구가 놀러오면 해 줄 수 있다.
친구랑 맛있게 먹을 수 있다. 그래서 좋다. 그래서 참 좋다.
맛있으면 최고고 재미있게 만들 수 있고 맛있게 얌얌 먹을 수 있어서 참 좋다.

chapter 2

그래서 난 알고 싶다. 그러면 요리사도 될 수 있다.

요리사가 되려면 음식 배우기를 해야 된다.

요리사 되기. 1. 말을 고치자. 2. 싸우지 말자. 3. 화내지 말자.

3학년 한용이의 음식일기이다.

스테이크

스테이크는 맛있다.

스테이크는 집에서도 먹을 수 있고 아웃백에서도 먹을 수 있다.

스테이크의 종류는 함박스테이크도 있고 안심스테이크도 있다. 그냥 일반 스테이크도 있다. 스테이크 중에서 안심스테이크는 담백하고 잘 씹힌다. 함박스테이크는 부드럽다.

스테이크의 또 한 종류로 숯불갈비스테이크가 있다. 숯불갈비스테이크는 잘 씹히고 맛있다. 스테이크는 마트에서 재료를 사서 집에서 쉽게 만들어 먹을 수 있다.

스테이크는 마트에서 사지 않으면 만들 수가 없다.

그래서 스테이크를 만들려면 마트에 가서 꼭 사야 한다.

스테이크의 좋은 점은 맛있다는 점이다.

안 좋은 점은 질긴 스테이크도 있다는 것이다.

또 스테이크를 너무 많이 먹으면 뚱뚱해진다. 그래서 야채랑 먹는데 그래도 맛있다.

내가 스테이크를 만들 때는 먹어도 살이 찌지 않는 스테이크를 만들 거다.

그때그때 골라 쓰는 일기 ❾
일지일기

일기 쓰는 법을 가르치기가 어렵다고 생각되면 일지일기로 시작하는 것이 좋다. 일지는 그날그날의 일을 적은 기록이다. 사실을 있는 그대로 쓰면 되니까 일단 쉽게 느껴지고, 글쓰기에서 가장 중요한 자세히 쓰기를 쉽게 연습할 수 있다. 일기와 달리 자신의 느낌이나 생각을 꼭 쓰지 않아도 되니 아이들에게 많은 부담을 주지도 않는다. 한 번 일지일기의 사례를 보여 주기만 해도 쉽게 배운다. 시간 순서대로 차례로 쓸 수 있게 도와준다. 2학년 명훈이의 일지일기다.

1. 아침 독서시간에 책을 읽었다. 만화를 보고 싶었지만 선생님이 뭐라 그러실까 봐 『재주 많은 오형제』를 읽었다. 재미있었다.
2. 첫째 시간은 수학시간이다. 두 자리 덧셈을 하는데 좀 어려웠다.
3. 둘째 시간은 체육이다. 운동장에는 안 나갔다. 그래도 교실에서 풍선 배구를 해서 다행이다. 다음엔 꼭 운동장에 나가면 좋겠다.

4. 셋째 시간은 국어 시간이다. 난 국어 시간이 좀 지루하다.

5. 넷째 시간은 과학이다. 선생님이 동물 퀴즈를 내서 재미있었다. 난 동물이 좋다. 공룡에 대해서도 하면 좋겠다.

6. 점심 시간이다. 제일 좋다. 미니돈가스가 나왔는데 세 개밖에 안 줘서 더 먹고 싶었다.

수요일이라서 밥만 먹고 왔다. 수요일이 제일 좋다. 그런데 학원은 태권도랑 영어 학원 두 군데를 다 간다. 그래서 그건 좀 안 좋다.

하루 일과를 시간 순서대로 적고 각 사항에 대한 느낌과 생각을 아주 간단하게 써 놓았다. 명훈이는 이야기하듯 글을 쓰는 것을 어려워해서 번호를 매기고 순서대로 쓰게 하니 힘들지 않게 써 내려간다. 느낌이나 생각을 쓰지 않아도 된다고 말해 주어도 어느새 조금씩 자신의 마음이 드러나는 글을 쓴다. 글쓰기를 부담스러워 하는 아이들에게 괜찮은 방법이다.

엄마가 아이에 대한 일지를 쓰는 것도 좋다. 아이가 하루 동안 한 일을 순서대로 쓰거나 항목을 만들어 각종 중요 사항에 대해서 쓴다. 학교 생활, 책, 놀이, 체험 활동, 휴식, 게임과 TV 시청, 학원, 숙제, 준비물 등의 항목으로 기록한다. 좀 더 생생하게 기록하려면 각 활동에서 아이의 기분을 간단하게 적는다. 한두 달 지나고 다시 일지를 살펴보면 아이의 삶이 한눈에 보인다. 늘 부족하게만 보이는 아이가 실제로는 전혀 그렇지 않다는 사실도 알게 되고 어쩌면 아이의 어깨에 너무 무거운 짐을 올려놓았다는 생각이 들 수도 있다. 아이에 대한 일지는 아이와 함께 쓰는 것도 좋은 방법이다.

그때그때 골라 쓰는 일기 ❿
주장일기

부당하거나 불편함을 느끼는 부분에 대해 자신의 주장을 말하는 일기다. 아이들은 솔직히 어른들에게 하고 싶은 말이 많다. '어른들은 이상해'라는 글감 하나만 주어도 많은 이야기를 한다. 부모나 선생님께 하고 싶은 말을 주장일기로 써 보자. 주장이란 자신의 주장에 대해 타당한 근거를 제시할 수 있어야 한다. 쉬는 시간이 너무 짧다고 느끼는 아이라면 쉬는 시간을 더 늘려 달라고 주장할 수 있다. 단 쉬는 시간을 늘릴 때 어떤 점이 좋은지에 대한 근거가 있어야 한다.

2학년 윤지는 학교 생활의 규칙에 대해 주장하고 싶은 게 많다.

쉬는 시간에 교실 밖에서 놀면 좋겠다

우리는 밖에서는 못 놀고 교실에서만 놀 수 있다. 운동장에서 놀게 해 주었으면 좋겠다. 운동장에서 놀면 공기 놀이를 하거나 잡기 놀이를 할 때 넓게 놀 수 있다. 책상에 부딪치지도 않고 다른 아이랑 부딪치지도 않아서 좋을 것 같다. 점심 먹고도 운동장에 나가면 안 되는 규칙은 너무 심하다. 1학년 때 학교 교장선생님이 갑자기 바뀌면서 학교도 새롭게 바뀌었다. 1학년 때는 4교시 끝난 후에 점심 먹고 놀고 5교시 했는데, 지금은 5교시 다하고 마치고 점심 먹고 그리고 그냥 집에 간다. 배도 고프고 놀지도 못한다. 옛날처럼 2학년도 4교시 하고 점심 먹고 놀고 5교시 하면 좋겠다. 운동장에 나가서 놀면 수업도 더 잘할 수 있을 것 같다. 공부하다가 놀면 신나니까 공부도 더 열심히 할 수 있을 것 같다. 그러니까 쉬는 시간과 점심시간에 운동장에 나가서 놀 수 있으면 좋겠다.

편하게 못 노니까 짜증 나고 공부할 때도 싫증만 난다. 편하게 놀면 공부도 잘할 수 있고 또 마음도 편하다. 편하게 잘 놀고 나면 엄마 말도 더 잘 듣고 동생한테 짜증도 안 난다.

공수하고 걷는 것을 반대한다

우리 학교는 복도에서 걸을 때 공수하고 걸어야 한다. 너무 귀찮다. 팔을 이러고 다니는데 여기에 다른 친구 가까이 가면 탁 부딪친다. 다른 친구랑 부딪혀서 너무 싫다. 그리고 팔을 못 움직이니까 불편하다. 그래서 나는 공수하고 다니는 것에 대해 반대한다.

공수하지 말고 그냥 마음대로 걸었으면 좋겠다.

마음대로 걸으면 좋은 점은 부딪치지 않아서 좋다. 내가 편한 마음이 들 것 같다. 짜증도 안 난다. 선생님들이 그렇게 시키는 이유는 바르게 생활하라는 뜻인 것 같다. 그런데 편하게 걸어도 예의 바르게 생활할 수 있다.

공수는 왼손을 오른손 위에 놓고 두 손을 마주 잡아 공경의 뜻을 나타내는 전통적인 인사법이다. 초등학교에서는 공수하고 조용히 걷기를 규칙으로 하는 경우가 많다. 그런데 공수를 하면 자연히 팔꿈치가 꺾여 있어 아이들이 서로 오가며 부딪치는 경우가 많다. 그런 경우가 생각보다 많은지 소리 높여 주장하기 시작한다.

그때그때 골라 쓰는 일기 ⑪
주제일기

요즘은 학교에서 일기를 숙제로 내 줄 때 주제를 미리 정해 주는 경우가 많다. 선생님이 주제를 정해 주시면 오히려 일기 쓰기가 수월하다고 말하기도 한다. 아이가 조금이라도 글쓰기가 쉽게 느껴졌다면 분명 좋은 방법일 수 있다. 다음은 초등학교에서 선생님들이 과제로 많이 활용하는 주제일기의 예다.

'내가 엄마가 된다면 아이에게 해 주고 싶은 일은?'
'좋아하는 노래 가사 써 보고 평가해 보기'
'무인도에서 산다면 좋은 점은? 나쁜 점은?'
'콩쥐 팥쥐가 한동네에 산다면 나는 무엇을 할 것인가?'
'일요일에 아빠의 하루일과 관찰하여 적어 보기'
'친구의 눈을 보고 느낀 점 적어 보기'
'대통령이 된다면 가장 먼저 하고 싶은 일은?'

'내가 나에게 점수를 준다면? 이유는?'

'내 이름에 만족하는가? 만족하지 못한다면 어떤 이름으로 바꾸고 싶은가?'

'내가 축구 선수라면 골을 넣고 세리머니는 무엇으로 할까'

'엄마가 자주 하시는 잔소리 내용 적어 오기'

'축구공이 네모라면 어떤 부작용이 있을까?'

'땅에 떨어진 만 원을 주웠다. 어떻게 할 것인가?'

'내가 남자가(여자가) 된다면?'

'하늘을 날 수 있는 새가 된다면?'

'내일 지구가 멸망한다면 오늘 나는 무엇을 하겠는가?'

'내가 투명인간이 된다면?'

'타임머신을 타고 가고 싶은 곳은?'

'내가 세상에서 가장 슬펐을 때'

'친구가 고마웠을 때'

'내 성격의 장점과 단점 5가지 적어 보기'

'친구들과 사이좋게 지낼 수 있는 비법 5가지'

'내가 동물과 이야기할 수 있다면?'

'우리 학교를 새로 짓는다면 어떻게 짓는 것이 좋을까?'

'시험 없는 나라는 어떨까?'

'내가 철들었구나 싶을 때는?'

'우리나라를 위해 내가 할 수 있는 일은?'

정말 재미있는 주제다. 이 주제로 글을 쓴다면 아이들의 글쓰기는 훨씬 더 수월해진다. 그런데 주제를 제시해 주는 것에서 한걸음 더 나아가 아이가 스스로 주제를 만들 수 있게 가르치는 방법은 없을까? 아이들은 자신이 수동적인 태도에 머물러 있을 때는 그다지 성장한다는 느낌을 얻지 못한다. 자신이 스스로 무언가를 창조해 낼 때 비로소 아주 잘한다는 느낌을 갖는다.

일기를 비롯한 글쓰기의 주제를 미리 제공해 주는 경우에 또 다른 문제도 발생한다. 인터넷에서 '글쓰기 주제'라는 말로 검색해 보자. 아이들이 인터넷에 올려놓은 글 중에는 주제를 제시해 주었음에도 불구하고 여전히 그 주제로 무슨 말을 어떻게 써야 할지 몰라 답답해 하며 도움을 요청하는 내용이 많다. 아예 글을 대신 써 달라고 조르기도 한다. 초등학생 아이들이 올린 절박한 글들이다.

- 선생님께서 야구에 대한 글쓰기를 해오라 하시는데 좋은 거 없나요?
- 선생님께서 내일까지 꼭 나의 꿈 글쓰기를 해오랬거든요. 제 꿈은 과학자거든요. 그래서 글 좀 써 주시면 안 될까요?
- 안녕하세요. 제가 내일까지 숙제가 이거거든요(아래보삼) 동화글짓기 말구요. 독서록이 아니라 글쓰기입니다. 과학 3-2학기 69쪽 과학 글쓰기 구상해 오기. 부탁합니다.
- 제가 몇 달 뒤면 글쓰기 대회에 나갑니다. 그런데 주제가 독도 사랑에 대하여 쓰는 것인데 독도에 대한 자료를 아무리 찾아도 쓸 만한 것이 나오지 않네요. 그래서 부탁드립니다.

주어진 글감에 대해 무슨 말을 해야 할지 몰라 글을 구걸하며 헤매고 다니는 아이들을 보니 안타깝다. 주제란 내가 말하고 싶은 것을 말하는 것인데 내 말이 아니라 남의 말로 글쓰기를 하려는 어처구니없는 상황이 벌어지고 있다. 제시된 주제가 없는 경우에는 더 절박하게 애원하는 아이도 있다.

- 제가 올해 겨울방학 숙제로 글쓰기를 해야 하는데요. 혹시 좋은 주제로 뭐가 있는지 아시면 좀 부탁드립니다. 제가 꼭 필요하니 제발 빨리 좀 가르쳐 주세요.

아이가 스스로 글감과 주제를 찾는 방법을 가르쳐 주지 않고 글쓰기 숙제만 내 주는 것은 아이에게 고통만 주는 일이다. 어른들이 제공해 주는 주제에 맞춰 글을 쓰는 것이 물고기를 잡아주는 방식의 교육이라면, 아이가 스스로 주제를 찾아내는 능력이 바로 물고기 잡는 방법을 가르치는 교육 방식이다. 아이들은 스스로 만들어 내는 능력이 생겼음을 깨달을 때 진정 제대로 배웠다고 생각한다. 그러니 이제 우리 아이들에게 제대로 가르쳐 주어야 할 것은 주제를 제공해 주는 것이 아니라 주제를 스스로 찾을 수 있도록 하는 것이다.

아이들의 상상력을 활용하면 의외로 주제 만들기는 쉽다. 한 가지를 주면 두 가지 세 가지를 생각할 수 있다. 위에 있는 주제들 중에서 아이가 관심 갖는 주제를 세 가지 정도만 정한다. 그리고 그것과 비슷한 주제를 만들어 보는 방법이다.

chapter 2

콩쥐 팥쥐가 한동네에 산다면 나는 무엇을 할 것인가?
→ 신데렐라가 우리 앞집에 산다면?
→ 박지성이 우리 동네에 산다면?
→ 우주인이랑 함께 산다면?

대통령이 된다면 가장 먼저 하고 싶은 일은?
→ 내가 로봇이 된다면 하고 싶은 일은?
→ 내가 구름이 된다면 하고 싶은 일은?
→ 내가 파워레인저가 된다면 하고 싶은 일은?

축구공이 네모라면 어떤 부작용이 있을까?
→ 야구공이 네모라면?
→ 자동차 바퀴가 네모라면?
→ 동전이 세모라면?

　하나의 주제를 주고 비슷하게 만들어 보니 아이들의 주제 만들기가 무척 쉬워진다. 아마 쓸거리가 없어 글쓰기가 어렵게만 느껴질 때 주제 만들기를 하면 신나게 글을 쓸 것이다.

그때그때 골라 쓰는 일기 ⓬
질문일기

 궁금하거나 의심나는 것에 대한 질문을 쓴다. 답은 없어도 된다. 한 가지에 대한 집중적인 질문도 좋고 다양한 질문을 나열해도 좋다. '언제 어디서 누가 무엇을 어떻게 왜'라는 육하원칙의 질문이 모두 해당된다.
 아이에게 "네가 궁금한 것에 대해 말해 봐."라고 하면 없다고 말하기도 한다. 정작 질문을 입에 달고 살면서 자신이 궁금한 게 뭔지 말로 정리하기 어려운 경우도 많다. 그래서 처음엔 아이가 평소에 자주 묻던 질문 몇 가지를 생각해서 다시 들려주고, 바로 '네가 궁금한 것들'이라는 설명을 해 주는 것이 필요하다. 그런 다음에 글의 형식을 제공해 주면 글쓰기를 좀 더 쉽게 생각할 수 있다.
 질문일기는 크게 두 가지 방식으로 쓴다. 한 가지는 글감이나 주제에서 궁금한 것을 적는 질문일기 방식이다. 아이가 관심 있는 대상에 대한 궁금증은 많다. 바로 그 궁금증을 글로 옮긴다.

*나의 질문: 나는 왜 엄마가 나가시면 언제 오시는지 궁금할까?

*꼬리에 꼬리를 무는 질문:

엄마가 안 계실 때 나는 좋은 건가, 싫은 건가?

좋다면 뭐가 좋지?

싫다면 뭐가 싫지?

엄마한테 전화 안 하는 때는 언제지?

외출하신 엄마께 부탁하고 싶은 말은?

또 한 가지 방법은 하루 종일 떠올랐던 궁금증을 쭉 나열하는 글쓰기다. 질문을 적다 보면 나도 모르게 한 가지 질문에 대해 더 자세하게 쓰는 경우도 있고, 그 순간에는 느끼지 못했던 것을 다시 알게 되기도 한다. 하루 생활에 대해 다시 머릿속에 정리할 수 있다.

○○의 오늘의 궁금증

나의 질문:

왜 비가 많이 올까?

영진이는 왜 짜증을 냈을까?

왜 내가 접은 종이비행기는 잘 날지 않을까?

아빠는 오늘도 늦으실까?

오늘 저녁 메뉴는 뭘까?

내일 숙제를 안 해가면 어떻게 될까?

게임을 더 한다고 말하면 엄마가 뭐라고 그러실까?

'왜'와 '어떻게'는 아이들이 수시로 하는 말이다. 질문일기를 자주 활용하면 아이가 자신의 생각에 대해 다시 생각하는 상위 인지 기능이 잘 발달하게 된다. 객관적 시각을 잘 이해하고 자신이 어떤 사람인지 스스로 잘 깨닫도록 도와준다. 궁금한 것을 해결해 가는 과정이 바로 배움이다. 그것이 아이의 일상생활에 관한 것일 수도 있고, 공부에 관한 것일 수도 있다. 어떤 질문이든 아이를 심리적, 정신적으로 성숙하게 해 준다.

그때그때 골라 쓰는 일기 ⑬
체험일기

학교에서 체험 활동을 하거나 견학하고 온 날은 일기를 잘 쓴다. 보고 듣고 경험한 게 많기 때문에 일기에 쓸 내용이 풍부하기 때문이다. 박물관이나 기념관을 견학한 일, 영화를 보거나 연극, 뮤지컬을 관람한 일, 그리고 노인정이나 복지관 또는 도서관이나 친구 집 등 아이가 수시로 가는 곳을 방문한 일을 쓴다. 글감도 쉽게 찾고, 보고 느낀 점이 많아서 쉽게 잘 쓸 수 있는 일기다.

영화, 연극, 뮤지컬을 관람한 후 일기를 쓸 땐 특히 전체 줄거리를 쓰는 방법보다는 가장 인상적인 부분이나 마음에 드는 부분 등을 골라 그 부분을 중점적으로 말하게 한다. 책이나 연극 영화 평론가의 글을 읽어 보면 알 수 있다. 아무도 전체 줄거리를 쓰지 않고, 줄거리의 일부나 핵심 내용을 아주 간단하게 쓸 뿐이다. 줄거리를 쓰는 고정관념에서 조금만 벗어나면 글쓰기는 즐거워진다. 가장 마음에 드는 장면에 대해 자세하게 본 대로 들은 대로 쓰고, 그에 대한 자신의 생각과 느낌

==을 솔직하게 쓴다면 평론가 못지않은 좋은 글을 쓸 수 있다.==

2학년 주영이가 쓴 영화일기다.

〈쿵푸팬더 2〉를 보고

드디어 〈쿵푸팬더 2〉를 보았다. 너무 신났다. 엄마랑 동생이랑 같이 보러 갔다.

쿵푸팬더는 어릴 때 기억을 잊어버렸다.

그러다 쉔이라는 공작의 무늬를 보고 쉔이 부모님을 죽인 것을 기억한다.

그래서 쉔을 찾아 복수한다.

포는 엄청 잘 싸운다. 너무 귀엽고 재미있다. 사부와 무적의 5인방도 무찌르지 못한 쉔을 포가 쓰러뜨렸다. 너무 재미있었다.

주인공이니까 이길 줄을 알았지만 조마조마했다.

그런데 죽은 줄 알았던 아버지가 살아계신 모습이 있었다.

3편에서 아버지랑 만나면 너무 좋겠다.

그런데 재미는 있지만 좀 폭력적이다. 동생이 자꾸 흉내 낼까 봐 걱정된다.

동생은 이런 것만 보면 자꾸 나를 때리고 찌르고 그런다.

그래서 너무 어린아이들은 안 봤으면 좋겠다.

적어도 2학년 이상이 되어야 보면 좋겠다.

chapter 3

책 쓰는 아이

옛이야기 들려주는 아이

°이야기 만들기, 옛이야기로 시작하면 정말 쉽다

이야기를 만들 때 어떤 종류의 이야기가 쉬울까? 아이들이 가장 쉽게 만드는 이야기는 옛이야기다. 구조가 간단하고 명쾌하기 때문이다. 주인공이 있고 악당이 있고 도와주는 사람이 있다. 그리고 악당과 맞서 싸우고 집으로 돌아오면 멋지게 성장한 주인공이 된다. 얼마나 간단한가. 이야기가 간단한 만큼 아이들이 비슷하게 흉내 내어 이야기 만들기를 쉽게 생각한다. 하지만 처음부터 그럴듯하게 만드는 것은 아니다. 옛이야기에서 재미있는 요소를 흉내 내지만 황당한 이야기를 잘 만들기도 한다. 그래도 괜찮다. 엄청 큰 숫자가 등장하고 주인공은 계속 죽었다 살아난다. 이유도 없고 그냥 그렇다. 그런데도 무척 재미있다.

chapter 3

˚친구들과 함께 만드는 옛이야기

1학년 아이들 6명이 함께 만든 옛이야기다.

    옛날 옛날에 호랑이가 담배를 너무 피워서 사람들이 못 살겠다고 아우성을 쳤어요.
    연기 때문에 코가 터져 버렸어요.
    코는 터졌지만 용감한 네 사람이 나타나서 호랑이의 콧구멍을 마구 찔렀어요.
    호랑이는 쌍코피가 났어요.
    호랑이는 쌍코피가 너무 나서 죽어 버렸어요.
    그러자 다시 거대 호랑이가 나타났어요.
    사람들이 힘을 합쳐 거대 호랑이를 죽였어요.
    그러자 또 거대 호랑이의 부하들이 몰려와서 사람들을 다치게 했어요.
    이번엔 9만 마리 호랑이가 몰려와서 사람들을 모두 먹어 치워서 사람이 0명이 되었어요.
    이제 호랑이가 사람들 옷을 입고 사람인 척하고 살았어요.
    그런데 살아남은 몇 사람이 나타나서 호랑이인 척하고 호랑이 코를 야구 방망이로 마구 때렸어요.
    호랑이는 사라지고 다시 평화롭게 잘 살았습니다.

  옛이야기를 처음 만들 때는 이렇게 친구들과 함께 만들면 좋다. 한 문장씩 돌아가며 이야기를 만드는 방식이다. 아이들은 조금만 흥을 돋

우면 신나게 이야기를 이어간다. 이런 방법은 친구들과 함께 이야기를 만들고 말하는 즐거움을 느끼게 해 준다. 글로 쓰기 전에 이렇게 말로 표현하는 과정은 꼭 필요하다. 옛이야기가 그렇게 오랜 세월 동안 사라지지 않고 입에서 입을 통해 전해질 수 있던 것은 말하기의 힘이다. 입에서 입으로 전해진 이야기이기에 더 재미있고 생생하다. 그리고 이야기하는 사람이 조금 보태기도 하고, 살짝 바꾸기도 하면서 더 흥미 있게 만든다. 바로 그런 구전의 과정을 아이들과 함께하는 것이 이야기 만들기 놀이다.

이야기를 다 만들면 다시 한 번 소리 내어 읽어 주자. 다 같이 만든 이야기라서 고치는 건 어려울 수 있다. 어느 한 부분을 고치면 그 부분을 만든 아이는 속이 상하기 때문이다. 그래서 만들어진 그대로 완성하는 것이 좋다. 이제 만든 이야기에 제목을 붙여 보자. 아이들 각자 자신이 생각한 제목을 말한다.

'호랑이 9만 마리, 아주 웃긴 이야기, 쌍코피가 난 호랑이, 벌을 받은 호랑이, 죽은 호랑이, 죽고 공격하기, 착한 사람들, 하늘이 노했다, 안 끝난 이야기, 나쁜 호랑이가 쌍코피가 터져 죽었다, 호랑이와 사람들, 호랑이 죽고 다시 공격하기.'

아이들이 만든 제목도 참 재미가 있다. 이 중에서 아이들과 투표로 제목을 정한다. 제목에 따라 느낌이 어떻게 달라지는지 알기 위해서는 똑같은 내용인데 제목이 다르게 출판된 이야기를 들려주면 효과적이다. 『해와 달이 된 오누이』『해님 달님』이나 『구렁덩덩 신선비』『구렁덩덩 새선비』『구렁덩덩 뱀 신랑』『구렁덩덩 새신랑』『구렁덩덩이』등은 한 가지 이야기가 다른 제목의 책으로 나온 경우다. 어떤 제목에서 어떤 느낌이 드는지 질문하면 제목을 만드는 것도 아주 잘하게 된다. 아이들은 출판사나 작가에 따라 제목이 달라질 수 있다는 사실을 신기해 하고, 제목을 잘 붙이면 이야기가 더 재미있게 느껴진다는 사실도 배운다.

˚옛이야기 들려주는 아이

1학년 윤우와 상훈이는 친한 친구다. 윤우가 옛이야기 1탄을 만드니 상훈이가 이어서 2탄을 만든다

윤우가 만든 제 1탄
옛날에 두 사람이 살았어요.
엄마랑 아들 총각이 살았어요.
그런데 그 총각은 사실은 바보였어요.
여름이 되었어요.
총각이 아궁이에 불을 떼서 바스락 소리가 들렸어요.
엄마가 놀라서 달려왔어요.
"이렇게 더운데 왜 불을 때니?"
"지금 춥잖아요."
"너 미쳤니? 아이고 죽어라 죽어."

상훈이가 만든 제 2탄

이제 겨울이 되었어요.

총각이 부채를 만지작거리며 부치고 있었어요.

어머니가 놀라서 달려왔어요.

"지금 겨울인데 왜 부채를 부치냐?"

"아유, 지금 덥잖아요."

"너 미쳤니? 아이고 죽어라 죽어!"

두 아이가 이어서 만든 옛이야기는 이야기 구조와 운율이 딱딱 들어 맞는다. 내용도 재미있고 읽는 재미도 있다. 이 이야기를 들은 아이들은 3, 4탄을 기대한다. 누구나 이렇게 재미있는 옛이야기를 만들 수 있고, 만들면 만들수록 잘 만들어 간다.

1학년 민준이는 어디선가 들은 듯한 이야기로 새로운 이야기를 만들었다.

돼지귀신과 사자귀신과 까치귀신

돼지가 사자한테 잡아먹혔어요.

사자가 씹지도 않고 그냥 꿀꺽 삼켜 버렸어요.

그래서 사자가 갑자기 부풀어 올랐어요.

그런데 갑자기 까치가 나타나서 사자의 목구멍을 찔러서 공격했어요.

사자는 그만 죽어 버렸어요. 돼지는 사자의 뱃속에서 무사히 나왔어요.

사자는 귀신이 되었어요.

근데 갑자기 돼지가 정신을 못 차리고 까치를 공격했어요.

돼지는 까치가 자신을 도와준 줄 몰랐어요.

까치는 억울해서 무덤에서 귀신으로 변했어요.

그래서 귀신이 되어 돼지를 죽였어요.

돼지도 이젠 귀신이 되었어요.

그래서 사자귀신과 돼지귀신과 까치귀신이 아직도 싸우고 있어요.

위 글을 읽다 보면 『은혜 갚은 까치』 이야기도 생각나고, 『늑대와 일곱마리 아기 염소』 이야기도 떠오른다. 아이가 만드는 옛이야기는 이렇게 여러 가지 이야기가 숨어 있는 경우가 있다. 아이와 그 부분에 대해서 이야기를 나누는 것도 좋다. 다음에 이야기를 만들 땐 좀 더 다양한 이야기를 응용해서 만들기도 한다.

창작 동화 쓰는 아이

°마음 글쓰기를 잘하는 아이는 이야기도 잘 짓는다

자신의 말과 행동 그리고 느낌과 생각을 잘 이해하고 표현하는 글쓰기를 할 수 있는 아이라면 이제 작가처럼 이야기를 잘 지어낼 수 있다. 마음에 떠오르는 수많은 생각들을 이제 당당하게 펼쳐 놓을 수 있기 때문이다. 자신의 마음을 있는 그대로 표현할 줄 아는 아이에게는 새롭고 신나는 상상이 또다시 아이의 생각을 자극하고 그 생각으로 더 성장하는 선순환의 구조를 갖는다. 이제 조금 다르게 생각하고 조금 더 깊이 생각하면 새로운 이야기를 만드는 일은 그리 어렵지 않다. 물론 타고난 글재주의 차이는 있을 수 있다. 하지만 어떤 경우든 상관없다. 아이가 지어내는 이야기는 자신이 하고 싶은 이야기이고 자신만이 상상하는 이야기다. 이제 아이가 상상하는 이야기를 글로 쓸 수 있도록 도와주자.

chapter 3
°아이들은 이야기 만들기를 좋아한다

이야기를 만들기 전에 먼저 이야기가 무엇인지 잠깐 살펴보자. 이야기의 뜻을 정확히 알면 아이들이 만드는 이야기는 어떤 이야기가 되어야 할지 잘 알 수 있다. 이야기란 ① 어떤 사물이나 사실, 현상에 대하여 일정한 줄거리를 갖고 하는 말이나 글. ② 자신이 경험한 지난 일이나 마음속에 있는 생각을 남에게 일러 주는 말. ③ 어떤 사실에 관하여, 또는 있지 않은 일을 사실처럼 꾸며 재미있게 하는 말을 뜻한다.

이 중 아이가 할 수 있거나 하고 싶은 이야기를 골라 하면 바로 이야기가 되는데, 세 가지 모두의 공통점은 줄거리가 있다는 점이다. 자신이 경험한 것도 이야기가 되고, 경험하지 않은 것도 사실처럼 재미있게 꾸며서 만들 수 있는 것이 이야기다. 우리 아이가 학교에 다녀와서 들려주는 이야기, 꿈꾸고 나서 들려주는 이야기, 엄마가 잠깐 외출한 사이에 동생이랑 생긴 일을 이야기하는 것 모두가 줄거리가 있는 이야기다. 좋아하는 장난감으로 놀면서 상상하는 이야기, 책을 읽다가 책 속으로 빠져들어 새롭게 만드는 이야기 등 다양한 종류의 이야기 중에서 아이마다 더 잘 만들 수 있는 이야기가 있다. 어떤 아이는 사물이나 사실에 대하여 경험한 것을 이야기로 잘 만들고, 어떤 아이는 상상한 것을 사실처럼 재미있게 꾸며서 이야기를 잘 지어내기도 한다. 아이마다 원하는 방법으로 만들고 싶은 이야기를 만들게 하는 것이 바람직하다. 이야기를 만드는 다양한 방법을 알아보고 우리 아이는 어떤 방법으로 만들고 싶은지 질문해 보자.

°재미있는 창작 이야기 만드는 법

① 경험을 이야기로 만들기

이야기 만들기를 어렵게 생각하는 아이를 위한 방법이다. 이야기란 조금 특별한 사건에 얽힌 사람들의 이야기를 시간 순서에 따라 말한다. 일상에서 이야깃거리가 되는 사건을 찾아보게 하자. 유치원이나 학교에서 사건으로 느껴지는 일을 찾으면 된다. 너무 특별한 사건을 찾으려 하면 어려우니까 숙제를 안 해 온 아이가 벌을 받거나 나머지 공부를 하는 이야기, 급식 먹을 때 생긴 이야기 정도면 충분하다. 체육 시간에 있었던 일, 수업 시간에 누군가 방귀를 껴서 웃겼던 일, 자리를 바꾸면서 생긴 에피소드 모두가 재미있는 창작 동화의 소재다.

중요한 것은 아이가 겪는 일은 모두 이야기가 된다는 사실을 알게 하는 것이다. 그중에서 특히 재미있거나 마음에 오래 남는 일은 좋은 이야기가 된다. 상상하지 않아도 자신이 겪은 이야기를 쓰기만 해도 재미있는 이야기가 될 수 있다. 이야기 만들기를 어려워하는 아이라면 실제 사건의 이야기를 쓰는 것만으로도 충분하다.

1학년 윤우는 길에서 강아지를 만난 사건을 이야기로 썼다. 겪은 일이 곧 창작 동화가 되었다.

내 친구, 재미있는 강아지

어느 날 강아지가 우리 집 앞에 나타났어요.

아주 멋진 강아지였어요.

털도 하얗고 멍멍 짖으면 되게 귀엽고 씩씩했어요.

그 강아지는 "일어서!" 하면 일어섰어요.

아주 재미있어서 우리 집으로 데리고 왔어요.

하지만 나쁜 세균과 먼지 때문에 다시 밖으로 내보냈어요.

나는 엄마가 안 된다고 하니까 어쩔 수가 없었어요.

강아지는 헤매다가 엄마한테 뛰어 갔어요. 다행이에요.

나는 그 강아지가 또 보고 싶어요.

강아지를 만나면 "일어서!" 하고 놀고 싶어요.

② 실제 사물, 사건에 상상을 더해서 이야기 만들기

실제 경험을 바탕으로 한 이야기를 잘할 수 있는 아이라면 약간의 상상력을 발휘하게 도와주자. 사실 아이들이 겪은 실제 사건으로 이야기를 쓰면 좀 시시하다는 느낌을 갖기도 한다. 그럴 땐 실제 사건을 바탕으로 상상력을 발휘하여 좀 더 재미있게 이야기를 만든다.

이야기의 시작이 되는 사건만 제시해도 아이들은 이야기 만들기를 쉽게 느낀다. 등장인물과 배경이 이미 정해져 있고 주인공과 주변 인물도 설정되어 있다. 그러니 주인공이 주변 인물들과 겪는 사건에만 약간의 상상력을 더하면 재미있는 이야기를 만들 수 있다.

아이가 좋아하는 식물이나 동물에 상상을 더해도 재미있는 이야기가 된다. 실제로 유아를 위한 동화에는 동물이 많이 등장한다. 그만큼 동물은 아이의 상상력을 많이 자극하기 때문이다. 집에서 키우는 토끼나 햄스터로 시작해도 좋고 아이가 애정을 갖고 키우는 식물도 좋다. 바로 그것에서 상상을 시작하자. 아이가 잠든 사이에 신기한 일이 벌어지지는 않을까? 이런 질문만 던져도 아이는 눈을 반짝이며 이야기를 만들기 시작한다.

  2학년 민수는 자신이 키우는 식충식물인 벌레잡이제비꽃으로 이야기를 만들었다.

벌레잡이제비꽃의 변신

어느 날 민수는 새벽에 화장실을 가려고 일어났다.

그런데 벌레잡이제비꽃이 밤새 엄청 커져 버렸다. 깜짝 놀랐다.

갑자기 벌레잡이제비꽃이 혀를 내밀어 민수를 확 잡아끌고 잎 속으로 들어갔다.

비명소리를 듣고 엄마 아빠가 잠에서 깨어났다.

벌레잡이제비꽃이 엄청 커져 있고 어디선가 민수의 비명소리가 들렸다.

엄마 아빠는 민수가 벌레잡이제비꽃에 잡아먹힌 것을 알았다.

아직 비명소리가 들리는 걸 보니 민수는 살아 있다.

아빠는 칼을 갖고 와서 팡팡 벌레잡이제비꽃을 잘랐다. 그런데 죽은 것 같던 벌레잡이제비꽃이 잘린 데서 끈끈한 즙이 나왔다. 그러더니 그 즙이 서로 탁 붙어서 다시 벌레잡이제비꽃은 살아났다.

엄마가 신문지 뭉치에 불을 붙여 벌레잡이제비꽃을 공격했다.

벌레잡이제비꽃은 불에는 꼼짝 못했다.

입을 벌리고 이상한 소리를 내며 몸을 뒤틀었다. 민수는 그 틈에 아빠에게 칼을 달라고 했다. 민수에게 칼을 주자 민수가 벌레잡이제비꽃의 심장을 찔러서 죽게 했다.

민수는 무사히 나왔지만 머리카락에도 불이 붙었다.

자기 머리카락에 불이 붙은 걸 안 민수는 엄마! 하고 소리치며 화장실로

chapter 3

달려갔다.

물을 틀어 머리를 푹 집어넣었다.

③ 동화를 보고 따라 쓰기

『강아지똥』이야기를 살펴보자. 쓸모없는 강아지똥이 얼마나 소중한 존재인지 아주 쉬운 이야기로 들려준다. 강아지똥은 자신의 처지를 한탄한다. 병아리들의 구박에 슬프고 농사에 도움 되는 흙덩이가 부럽기만 하다. 자신은 세상에 쓸모없는 존재라는 느낌에 괴롭다. 그런데 민들레는 강아지똥이 꼭 필요하다고 한다. 강아지똥은 비 오는 날 자신의 몸을 녹여 민들레 몸속으로 스며든다. 강아지똥의 도움으로 민들레는 노란 꽃을 활짝 피운다.

『구름빵』이야기를 살펴보자. 약간의 상상력으로 아주 재미있는 이야기가 만들어졌다. 아이들은 나무 위에 걸린 작은 구름 한 조각을 조심스레 안고 엄마한테 갖다 준다. 엄마는 구름에 이스트니 설탕, 소금 등을 넣어 맛있는 빵을 굽는다. 늦잠을 잔 아빠는 아침도 못 먹고 회사로 뛰어간다. 아이들은 맛있게 구워진 빵을 먹는다. 구름빵을 먹은 아이들은 몸이 두둥실 위로 떠오른다. 아이들은 아빠가 무척 배가 고플 것 같아 콩나물시루버스를 타고 있는 아빠에게 구름빵을 갖다 준다. 구름빵을 먹은 아빠도 둥둥 날아서 무사히 회사에 도착한다.

이렇게 이야기의 중요 맥락을 간단히 정리해 보면 이야기가 얼마나 단순한 아이디어로 이루어져 있는지 알 수 있다. 특별한 글감을 활용한 것도 아니다. 우리가 날마다 볼 수 있는 간단한 소재에 살짝 상상력을 더하여 이렇게 재미있는 이야기를 만들어 냈다.

두 이야기의 구조를 표로 만들어 보면 글의 구조를 더 잘 알 수 있다. 표의 빈칸을 채우며 비슷한 구조의 새로운 이야기를 만들어 보자.

	강아지똥	아이가 만드는 이야기
주인공	강아지똥	
슬픈 이유	쓸모없는 자신의 처지를 한탄한다.	
괴롭히는 인물	병아리들이 더럽다고 구박한다.	
부러운 인물	흙덩이, 농사에 도움이 된다.	
도움 주는 인물	민들레	
도움 되는 이유	꽃을 피우려면 강아지똥이 꼭 필요하다고 한다.	
결론	비 오는 날 강아지똥은 자신의 몸을 녹여 민들레 몸속으로 들어간다. 민들레꽃을 활짝 피운다.	

	구름빵	아이가 만드는 이야기
주인공	두 아이	
상상의 시작	구름 조각을 엄마한테 갖다 드린다.	
상상을 도와주는 인물	엄마는 구름으로 빵을 만든다.	
상상의 완성	구름빵을 먹고 둥둥 하늘을 날 수 있다.	
도움이 필요한 사람	아빠가 밥도 못 먹고 허둥지둥 출근한다.	
도움 주는 방법	아빠께 구름빵을 갖다 드린다.	
결론	아빠도 구름 빵을 먹고 날아서 회사로 출근한다.	

chapter 3

아이가 표를 완성하면 문장과 단어를 이어서 글로 옮겨서 쓴다. 기존 이야기의 구조를 따라 쓰는 모방 글쓰기는 의외로 완성도가 높다. 이렇게 따라 쓰기를 하면 다음 글쓰기에서는 좀 더 구조가 탄탄한 글쓰기가 가능해진다. 늘 상상하고, 사소한 걸 보고 소중하게 다루는 것은 아이들 전문이다. 아이들은 어떤 글감으로도 이야기를 만들 수 있으니 아이들이 상상력을 발휘하여 이야기를 만들도록 도와주자.

<u>좋은 글을 따라 쓰는 모방 글쓰기는 좋은 글쓰기 방법으로 베껴쓰기와는 차원이 다르다. 글의 주요 맥락을 비슷하게 하여 주인공과 등장인물을 정한 후 비슷한 사건을 설정하고 주인공이 겪는 일도 비슷하게 꾸미는 방법이다.</u>

아이들은 날마다 재미있는 이야기를 상상하지만 정작 이야기를 만들자고 하면 너무 어렵게 생각하기도 한다. 그래서 아이가 좋아하는 이야기를 따라 이야기를 만들어 보는 것이다. 글의 구성, 문단이 나누어지는 정도, 그리고 문장 표현도 흉내 내고 이야기의 전개 방식도 배우게 된다.

어떤 이야기가 만들어지든 아이의 글을 비판하지 말아야 한다. 재미있는 부분을 찾아 재미있다고 말해 준다. 자세하게 표현되지 않아 궁금한 점은 질문하면 그만이다. 그리고 아이의 이야기가 정말 기발하고 재미있다고 말해 주어야 한다.

다만 이야기의 구성이 부족하다고 느껴지면 아이에게 물어보자. "넌 네 이야기가 마음에 드니?" "혹시 고치고 싶은 부분은?" 아이가 스스로 생각하고 고치는 것이 진짜 글쓰기다. 단 저학년 아이들은 한 번 쓰면 하루 할 일을 다 했다고 생각한다. 고치는 것은 앞에서도 말했지만 다음 날이나 다음 글쓰기에서 하는 것이 효과적이다.

④ 아이가 읽은 이야기를 종합해서 새로운 이야기 만들기

아이가 읽은 여러 이야기의 인물들을 모두 등장시켜 새로운 이야기를 만들게 해 보자. 이야기 밖에서 이야기들을 모아 다시 이야기를 만드니 아이들이 굉장히 재미있어 한다. 백설공주, 신데렐라, 잠자는 숲 속의 공주가 모두 등장하는 이야기, 강아지똥이 지각대장 존을 만나 함께 놀다가 구름빵을 만들어 숲 속에 사는 빨간 모자에게 갖다 주는 이야기를 좋아한다. 한 번이라도 이렇게 여러 인물들을 데려와 새로운 이야기를 만들어 본 아이라면 이 이야기의 매력에 빠져 한동안 즐겁게 놀이하듯 이야기를 만들게 된다. 그야말로 무제한의 상상 세계 속에서 상상의 즐거움을 만끽한다.

1학년 윤우가 만든 이야기다.

> 어느 날 개구리와 정직한 총각이 살았어요.
> 총각은 하도 일을 열심히 해서 손이 퉁퉁 부을 지경이었어요.
> 어느 날 드디어 총각 엄마가 걱정하던 일이 일어났어요.
> 곡괭이질을 하다 손가락에 맞아서 그만 손가락이 팡 부러졌지 뭐예요.
> 부러진 손가락이 팡 하늘로 갔다가 평 내려왔어요.
> 그런데 잘린 그 손가락은 안중근에게로 갔어요.
> 안중근은 기뻐했어요.
> 안중근도 손가락이 잘렸거든요.
> 손가락을 받은 안중근은 정직한 총각에게 편지를 썼어요.

총각은 안중근에게 편지를 썼어요.

안중근이랑 정직한 총각은 서로 만나게 되었어요.

둘이서 산책을 하다가 개구리를 만나게 되었어요.

개구리는 안중근과 총각을 괴롭혔어요.

총각은 까마귀로 변하여 개구리를 공격했어요.

개구리는 도망갔어요.

손가락을 나누어 가진 안중근과 총각은 좋은 친구가 되었습니다.

엉뚱하고 재미있는 이야기다. 아이가 읽은 안중근 이야기가 갑자기 아이의 상상 이야기 속에 나타났다. 이론적으로 따질 필요는 없다. 옛이야기의 구조에 실존 인물의 정보를 집어넣어 그럴듯하게 만든 이야기다. 아이가 자유롭게 연상한 이야기에서 시작하여 맥락을 맞추어 이야기하는 게 재미있다. 저학년 아이들은 상상 동화를 잘 만든다. 때로는 이야기의 맥락이 안 맞을 때도 있고, 엉뚱할 때도 있지만 그래도 또래 아이들에겐 무척 인기가 있는 이야기다. 이야기를 만든 아이는 계속 만들고 싶고, 이야기를 듣는 아이들도 모두 계속 이야기해 달라고 조른다.

⑤ 여러 가지 단어를 제시해 주고 이야기 만들기

서로 연관이 없는 단어도 상관없다. 없는 연관성을 만들며 이야기를 구성해야 하니 좀 더 창의적인 사고가 필요해진다. 여러모로 아이에게는 좋은 방법이다. 아이의 연령에 따라 적당한 수의 낱말을 제시한다. 이야기 만들기가 서투른 아이라면 세 단어 정도를 제시하여 한 문장으로 만들기부터 시작하자. 다섯 단어 정도를 제시하면 두세 문장의 이야기를 만들 수 있다. 이야기가 너무 산만해지는 것을 방지하기 위하여 제시하는 단어는 열 단어 정도로 제한하는 것이 적당하다.

 2학년 진우는 '트럭, 나비, 잠자리, 신발, 미끄럼틀, 창문' 6개의 단어로 이야기를 만들었다.

  나비랑 잠자리가 들판에서 놀고 있었습니다.
  나비는 꽃을 좋아하고 꿀을 먹고 잠자리는 모기나 곤충을 잡아먹기를 좋아합니다.
  그래도 나비는 안 잡아먹습니다. 그래서 둘이는 친한 친구가 되었습니다.
  어느 날 트럭이 지나가다가 신발을 떨어뜨렸습니다. 그래서 나비랑 잠자리는 신발로 가서 놀았습니다. 신발 안에 숨었다가 밖으로 나오기도 하니까 재미있었습니다.
  그런데 어떤 아이가 나타났습니다. 그 아이는 신발을 한 짝만 신고 있었습니다.
  우리가 놀던 신발이 바로 그 아이의 신발이었습니다.
  그런데 아이는 나비랑 잠자리를 보더니 잡으려고 했습니다. 우리는 도망갔습니다.
  한참 날아갔더니 놀이터가 있었습니다. 미끄럼틀에서 우리도 미끄럼을 탔습니다. 그 아이가 놀이터로 왔습니다. 우리는 다시 도망갔습니다.
  한참 날아갔더니 창문이 열린 집이 있었습니다. 갑자기 궁금해서 들어가 보았습니다.
  잠자리는 모기가 있다고 잡아먹겠다고 난리 쳤습니다.

그런데 갑자기 방문이 열리더니 또 그 아이가 나타났습니다.

우리는 깜짝 놀라 걸음아 날 살려라 하고 도망갔습니다.

⑥ 시나리오 쓰듯 이야기 만들기

좀 더 구체적으로 이야기 만드는 방법을 살펴보자. 등장인물도 미리 정하고 배경과 사건을 정한다. 그리고 상상력을 동원해 이야기를 만드는 방법이다. 등장인물을 만드는 방법을 살펴보자. 주인공인지, 주인공 친구인지 주인공과 어떤 관계인지 미리 정하고 성격이나 역할을 미리 정하면 체계적으로 이야기를 만들 수 있다.

역할: (예: 주인공, 주인공 친구, 악당)

이름:

별명:

나이:

성별:

성격:

잘하는 것은?

특별한 재주가 있다면?

자주 하는 실수:

단점:

등장인물 각각을 이렇게 미리 설정하고 나면 이야기는 수월해진다. 이제 등장인물들이 겪는 사건을 한 번 상상해 보자.

사건의 종류	배경
도둑을 찾아라	시간:
마법사 무찌르기	장소:
보물을 찾아라	구체적 특징:
동물과 같이 살기	이웃:
공주를 구해라	날씨:
세상에서 가장 멋진 왕자는 어디에?	계절:
악당을 물리쳐라	주인공이 사는 집:
가장 착한 사람 찾기	같이 사는 사람:
가장 현명한 사람은 어디에	이상한 곳:
거인 물리치기	신기한 곳:
세상에서 제일 바보는?	또 다른 배경은:
아름다운 세상 만들기	주인공의 어릴 적 이야기는:

 아이들의 이야기책을 살펴보면 사건은 위에서 제시한 틀에서 크게 벗어나지 않는다. 구체적 사건은 아이의 상상에 맡긴다. 다만 위에서 보여 주듯 아이가 만들고 싶은 이야기가 어떤 사건의 이야기인지만 정할 수 있으면 된다. 아이가 만드는 이야기에 어른의 목소리가 너무 많이 들어가면 모처럼 이야기 만드는 일이 그 의미를 잃어버린다. 아이가 자신의 경험과 상상을 동원해 스스로 재미있는 이야기를 만드는 데 그 의미가 있다. 그러니 아이가 꼼꼼하지 못하고 어수룩해도 지켜보자. 어른이 참견하지 않고 참는 만큼 아이의 생각 주머니는 커진다.

 인물과 사건, 그리고 좀 더 구체적인 배경을 미리 정하고 시작하기만 해도 이야기 만들기는 무척 쉬워진다. 자유로운 상상 이야기를 좀 더 발전시켜 이렇게 인물, 사건, 배경을 미리 결정하고 이야기를 만들어 보자. 진짜 작가가 된 것처럼 재미있는 이야기를 만들 수 있다.

˚내 아이가 만드는 창작 그림책

이제 아이가 만든 이야기를 글로 쓰고 그림책으로 만들어 보자. 완성된 결과물이 있어야 말 그대로 완성된다. 우선 아이가 스스로 자신이 만든 이야기를 자신의 글로 쓰게 한다. **아이가 쓴 글을 컴퓨터에 입력해 프린트해서 완성도를 높여 주자. 자신의 글이 멋지게 바뀌는 과정을 직접 보는 것은 아이에게 글쓰기에 대한 큰 동기를 갖게 한다.**

 좀 큰 글자로 뽑아 한 페이지에 한두 문장을 배치해서 붙인다. 각 페이지의 글에 맞는 그림을 그린다. 글쓰기에서 그림책 만들기까지 한 번에 끝내는 것은 바람직하지 않다. 하루는 이야기를 만들고 그다음엔 글을 읽고 고치며, 그다음엔 컴퓨터에 입력한 것을 프린트해서 오려 붙인다. 마지막에 각 페이지에 어울리는 그림을 그린다. 그림을 그리는 것도 아이에 따라 걸리는 시간이 다르다. 꼼꼼하게 정성껏 색칠하는 아이도 있고 선을 이용해 대충 졸라맨처럼 그려 여러 페이지를 5분 만에 뚝딱 끝내 버리는 아이도 있다. 가능하면 좀 더 정성을 들여 꾸미게 하고 색칠도 하게 한다. 할 때는 귀찮아도 완성하고 나면 그렇게 뿌듯하고 소중할 수가 없다. 꼼꼼하게 하기 싫어하는 아이라면 강요하지는 말자. 다만 친구들에게 보여 주고 스스로 자신의 이야기를 낭독하는 과정을 경험하게 하자. 다른 친구들 것과 자신의 것을 비교해 본 아이는 스스로 고치고 싶은 마음을 갖게 되니 그때 고치게 하면 된다.

하나의 이야기를 완성하고 그림책으로 만드는 작업은 몇 회기의 프로젝트처럼 진행하는 것이 바람직하다. 독서록이나 일기처럼 한 번에 앉은 자리에서 끝내는 글쓰기가 아니다. 진짜 작가처럼 여러 번 고치고 수정하면서 멋진 이야기로 만드는 과정이다.

이런 작업을 함께하면 또 좋은 점이 있다. 아이가 자신의 작업에 열심히 몰두하면서 진짜 자신의 이야기를 꺼낸다. 친구랑 지내면서 억울했던 이야기도 쉽게 꺼내고 엄마나 아빠한테 서운했던 일을 갑자기 말하기도 한다. 진짜 대화를 나누는 시간을 가질 수 있다. 진지하게 무언가를 할 땐 그렇게 마음이 열린다. 아이가 책도 만들고 자신의 마음도 열고 정말 귀하고 좋은 시간을 경험하게 될 것이다.

지식 책 만드는 아이

°호기심 많은 아이에게 적합한 지식 책

아이들은 항상 호기심이 많고 새로운 것에 민감하기 때문에 지식을 좋아한다. 자신이 관심 있는 대상에 대한 정보와 지식은 그것이 좀 어렵게 느껴진다 해도 나이에 상관없이 관심을 갖고 살펴본다. 그래서 지식 책을 볼 때는 연령별이라는 말이 전혀 맞지 않다. 1학년 아이가 자신이 좋아하는 화산에 대해서는 마치 백과사전처럼 줄줄 꿰는 경우도 있다. 어린아이가 공룡의 종류와 이름, 특징까지 기억하며 그 차이를 박사처럼 설명하는 아이도 있다.

  이처럼 지식 책에 더 많은 호기심과 흥미를 갖는 아이가 있다. 이런 호기심을 더 키워 갈 수 있게 도와주는 가장 확실한 방법이 지식 책 만드는 작업이다. 그런데 지식 책을 만드는 것은 어떤 의미를 지녀야 할까? 미국노동부의 한 보고서는 앞으로 다가올 시대에 성공할 수 있는 필수적인 능력을 다음과 같이 말한다.

① 자료를 증명하고 조직화하고 계획하기. ② 다른 사람과 함께 일하기. ③ 정보를 획득하고 사용하기. ④ 복잡한 상호 관계를 이해하기. ⑤ 다양한 기술로 일하기 능력 갖추기.

이 중 두 가지가 정보를 확인하고 활용하는 능력에 대한 것이다. 지식과 정보를 많이 아는 것보다 중요한 것은 그 정보를 활용하는 능력이라는 점이다. 현재 우리는 아이들에게 지식을 많이 알게 하는 것에 초점을 맞춘다. 그러나 우리 아이들이 살아갈 시대에는 얼마나 많이 기억하는가보다 필요한 정보를 얼마나 잘 찾고, 그 정보들을 통합해서 어떻게 활용할 수 있는지가 더 중요하다.

지식 책을 즐겨 읽는 아이는 스스로 지식 책 만드는 것을 좋아한다. 아이는 자신이 아는 것을 자랑하고 칭찬받고 확인하고 싶다. 지식을 알 때도 즐겁지만 자신이 아는 것을 주변 사람들이 칭찬해 주고 지지해 주면 더 강한 동기가 생기게 된다. 그러니 자신이 아는 것을 멋진 책으로 만드는 작업은 책 읽기와 글쓰기를 즐기는 아이로 성장하게 하는 데 중요한 역할을 한다.

책을 만든다는 것은 자신이 아는 것에 대해 다시 제3의 눈으로 확인하는 작업이다. 자신의 지식을 종류나 크기의 순서대로 분류하면서 체계화하는 작업이다. 그런 작업을 통해 다시 지식은 통합되고 발전한다. 하나하나의 정보에서 그 정보의 본질을 이해하고 다른 정보들과 연관성 속에서 또 다른 깨달음을 얻을 수 있는 과정이 되기도 한다. 그래서 지식 책을 만드는 작업은 아이가 아는 것에서 시작하여 어떻게 그 지식을 활용할 수 있는지 생각하는 단계로 발전해 가는 과정이다.

chapter 3

°자동차를 좋아하는 아이의 지식 책 만들기

자동차를 좋아하는 아이는 신기하게도 자동차의 모양, 색깔 등을 보면 그 차가 무슨 차인지 쉽게 알아차린다. 자동차에 관한 아이의 지식으로 첫 번째 지식 책을 만든다.

아이는 자동차 그림을 자주 그린다. 아이가 그리는 자동차의 이름을 쓰고 그 차의 특징도 쓰게 하자. 한 가지 자동차를 그리고 그 아래에 이름과 자신이 아는 몇 가지 특징을 적으면 된다. 그래서 여러 장이 모이면 묶어서 책으로 만들자. 그림과 간단한 설명이면 충분하다. 이 책은 각각의 정보들을 표현하는 책이니 도감이나 백과사전 형식이 된다.

다음 단계는 좀 더 과학적인 분류 개념을 사용해서 책을 만들도록 도와주자. 자동차의 크기나 배기량별 분류도 좋고 만들어진 연도를 순서대로 배열해도 좋다. 연료의 종류 혹은 사용 용도나 차의 모양에 따라 분류하는 것도 재미있다. 여러 가지 분류 기준 중에서 아이가 원하는 방식으로 분류한다. 분류의 단계로 접어들면 그림을 그려서 만들기보다 실제 사진을 오려서 붙이는 작업이 더 알맞다. 내용이 발전하면 형식도 따라서 발전하는 것이 아이의 호기심을 충족시켜 준다. 자동차 영업소에 가면 멋진 자동차 안내 책자를 얻을 수 있다. 그 안내 책자를 활용하면 멋진 책을 만들 수 있다. 실제 자동차에 대한 아주 정확한 정보들이 거기에 다 실려 있다. 여러 회사의 자료를 모아 분류하면 흥미롭다. 아이는 그림을 그리던 수준에서 실제 자료를 갖고 작업하는 방법에 신나 한다. 진짜 자료를 활용하면 그만큼 자신이 성장했다는 느낌을 받기 때문이다. 이제 그 사진과 정보를 활용해서 분류하고 책을 만들자. 아이는 오리고 붙이고 다시 설명을 쓰는 작업을 무척 즐겁게 한다.

그리고 분류하는 과정에서 분명히 새로운 사실을 깨닫는다. 각 회사별 자동차 디자인의 특징이나 기능상의 특징을 깨닫게 되는 것이다. 이런 과정이 바로 지식을 통합하고 응용하는 발판이 된다. 새로운 깨달음은 아이가 자동차에 대해 좀 더 넓고 깊은 시각을 갖게 한다.

자동차 회사의 카탈로그로 책을 만든 아이라면 이제 자동차 잡지를 한 번 찾아보자. 중고서점에서 저렴하게 구해서 아이가 부담 없이 오릴 수 있게 한다. 전문 잡지의 기사도 훑어보고 실제 자동차 만드는 사람의 이야기도 읽을 수 있다. 이 정도면 아이는 초등학교 저학년이지만 이미 자동차에 대한 수준은 아이의 나이와 상관없이 높아진다. 지식의 발전은 바람직하다. 지나치게 한 가지에 치우친다고 걱정할 필요도 없다. 성장하는 시기에 따라 아이들의 관심 대상은 바뀐다. 각 시기에 열심히 제대로 알고 표현하도록 도와준다면 아이는 어떤 대상을 만나도 정보를 활용하여 새로운 지식을 창출해 내는 능력을 키울 수 있다.

°쉽게 만들 수 있는 지식 책의 종류

아이들이 쉽게 만들 수 있는 지식정보 책의 종류를 살펴보자. 아이가 만들 수 있는 책의 종류가 어떤 것이 있는지 알면 책을 만드는 일이 좀 더 손쉽다.

① 백과사전 방식의 설명적 글쓰기

개미

1학년 승준

개미는 너무 작다. 왜냐면 그냥 그렇다.

사람은 개미를 많이 밟는다. 재미있기 때문이다.

그리고 개미는 잡을 수 있는 통이 따로 있다.

파는 통은 박스와 같이 있다. 그리고 설명서도 있다.

개미는 나쁜 곤충을 유인해 막을 수 있다.

개미는 눈이 없어 보이나 원래는 눈이 있다.

개미를 무서워하는 사람도 있다.

개미는 너무 큰 것도 있다.

개미집도 큰 것도 있다.

자동차

7살 주현

고치고 싶은 점: 너무 시끄럽다.

장점: 빨리 갈 수 있다.

단점: 휘발유를 많이 먹는다.

궁금한 점: 자동차 내부 부품.

② 게임하는 법, 요리하는 법, 친구 되는 법 등 방법을 알려 주는 책

친구 사귀는 법

2학년 은정

만나면 반갑게 '안녕'이라고 인사하기.
'미안해'라고 사과하기.
부탁해.
고마워.
손잡기.
어깨동무하기.
어깨 두드려 주기.
미소 짓기.
이거 먹을래 권유하기.
친구 팔짱끼기.
'너 대단하다.' 라고 말하기.

이대로 한 쪽에 하나씩 글을 쓰고 그림을 그린다면 아주 멋진 지식 그림책이 완성된다.

③ 흔히 과학 동화라고 하는 이야기와 정보를 혼합하여 만드는 책

기린에 대하여

1학년 민준

나는 기린을 좋아한다.
목이 길어서 풀을 먹을 수 있어서.
나는 기린이 왜 목이 길었을까, 목이 왜 긴지 궁금하다.

기린

1학년 승준

나는 기린을 싫어한다.
목이 길어서 나는 싫다.
좋은 점은 없다.
목이 너무 길어서 못생기고 이상하다.

민준이와 승준이는 똑같이 기린에 대해서 썼다. 하지만 기린의 특징에 대한 생각은 완전히 반대다. 목이 길다는 특징이 기린을 좋아하는 이유도 되고 싫어하는 이유도 된다. 정보는 그 정보를 활용하는 사람에 따라 생명이 결정된다. 똑같은 대상을 놓고 좋다고 생각할 수도 있고, 필요 없다고 생각할 수도 있다. 결국 사람의 해석과 활용도에 따라 그 가치가 결정된다. 어린아이가 쓴 아주 간단한 지식 책이지만 이렇게 다른 관점으로 쓰여질 수 있다는 것을 알 수 있다.

2학년 민수는 자신이 좋아하는 공룡에 대해 글을 썼다.

내가 좋아하는 공룡

공룡 이빨은 뾰족하다.

공룡은 사나워서 좋다.

육식 공룡은 안 좋은 점이 있다.

초식 공룡을 물어 먹는다.

초식 공룡도 좀 좋다. 안 문다. 풀만 먹는다.

난 공룡이 좋다. 신기한 게 많다.

처음 보는 것도 있고 그래서다.

엄청 큰 것은 몸무게가 1톤 되는 것도 있다. 차 1대랑 똑같다.

또 하늘에는 큰 새가 있다. 익룡이다.

그거보다 더 큰 것도 있다. 그 새 길이는 10미터다.

몸무게는 정확히 모르겠다. 사람 몸무게의 몇 배라고 했는데 정확히 기억이 안 난다.

난 공룡책이 많다. 백과사전도 있다.

이런 공룡도 있다.

돌을 먹고 풀도 먹어서 돌이 풀을 조각조각 내서 소화가 잘된다.

돌은 소화돼서 나가는 건 아니고 그 안에 있다가 1년 정도 후에 좀 깨진 모양으로 똥으로 나온다.

또 1년 뒤에 다시 돌을 먹는다. 깨지면 싸고 다시 큰 돌을 먹는 것이다.

책을 만들기 전에 아이에게 어떤 책을 만들고 싶은지 물어보자. 세 가지 종류를 제시해 그중에서 자신이 만들고 싶은 형식을 선택해서 만들게 한다. 자신이 선택해야 열심히 몰입해서 책을 만든다.

chapter 3

˚정보를 모으고 활용하는 능력까지 키운다

관심 있는 주제에 대해 평소 책이나 자료를 모아 두면 지식 책을 만들기가 쉽다. 자료가 모이면 날을 잡아 한 번 만들어 보자. 자료가 충분하면 어느새 책 한 권이 뚝딱 만들어진다. 시작하면 꼭 책으로 완성해서 아이가 성취감을 느낄 수 있도록 도와주는 것이 좋다.

① 아이가 좋아하는 주제에 대한 자료를 모아 스크랩북을 만든다.
② 여러 칸이 있는 서랍장을 마련한다. 각 서랍에 아이의 관심사에 대한 이름표를 붙인다. 신문이나 잡지 등에서 관련 자료를 볼 때마다 오려서 모아 둔다. 인터넷에서 검색한 자료는 따로 블로그나 컴퓨터에 저장하는 것도 방법이지만 그보다는 출력해서 모아 두자. 아직 초등학생들은 직접 자료를 손으로 만지고 눈으로 보는 작업이 더 좋다. 한눈에 보면서 비교하고 찾을 수 있기 때문에 기억에도 오래 남고 여러 가지 생각을 하기에도 좋다.
③ 관련 책들을 책꽂이에 따로 칸을 만들어 모아 둔다. 전집의 책이라도 전집 속에 두지 말고 관련 책과 함께 두는 것이 찾기 편리하다. 여러 가지 제목을 한눈에 보아도 주제에 대해 생각할 수 있는 거리가 많아진다.
④ 도서관에 있는 책의 자료를 모아 목록을 만들어 둔다. 언제든 필요할 때 찾아가서 빌릴 수 있도록 준비해 둔다.

이 정도면 충분하다. 이렇게 자신이 관심 갖는 주제에 대한 정보를 모아 두고, 직접 갖고 있지 않은 자료는 어디서 찾을 수 있는지 알고 있으면 준비는 완벽하다. 초등학생이 지식 책을 만드는 데 무슨 자료

1학년 승준이가 만든 지식책

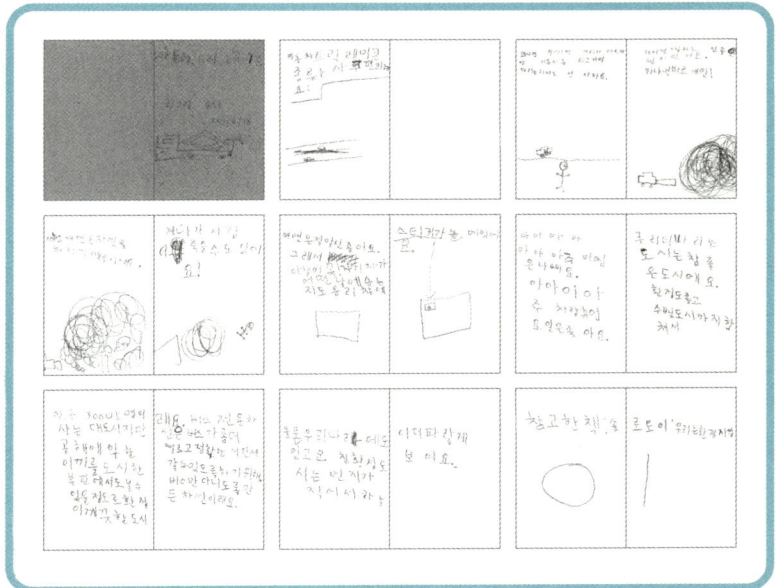

가 이렇게 많이 필요할까 하는 생각은 하지 말자. 자료에 실려 있는 정보를 꼼꼼히 다 보라고 강요하지도 말자. 이 모든 것을 다 보는 것보다 필요한 정보를 모으고 활용하는 방법을 어릴 적부터 제대로 가르쳐 주는 데 의미가 있다. 기본적인 방법을 알면 아이가 어떤 주제에 대해서든 지식 책을 쉽게 만든다. 한 가지를 가르치면 열을 깨치는 영특한 아이로 성장한다.

부록

쓰기 싫어하는 아이를 위한 마음 글쓰기 Q & A

Q1 글쓰기는 몇 살부터 하면 좋을까요?
Q2 글쓰기라면 질색하는 아이, 어떻게 하면 좋을까요?
Q3 물어보면 무조건 '싫어요, 몰라요, 그냥요.'
Q4 어른들이 좋아하는 글만 쓰려고 해요
Q5 첫 문장부터 막혀서 쓰려고 하지 않아요
Q6 좀 더 수준 높은 독서록을 쓰게 하려면요?
Q7 입학사정관제와 글쓰기는 무슨 상관이 있을까요?
Q8 어떻게 하면 글을 잘 쓸 수 있을까요?

Q1
글쓰기는 몇 살부터 하면 좋을까요?

글쓰기는 낙서에서 시작한다

어린아이가 자신을 표현하는 방법은 여러 가지입니다. 그중에서 낙서는 아이가 자신의 마음을 표현하는 아주 중요한 수단이 됩니다. 마음의 불안이나 두려움 그리고 즐거움 등을 모두 낙서를 통해 표현합니다. 낙서를 통해 스트레스를 해소하기도 하고 마음의 안정을 얻기도 하지요. 낙서하는 아이의 얼굴을 자세히 살펴보세요. 낙서에 몰입하는 아이는 자신의 마음을 모두 담고 있기 때문에 무척 진지합니다.

아이들은 그림 낙서를 좋아합니다. 글자 낙서는 그림 낙서 단계를 지나고 문자를 인지하면서부터 시작하지요. 글자를 보고 흉내 내기도 하고 자기 마음대로 쓰기도 합니다. 줄 하나 그어 놓고 자기 이름이라고 말하기도 하고 동그라미 하나 그려 놓고 '엄마'라고 읽기도 합니다.

어린아이의 글쓰기는 스케치북이나 네모 칸 공책에 이름을 쓰는 것에서 시작하지 않습니다. 문자를 기호로 인지하는 순간부터 아이는 낙서하듯 글자 모양을 흉내 내기 시작합니다. 아이의 글쓰기는 이렇게 글자 낙서에서 시작됩니다.

'아이 이름, 엄마, 아빠, 사과, 나비' 같이 아이가 좋아하고 자주 듣는 단어, 쉬운 단어를 크게 써 주고 따라 쓰도록 도와주세요. 잘 쓰는 것

appendix

에 목적이 있는 것이 아니라 아이가 쓴다는 사실 자체가 중요합니다. 어떤 모양으로 쓰든 칭찬해 줍니다. "우리 ○○가 벌써 글씨를 쓰네. 멋있다." 이렇게 말하고 박수 쳐 주고 격려해 주세요. 어른들의 눈에는 여전히 그림인지 글자인지 구분되지 않고 모두 낙서로만 보이지만 아이의 글쓰기가 제대로 시작된 신호로 생각하세요. 시간이 갈수록 삐뚤빼뚤하고 알아보지 못하는 모양에서 서서히 글자의 형태로 발전합니다. 부모의 지지와 격려로 아이는 자신이 무언가 해 냈다는 자신감과 성취감을 느끼지요. 자신의 마음을 글로 표현하는 것이 좋은 일이고 자신이 잘하는 일이라는 생각을 갖게 합니다. 어린아이가 글쓰기를 시작할 때는 이 점이 가장 중요합니다.

낙서를 하다 보면 글쓰기가 즐거워진다

낙서하는 글쓰기는 글쓰기에 대한 첫 이미지를 형성합니다. '글쓰기는 재미있는 것, 내가 잘하는 것, 좋아하는 것'이라는 인식을 할 수 있는 첫 단계입니다. 글자 낙서에 대한 칭찬은 아이의 글쓰기 능력을 향상시킵니다. 칭찬받을수록 더 많이 쓰고 더 즐기게 되기 때문입니다.

"이건 뭐라고 쓴 거야. 그렇구나. 참 잘 썼네. 쓰는 걸 정말 좋아하는구나."라고 말해 주세요. 아이의 글자 낙서 중 몇 가지는 골라서 버리지 말고 모아 두었다가 아이와 함께 다시 보는 것도 좋습니다. 아마 아이는 자신이 쓴 낙서가 무슨 글이었는지 기억하지 못할 수도 있습니다. 하지만 자신의 글을 소중하게 다루는 엄마의 행동으로 자신이 글쓰기를 좋아하고 잘한다는 것을 깨닫게 됩니다. 글쓰기를 시작하는 시기의 엄마의 태도는 이후 아이의 글쓰기에 대한 태도를 결정합니다.

글자 낙서를 좋아하는 아이는 글쓰기를 좋아하는 아이로 성장합니다. 기분 좋을 때도 낙서하고 기분이 나쁠 때도 글을 씁니다. 기분 좋을 때 낙서하면 너무 즐겁고, 기분 나쁠 때 낙서하면 마음이 풀립니다. 그래서 글쓰기는 아이에게 아주 중요한 일이지요. 어린아이의 글자 낙서가 바로 마음 글쓰기의 시작입니다.

Q2
글쓰기라면 질색하는 아이, 어떻게 하면 좋을까요?

글쓰기 모델을 보여 준다

아이가 글쓰기를 좋아하게 하려면 먼저 글 쓰는 모습을 자주 보여 주는 것이 좋습니다. 글쓰기를 싫어하는 아이들은 주로 이렇게 말합니다. "뭘 써야 할지 몰라서 힘들어요. 아무리 생각해도 모르겠어요" 이럴 경우 글쓰기의 모델을 보고 쉽게 배우도록 도와주는 것이 좋습니다. 모든 학습의 시작은 모델 학습입니다. 어른들이 하는 걸 보고 그대로 따라 하는 것이 가장 좋은 학습법이 되지요. 글쓰기도 마찬가지입니다. 어느 날 갑자기 배워서 시작하는 것이 아니라 일상에서 엄마 아빠의 글 쓰는 모습을 보고 자연스럽게 몸에 익숙해지는 것이 좋습니다.

글쓰기를 좋아하게 하는 모델 학습은 어떻게 시작하면 좋을까요? 보통 글쓰기를 가르치려고 생각하면 어른들이 먼저 겁을 먹는 경우가 많습니다. 엄마가 먼저 시작해야 한다고 하니 부담스럽게 느낄 수도 있습니다. 자신이 글을 잘 못 쓰는데 어떻게 아이를 가르칠 수 있을까 하고 생각하기 때문이지요. 엄마의 글쓰기는 소설가나 동화 작가처럼 문학작품을 쓰는 글쓰기가 아닙니다. 일상에서 아이와 주고받는 말로 자신의 마음을 있는 그대로 표현하는 글쓰기는 누구나 잘할 수 있습니다. 아주 쉽고 간단하니 걱정할 필요가 없습니다. 이미 자주 하고 있는 어른들도 많습니다.

유아기의 아이들이 보이는 가장 큰 행동 특징은 모방 행동입니다. 엄마가 자주 공책에 글을 쓰는 모습을 보이거나, 메모지를 활용해 무언가를 써서 냉장고에 붙여 놓는 모습 정도면 충분합니다. 엄마의 메모 습관을 보며 자라는 아이는 분명 무언가를 쓰는 행동을 따라 하며 놀게 됩니다. 다만 막연하게 겉모습만 보여 주는 것이 아니라 무엇을 썼는지 아이에게 읽어 주고 함께 공유하는 것이 좋습니다. 아이가 유치원에 다녀와서 함께 떡볶이를 해 먹기로 약속했다면 바로 그 내용을 그대로 메모지에 써서 붙여 놓아 보세요. 아빠가 "저녁에 와서 같이 놀아줄게"라고 말씀하시고 출근하셨다면 아빠의 말을 그대로 적어 붙여 놓으면 됩니다. 동생이랑 나눈 말이 예쁘면 아이의 말을 그대로 받아써서 아이에게 보여 주는 것도 좋습니다. 이것이 글쓰기의 모델 학습 방법입니다.

> 유치원에 다녀오면 연지랑 엄마랑 함께 떡볶이 만들어 먹기로 약속하였습니다.

> 아빠가 출근하시면서 "저녁에 와서 같이 놀아줄게"라고 말씀하셨습니다.

> 연지가 동생 연수의 눈을 보며 "엄마, 연수 웃을 때 진짜 별이 반짝이는 것 같아요."라고 말했습니다.

이런 메모 글을 자주 접한 아이는 스스로 글을 쓰게 되면 저절로 엄마의 메모 습관을 따라 합니다. 참 쉬운 글쓰기 방법입니다. 특별한 글감과 주제를 찾지 못해 글쓰기를 어려워하는 아이들의 공통점은 바로 이런 경험이 없었다는 사실입니다. 우리의 일상이 바로 글감이 되고 내가 하는 말이 글이 된다는 아주 간단하고 중요한 사실을 경험하지 못했던 것이죠. 이런 메모지 글쓰기는 아이가 쉽게 글쓰기의 세계로 발 디디게 합니다.

엄마가 몇 번 써서 붙여 놓으니 아이도 금방 따라 합니다.

> 엄마 혼자 마트가지 마시고
> 유치원 갓다 와서 마트 갈
> 때 같이 가요 꼭이요

> 연수야 제발 좀 언니 물건
> 만지지마 제발 제발

글쓰기의 모델을 보여 주는 일은 콜럼버스의 달걀과 마찬가지입니다. 알고 나면 너무나 쉽고 간단한 방법입니다.

글쓰기를 좋아하게 하는 비결

글쓰기에 대해 긍정적인 인식을 가진 아이는 글쓰기를 좋아합니다. "넌 글쓰기에 대해 어떻게 생각하니?"라고 질문해 보세요. 글쓰기가 좋다고 말하는 아이는 글쓰기의 장점을 이미 몸으로 느낀 경험이 있는 아이들입니다.

1학년인 상훈이는 이렇게 말합니다.

"하루가 끝나면 자신의 마음을 글로 표현할 수 있어서 좋아요. 그러면 마음이 편안해져요."

아직 어리므로 글을 쓰는 것은 힘들지만 글로 자신을 표현하고 나면 자기 마음이 편안해지고 뿌듯해지는 경험을 해 보았기에 할 수 있는 말입니다.

"실력이 조금이라도 나아지려고 쓰는 거예요. 그리고 일기 쓸 때 글을 쓰고 싶어져요."

2학년인 재원이의 말입니다. 재원이가 이렇게 말할 수 있는 것도 글을 통해 자신이 조금이라도 나아졌다는 것을 경험했기 때문입니다.

아직 이런 경험을 못해서, 그래서 글쓰기라면 질색하는 아이라면 어떻게 하면 좋을까요?

① 어떤 글이든 잘한 점부터 찾아 칭찬해 주세요

칭찬은 동기부여에 무척 효과적입니다. 그런데 아이들은 자기 자신의 평가에 무척 솔직합니다. 잘하지 못했다고 생각하는데 잘 썼다고 칭찬하거나, 자기를 설득하거나 더 쓰게 만들려고 억지로 칭찬하면 그것이 진심이 아니라는 걸 본능적으로 느낍니다. 그런 칭찬은 전혀 효과가 없습니다.

오히려 아이가 쓴 글 중에서 특정 부분을 짚어 어느 부분이 왜 좋게 느껴지는지 솔직하게 말하는 것이 좋습니다. 솔직하게 썼으면 솔직하게 쓰니까 좋다고 말해 줍니다. 재미있는 표현을 했으면 그 표현이 왜 재미있게 느껴지는지 이야기해 주며 칭찬하는 것이 좋습니다. 이렇게 본인이 생각하기에 타당하다면 아이들은 칭찬을 제대로 받아들입니다. 자신의 글이 어떤 장점을 지녔는지 정확히 알게 되고 앞으로 쓰는 글에서 그 장점을 잘 발휘할 수 있게 됩니다.

흔히 사용하는 방법인 첨삭 지도 방식은 어린아이에게는 적합하지 않습니다. 잘못 쓴 부분을 골라내서 고쳐 주면 아이는 글쓰기에 부담을 느낍니다. 잘못 쓴 부분에 대해 지도하면 아이는 늘 무엇을 지적당

appendix

할지 걱정하게 되지요. 그래서 글을 쓸 때마다 주눅 들고 자유롭게 자신을 표현하지 못합니다. 잘한 점을 칭찬받은 아이는 다음에도 글에서 무엇을 잘했을지 기대를 갖고 엄마의 말을 듣습니다. 글 전체에 대한 평가보다 콕 집어서 어떤 부분이 좋다고 말해 준다면 아이는 글쓰기에서 자신감을 찾아가기 시작합니다. 글쓰기를 좋아하게 만드는 방법은 이렇게 칭찬에 그 비결이 숨어 있습니다.

② 아이가 지금 좋아하는 것에서 시작하세요

3학년 한용이는 닌자를 무척 좋아합니다. 무엇을 질문해도 닌자와 연결해서 대답합니다. 다른 것에 관심을 가져 보게 해도 진지해지지 않고 "몰라요. 그냥요."라는 말만 되풀이합니다. 이런 경우 아이가 지금 현재 관심 있는 것으로 이야기를 나누는 것이 좋습니다.

한용이는 닌자 레고의 '쟌'이라는 캐릭터를 무척 좋아합니다. 엄마나 선생님이 그게 뭔지 전혀 모르는 경우라도 이야기를 나눌 수는 있습니다.

"쟌이 누구야?"

"쟌은요, 닌자레고예요. 너무 멋져서 탈이에요."

"전요, 쟌이 마음에 들어요. 팽이가 제대로 돌고 황금 쌍절곤, 황금 표창, 검은 수리검이 있어서 좋아요. 근데 황금 수리검이면 좋겠는데 검은 수리검이라서 별로예요."

한용이에게 지금 자신이 말한 것을 그대로 써 보라고 했습니다.

쟌

쟌은 너무 멋져서 탈이다. 그중에서도 마음에 드는 점은 팽이가 제대로 돌고 황금 쌍절곤, 황금 표창, 검은 수리검이 있다는 것이다. 그런데 황금 수리검이면 좋겠는데 검은 수리검이라서 별로다.

한용이는 자신의 글에 아주 자신 있게 100점을 주었습니다. 사실 어른의 입장에서 이런 글을 인정하기는 참 불편하지요. 하지만 늘 게임이나 만화에 관한 이야기만 즐겨 하는 아이라면 이런 모습도 진지하게 인정해 주는 과정이 필요합니다. 다만 다음엔 자신의 글에 살을 보태서 좀 더 전문적인 지식과 그에 대한 자신의 생각과 창의성을 발휘할 수 있는 글로 이끌어 주는 것이 중요합니다.

그래서 닌자에 관한 새로운 정보를 찾아오도록 하였습니다. 엄마가 인터넷 검색을 도와주어도 좋습니다. 글쓰기의 초기 단계에서 아이가 좋아하는 것에 대해 진지하게 발전시켜 가려면 도와주는 과정은 꼭 필요합니다. 도움을 준다는 의미는 엄마가 대신해 주는 것이 아닙니다. 자신이 알고 싶어 하는 정보를 찾기 위해서 어떤 검색어를 쳐야 하는지, 다양한 정보 중에서 어느 것을 선택해 읽어 보아야 하는지를 판단하는 과정에서 도움이 필요합니다. 정보를 찾기 위해 엄마와 대화하면서 아이는 수많은 정보 중에서 어떤 것을 버리고 어떤 것을 선택할지도 생각하게 됩니다. 바로 이런 과정에서 아이는 자신이 좋아하는 것에 대해 집중력을 갖고 진지한 태도를 배웁니다.

appendix

③ 자신이 쓴 글을 자랑스럽게 느낄 수 있는 기회를 만들어 주세요

한용이가 적어 온 닌자에 관한 정보는 꽤 다양하고 재미있습니다. 닌자 레고의 종류, 각 인물이 맡은 역할, 각자가 사용하는 무기의 특징, 무기에 대한 설명, 그리고 닌자가 먹는 음식과 보관 방법, 실제로 일본의 미에현에 있는 닌자 박물관에 대한 정보들이었습니다. 한용이는 자신이 찾아온 정보에 대해 무척 자랑스러워했습니다. 아이들에게 직접 읽어 주기도 하고 시키지 않아도 자발적으로 설명해 주었습니다.

인터넷에서 검색하여 써 온 글도 좋은 글쓰기입니다. 여러 가지 정보 중에서 자신이 관심 있는 정보를 고르고 다시 쓰는 동안 아이의 생각과 감정들이 스며들게 되니까요. 아이들은 자신의 생각이 커 나갈 때 성장합니다. 스쳐 지나가는 수많은 아이디어와 생각들이 있지만 그것에 생명을 불어넣어야 성장할 수 있습니다. 바로 이런 과정이 스치는 생각과 느낌에 생명을 불어넣습니다. 한용이는 닌자에 대한 글을 한 번 더 써서 친구들 앞에서 소리 내어 읽었습니다.

> 나는 일본에 가서 닌자 박물관에 꼭 가보고 싶다.
> 그래서 닌자 옷도 입어 보고 닌자 무술도 배우고 싶다.
> 나는 꼭 닌자가 되고 싶다. 그래서 나쁜 사람을 다 잡아서 무찌르고 싶다.
> 그리고 디자이너가 되어 닌자를 만드는 사람이 되고 싶다.
> 무기를 더 멋있게 만들고 싶다.
> 내가 좋아하는 건 닌자 말고도 많다.
> 여행도 좋아하고 영화 보는 것도 좋아한다.
> 영화 나온 건 모두 다 보고 싶다.

자신이 좋아하는 것에 대해 진지하게 접근하고 정확한 정보를 알아가는 것, 작은 호기심을 제대로 찾아보고 지식으로 다지는 것, 그래서 다른 친구들 앞에서 자신이 아는 것을 자신 있게 글로 써서 표현하는 경험을 거치면 이제 한용이의 닌자에 대한 관심은 그냥 그저 그런 것이 아니라 아주 진지하고 자신의 특성을 나타내는 중요한 코드가 되는 것입니다. 그리고 다른 생각으로 나아가는 통로가 됩니다. 닌자에 대한 이야기를 실컷 한 한용이는 다른 이야기도 하기 시작합니다.

이 세 가지만 지켜서 반복하기만 해도 아이들은 글쓰기를 좋아하게 됩니다. 주의할 점은 좋아한다는 의미입니다. 좋아한다는 말은 늘 쉽고 재미있다는 뜻이 아닙니다. 때론 어렵고 힘들게 느껴지지만 그 어려움을 극복하고 이겨 낼 수 있다는 의미입니다. 글을 쓰다 지루하거나 답답해지면 잠시 쉬었다가 다시 혼자서 거뜬히 쓸 수 있다는 의미입니다.

글쓰기를 싫어하는 아이가 글쓰기를 좋아하게 되기까지는 여러 과정을 거칩니다.

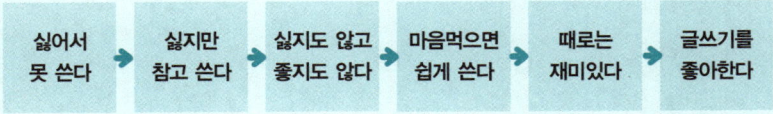

우리 아이가 어떤 과정에 있는지 잘 살펴보세요. 글쓰기를 좋아하는 아이가 될 때까지 꾸준히 지지하고 격려해 주는 것이 필요합니다.

Q3
물어보면 무조건 '싫어요, 몰라요, 그냥요.'

조금씩 아이들 마음의 문을 연다

1학년 현우는 자신의 생각을 말로 표현하기를 무척 싫어합니다. 그러니 매일 하는 말이 거의 '싫어요, 몰라요, 그냥요.'입니다. 뭔가를 제안하거나 뭐라고 물어도 '싫어요, 몰라요, 그냥요.'를 반복하는 현우와 대화를 나누었습니다. 그리고 그 대화를 그대로 쓰니 시 같은 느낌도 납니다. 현우에게 읽어 주었습니다.

"현우야, 네가 제일 좋아하는 음식은 뭐니?"
"없어요. 몰라요."
"그럼 좋아하는 놀이는?"
"아, 몰라요."
"진짜 몰라?"
"네. 몰라요. 난 진짜 아무것도 모른다니까요."
"어, 근데 넌 가장 중요한 걸 알고 있구나."
"그게 뭔데요?"
"네가 모른다는 사실을 알고 있어."
"그게 무슨 말이냐고요."

"자신이 모른다는 것을 아는 것은 굉장히 중요한 거야."
"그래야 진짜 배울 수 있거든."
"아, 그게 무슨 말이냐고요."
"아는 체하는 사람, 잘난 척하는 사람 좋아하니?"
"아니오."
"그래 바로 그거야."
"내가 보기에 넌 가장 중요한 걸 알고 있어."
"아 그러니까 그게 무슨 말이냐고요."
"너 아는 척하는 친구 싫다고 했지?"
"네."
"그럼 아는 걸 모르는 척하는 친구는 어때?"
"……."
"아는 척하는 게 더 싫으니? 아니면 모르는 척하는 게 더 싫으니?"
"……."
"아는 것을 모른다고 말하는 사람도 얼마나 답답할까?"
"난 아는 걸 안다고 말하는 친구를 만나고 싶어."
"히히."
"그리고 너 더 이상 뻥 치지 마."
"내가 언제 뻥쳤어요?"
"네가 아는데 자꾸 모른다고 하잖아. 난 다 알아. 네가 알고 있는 걸."
"어떻게요?"
"얼굴에 다 쓰여 있거든."
"에잇, 거짓말."

appendix

대화를 그대로 글로 써서 현우에게 읽어 주었습니다. 현우는 자신의 말이 글이 되었다는 것에 흥미를 보입니다. 그리고 그대로 인정받은 느낌에 아이의 얼굴이 편안해집니다. 다음 시간부터 현우의 '싫어요, 몰라요, 그냥요.'는 눈에 띄게 줄어들었습니다.

아이들이 마음을 열 때 진정한 글쓰기가 시작된다

요즘 아이들이 많이 하는 말이 '싫어요, 몰라요, 그냥요.' 입니다. 무슨 말을 해도 이렇게 대답하면 대화는 꽉 막혀 버리지요. 이런 말을 하는 아이에게는 억지로 이야기를 시키기도 어렵고 그렇다고 그냥 놔 두자니 더 답답합니다. 그렇다고 해서 아이가 정말 아무것도 모르는 것은 절대 아닙니다. 진짜로 싫은 것도 아닙니다. 다만 진짜 마음을 말하기가 불편하고 걱정되기 때문입니다. 어떤 점이 불편한지는 아이마다 다를 수 있습니다. 어리지만 생각하기가 귀찮을 만큼 자신의 생활에 지쳐 있는 것일 수도 있고, 진짜 생각을 말했다가 혼나거나 창피를 당할까 봐 걱정하는 것일 수도 있습니다. 이런 심리적 문제가 없더라도 다른 걸 하고 싶어 건성으로 대답할 수도 있습니다. 무엇이 아이 마음에 가장 가까울지는 아이를 잘 살펴보면 쉽게 알 수 있습니다.

어떤 경우든 이렇게 자신을 드러내고 싶지 않은 아이에게는 아주 안전하고 자신과 상관없는 글감과 주제로 이야기를 하는 것이 좋습니다. 책에 대한 이야기를 하거나 다른 아이의 이야기를 들려주어 그럴 경우에 어떻게 하면 좋을지 질문하는 방법입니다.

"태극기는 우리나라 국기인데 옷으로 만들어 입는 것에 대해 어떻게 생각하니?"

"어떤 아이가 친구 연필을 몰래 가져왔는데 돌려주려면 어떻게 하면 좋을까?"

"수업시간에 졸릴 땐 어떻게 하면 잠을 깰 수 있을까?"

이런 질문을 던지면 아이는 자신의 이야기가 아니라 다른 아이의 이야기이기 때문에 좀 더 편안하게 자신의 생각을 말합니다. 다른 아이의 이야기인 것처럼 해도 사실은 아이의 마음속에서 나오는 말입니다. 아이의 마음을 알아보는 데도 효과적입니다. 어쨌든 '싫어요, 몰라요, 그냥요.'만 말하던 아이도 자신의 이야기가 아니라 다른 사람의 이야기는 마음 편히 할 수 있습니다. 그러니 "너라면 어떻게 하겠니?"가 아니라 "그 아이에게 무슨 말을 해 주면 좋겠니?"라고 바꾸어 질문하는 것이 필요합니다. 자신이 안전하게 느껴지는 글감과 주제에 대해 말할 수 있고 글로 쓸 수 있다면 일단 성공입니다. 성공적인 글쓰기는 진짜 아이의 마음을 서서히 열어 줍니다. 어느새 자신도 모르게 자기의 진짜 마음을 말할 수 있게 됩니다.

Q4
어른들이 좋아하는 글만 쓰려고 해요

글쓰기는 정답이 아니라 자신의 마음을 찾는 일
어떤 아이가 몸이 불편한 장애인 친구에 대한 글을 썼습니다.

> 몸이 불편한 친구는 얼마나 속상할까?
> 다리가 불편하니 움직일 때도 불편하고 잘 놀지도 못해서 속상할 것 같다.
> 그 친구를 위해서 나는 친구를 잘 보살펴 주고 싶다.
> 배려도 잘하고 친절하게 대해 주고 싶다.
> 가끔 장애인이라고 놀리는 친구가 있으면 그러지 말라고 말해 줄 것이다.
> 나는 몸이 불편한 친구를 보면 불쌍하다.

언뜻 보면 이 글은 잘 쓴 글입니다. 장애인 친구를 생각하는 예쁜 마음이 담겨 있습니다. 하지만 이 아이의 글은 너무 막연하고 구체적인 행동이 표현되지 않았습니다. 좋은 글로 느껴지지만 사실은 글 쓴 아이가 칭찬받을 만한 말로 막연하고 추상적인 표현을 썼을 뿐입니다. 아이의 생각이 좀 더 발전할 수 있도록, 그래서 진짜 자기 생각이 나타날 수 있도록 도와주는 것이 좋습니다. 장애인 친구를 보살펴 준다는 것은 구체적으로 어떤 말과 행동으로 표현되는지 질문해 보았습니다.

"장애인 친구를 잘 보살핀다는 것은 어떤 거니?"
"잘 대해 주는 거요."
"잘 대해 주는 게 어떻게 하는 거니?"
"그냥요. 잘 대해 주는 거요."

자신이 실제로 경험해 보지 못했기 때문에 실제 어떻게 행동하는 것이 보살펴 주는 것인지 생각해 보지 못한 것 같습니다. 배려라는 말에 대해서도 질문해 보았습니다.

"배려는 어떻게 하는 거라고 생각하니?"
"그냥 친절하게 해 줘요."
"어떨 때 친절하게 해 주면 좋을까?"
"아무 때나요."
"주변에 장애인 친구가 있니?"
"작년에 같은 반이었어요."
"어떻게 보살펴 주었니?"
"그냥, 아무 말도 안했는데요."

아이들은 가짜 글을 쓰기도 합니다. 시험지의 정답 같은 글만 쓰는 아이도 있습니다. 자신의 진짜 마음을 살짝 숨겨 놓아서 가짜 글이 됩니다. 어른들이 좋아할 만한 글을 쓰니 정답을 말하는 글이 됩니다. 좋은 글은 이런 글이 아닙니다. 아이는 자신이 정말 장애를 가진 친구를 어떻게 생각하는지 말하지 않습니다. 왜 아무 말도 하지 않았는지 감추고 있습니다. 혹은 작년에는 아무 말도 하지 않았지만 어떤 일을 계기로 올해는 잘 대해 주어야겠다고 생각하는지를 표현하지 않습니다. 만약 이 아이가 솔직하게 자신의 글을 썼다면 그런 마음을 있는 그대로 썼을 것입니다. 하지만 자신의 솔직한 경험을 쓰지 않고 그럴듯한 말로 둘러대니 자신의 이야기가 아닌 남의 글을 쓰게 되는 것입니다.

좋은 말로 쓴 글이지만 글을 쓴 아이에게도 도움 되지 않고 글을 읽는 사람도 아이의 진심이 느껴지지 않습니다. 대강 멋진 말로 뭉뚱그려 놓으면 칭찬받는 줄 알고 있습니다. 아이의 글이 이렇게 잘못 길들여지지 않도록 도와주어야 합니다.

자신의 마음을 솔직하게 드러낼 수 있게 도와주자

코딱지

서울 성일초 6학년 최원식

코딱지는 파도파도 계속 나온다.
코딱지를 파다 보면 코딱지 놓치게 된다.
그때는 코딱지가 콧구멍 속으로 쏙 들어가 숨을 못 쉬게 하는 코딱지.
찐덕찐덕한 코딱지는 참으로 갖고 놀기에 좋다.
코딱지를 파면 코딱지를 어따 놀지 몰라 부끄러워 몰래 가구 밑에 쳐 넣는다.
코딱지는 날 부끄럽게 만드는 괴물이다.

—『어린이 시 이야기 열두마당』(지식산업사, 2001) 중에서

들키면 창피하고 친구의 놀림감이 되는 코딱지로 쓴 시를 보면 아이들은 모두 재미있어 합니다. 누구나 경험하며 자라지만 그것을 글로 쓴다는 것은 한 번도 생각해 보지 못하는 경우가 대부분입니다. 놀림감이 될 만한 행동을 글감으로 아주 솔직하게 글을 썼기 때문에 아이들은 무척 재미있어 하고 마음에 들어 합니다. 이런 글을 읽어 주는 것은 솔직하게 자신을 드러내는 글을 쓰게 하는 데 무척 효과적입니다.

왠지 말하면 창피할 것 같은 이야기, 친구가 알면 놀림감이 될 것 같은 생각, 어른들이 알면 혼날 것 같은 것이 가장 좋은 글감이 되고 아주 멋진 글이 될 수 있다는 사실을 깨달을 수 있도록 도와주세요. 멋지게 꾸며 쓴 글보다 아이들의 꽁꽁 숨겨진 속마음을 제대로 표현한 글을 읽게 하는 것이 훨씬 효과적입니다.

Q5
첫 문장부터 막혀서 쓰려고 하지 않아요

첫 문장 쓰는 걸 도와준다

일기를 쓸 때 '나는'과 '오늘'을 쓰면 안 된다고 가르치는 경우가 많습니다. 그날 일어난 일을 쓰는 것이기 때문에 당연히 '오늘'이고, 일기를 쓰는 사람은 바로 자기 자신이므로 '나는'이라는 말도 필요 없습니다. 맞는 말입니다. 이유는 또 있습니다. 글의 완성도를 높이기 위해, 군더더기 없는 문장력을 키워 주기 위해서 쓰지 말라고 하기도 합니다. 그런데 대부분이 경험하듯이 일기에서 '나는'과 '오늘'을 쓰지 말라고 하면 글쓰기가 더 어려워집니다. 무슨 말로 시작해야 할지 모르기 때문입니다. 일기 쓰기가 어려운 아이들이 시작하는 말이 바로 '나는'과 '오늘'인데 그 말을 쓰지 말라고 하니 아예 일기 자체를 더 못 쓰게 된 아이가 한둘이 아닙니다. 하지 말라고만 가르치면 아이들은 혼란스럽습니다. 무엇을 하면 되는지를 먼저 가르치는 것이 좋습니다.

글쓰기에서도 시작이 반이라는 말이 딱 맞습니다. 첫 문장을 잘 시작하면 글쓰기가 쉬워집니다. 첫 문장을 쓰기 어려워하는 경우엔 혼자 잘 쓰게 될 때까지 첫 문장을 불러 주는 것도 좋은 방법입니다. 아이가 선택한 글감에 대해 첫 문장을 불러 주기만 해도 그다음 문장을 술술 써 내려 갑니다.

적절한 질문은 아이의 글쓰기를 수월하게 한다

아이가 쓰려는 글감을 왜 쓰기로 하였는지 얘기를 나누고 그 말을 글로 쓸 수 있게 도와주는 방법입니다. 몇 번만 하면 아이가 쉽게 글쓰기를 시작합니다. 만일 그래도 어려워한다면 "지금 우리가 무슨 이야기를 나누었니?"라고 물어봅니다. 예를 들어 글감을 찾는 이야기를 나누었다면 아이는 이렇게 말합니다.

"엄마랑 내가 좋아하는 축구에 대해 말했어요."
"지금 그 말을 그대로 쓸 수 있겠니?"

만약 못 쓰겠다고 하면 엄마가 먼저 써서 보여 줍니다. '엄마랑 내가 좋아하는 축구에 대해 이야기를 나누었습니다.' 이렇게 한 번 이상은 모델을 보여 주는 것이 매우 효과적입니다.

'일기 쓸 게 없어서 고민하다가 내가 좋아하는 야구에 대해 생각해 보았습니다.'
'저녁에 엄마랑 산책을 하였습니다.'
'TV에서 축구 시합을 보았습니다.'
'뉴스에 내가 좋아하는 가수가 나왔습니다.'
'아빠가 "여름에 캠핑가자."라고 말씀하셨습니다.'

이렇게 하면 글을 시작하는 것이 쉬워집니다. 첫 문장만 막힘없이 써도 아이들은 글쓰기에 대한 두려움이 없어집니다. 그다음에 할 말은 많기 때문이지요. 혹시 글이 막힌다면 적당한 질문으로 아이의 생각을 자극해 주세요. 질문은 생각하게 만듭니다. 질문으로 아이의 생각이

appendix

뚜렷해집니다. 질문은 아이가 자신이 무엇을 좋아하고 어떤 생각을 하는지 잘 찾아가게 합니다. 그러니 글을 쓸 때 질문은 아이가 생각하고 느끼도록 만드는 아주 중요한 열쇠가 됩니다.

글의 완성도는 마무리에 달려 있다
글의 마무리에 대해서도 생각해 봅시다. 글의 완성도를 높여 주는 것은 마지막 부분입니다. 아이가 하고 싶은 얘기를 실컷 하고 나서 마지막 문장에 무엇을 쓰는가에 따라 글이 상당히 달라지기도 합니다. 글의 마지막 부분에 그래서 내가 배운 점, 내가 하고 싶은 것, 내가 바라는 것 등을 쓰는 것이 좋습니다.

 '친구 생일파티는 참 재미있었다.'로 끝나는 글은 재미가 없습니다. 그래서 아이가 생각은 하지만 표현하지 않은 말을 끌어내 표현할 수 있게 도와주세요. "네 생일 땐 어떻게 하면 좋겠니?"라는 질문으로 충분합니다. '내 생일파티 땐 집에서 하면 좋겠다. 엄마가 해 주시는 떡볶이랑 김밥을 친구들에게 자랑하고 싶다.'라는 글이 재미도 있고 의미도 있습니다.

Q6
좀 더 수준 높은 독서록을 쓰게 하려면요?

고학년이 되어도 '참 재미있었습니다'로 끝난다면…

아이가 학년이 올라갈수록 글의 수준이 달라지는 것은 자연스러운 일입니다. 하지만 별로 그렇지 못한 경우가 많습니다. 초등학교 저학년과 고학년의 글쓰기가 여전히 '참 재미있었습니다.'로 끝나는 경우를 보면 알 수 있겠지요. 왜 고학년이 되어서도 이런 글만 쓰게 되는 걸까요? 이유는 간단합니다. 좀 더 수준 높은 글을 쓰는 방법을 배우지 못했기 때문입니다.

아이가 내용이 주는 재미와 등장인물에 공감하며 책 속의 세상에서 느끼고 생각한 것을 잘 쓸 수 있다면 이제 좀 더 수준을 높여 주는 것이 좋습니다. '내가 주인공이라면' 정도의 글을 쓸 수 있는 아이라면 거기서 머물지 말고 좀 더 넓고 큰 시각을 가질 수 있도록 도와주는 것이 좋습니다. 아이들은 3학년 정도가 되면 서서히 비판적 사고도 가능해지고 제3자의 시각에서 보는 객관적 사고도 가능해집니다. 이런 인지적 기능을 잘 살려 독서록을 쓰도록 도와줄 필요가 있습니다.

책 안에 머물지 말고 책 밖에서 책을 바라보는 시각을 키워 주세요. 좀 더 수준 높은, 좀 더 성장하는 글쓰기를 위해서는 아이가 책 밖에서 책을 바라볼 수 있게 하는 것이 좋습니다. 책 밖에서 책을 보는 시각은

appendix

쉽게 말하면 어른들의 시각입니다. 책을 구입할 때 부모나 선생님이 어떤 기준으로 판단하고 선택하는지 생각해 보면 우리 아이에게 가르쳐 줄 요소들이 무엇인지 쉽게 생각할 수 있습니다.

책을 어떻게 읽어야 할까

부모님과 선생님은 어떤 시각으로 책을 고르나요? 우선 내용이 우리 아이가 재미있어 할지 살펴봅니다. 그리고 아이의 성장에 도움이 될지, 글의 양은 우리 아이에게 적합한지, 그림은 어떤지, 편집은 잘 되었는지, 책값은 적당한지 등의 요소들로 책의 구입 여부를 결정하게 되지요. 바로 이런 시각을 아이에게 가르쳐 주세요.

다음엔 책을 만드는 입장에서 생각해 봅시다. 책 한 권을 만들어서 우리 아이가 읽기까지는 많은 사람들이 힘을 모읍니다. 글 작가, 그림 작가, 편집자, 인쇄하는 사람, 그리고 판매하는 사람들의 손을 거치게 되지요. 그들의 시각으로 책을 다시 살펴봅시다. 글을 쓴 사람이라면 혹시 빠뜨린 내용은 없는지, 지우고 싶은 부분은 없는지, 다른 어휘를 사용했어야 하는 건 아닌지 고민하며 책을 봅니다. 글 작가가 되어 어떤 부분을 고칠지 고민하면서 읽으면 전에는 미처 생각하지 못했던 부분에 대해 생각합니다. 그림 작가가 되어 글을 읽으면 어떤 부분을 그림으로 그려야 할지 어떻게 그리면 더 잘 표현할 수 있을지 고민하게 됩니다. 때로는 글이 좀 달라졌으면 하고 바라기도 합니다. 편집자가 되면 책이 좀 더 잘 팔리게 하려면 어떤 모양으로 어떻게 책을 만들지 고민하겠지요. 판매자가 되면 더 재미있습니다. 책의 어떤 부분에 대해 콕 집어서 말하면 책을 구입하고 싶은 마음이 들지 생각하면서 내용을 다시 생각합니다. 그래서 더 강조하고 싶은 것이 무엇인지 스스로 판단해 봅니다.

아이가 역할을 정해서 책을 읽도록 도와주세요. 신기하게도 자신이 역할을 정해서 책을 읽으면 내용에 집중해서 읽을 때와는 달리 전에는 생각해 보지 못한 관점에 대해 생각하고 이해하게 됩니다. 가상의 역할을 정해서 책을 읽으며 생각한 내용은 글을 쓸 때 아주 훌륭한 소재가 됩니다. 부모님, 선생님, 글 작가, 그림 작가, 편집자, 판매자 등의 역할을 정해 책을 읽게 해 주세요. 평소에는 전혀 생각하지 못했던 관점을 알게 되고 이해의 폭을 넓히게 되니 훌륭한 글이 될 수밖에 없습니다.

스스로 질문할 때 수준 높은 독서록을 쓸 수 있다

수준 높은 독서록을 쓰기 위한 방법이 몇 가지가 더 있습니다. 저자와 대화하며 책을 읽는 방법, 친구에게 소개하기 위해 읽는 방법, 그리고 독서 퀴즈 문제 만들기 방법입니다. 저자가 앞에 있는 것처럼 상상하며 왜 이런 사건을 만들었는지, 왜 인물의 성격을 그렇게 만들었는지, 질문하고 토론하는 형식으로 책을 읽습니다. 스스로 묻고 답하지만 작가의 입장에서 이해하고 생각하니 높은 차원의 사고가 가능해집니다. 친구에게 책을 소개하기 위한 글도 참 좋습니다. 자신이 왜 이 책을 좋아하는지, 어떤 이유로 추천해 주고 싶은지 쓰다 보면 자신의 생각을 아주 잘 정리하게 되지요. 막연했던 생각이 확실해지고 언어로 표현하면서 사고의 구체화 과정을 경험합니다. 독서 퀴즈는 아이들이 무척 좋아하는 방식입니다. 퀴즈를 맞추는 역할이 아니라 퀴즈 문제를 스스

appendix

로 만드는 활동을 말합니다. 내용을 기억해서 수동적으로 답을 말해야 하는 역할보다 주도적으로 문제를 만들어 내는 입장을 경험하는 것이 더 좋습니다. 내용을 기억하는 것에 머무른다면 그렇게 기억한 내용은 머릿속에 잘 남지 않습니다. 아무리 열심히 외웠어도 오래가지 못합니다. 하지만 자신이 문제를 만드는 역할을 하면 내용을 더 꼼꼼히 살펴보게 되고 퀴즈를 만들기 위해 문장도 새롭게 만듭니다. 그러니 저절로 내용도 더 잘 기억하고 책에 대한 관심도 높아지게 됩니다.

Q7
입학사정관제와 글쓰기는 무슨 상관이 있을까요?

높은 평가를 받는 글은?

입학사정관제로 명문대를 지원한 대입 수험생이 논술 시험에서 '청소년의 자원봉사'에 대해 글을 썼다고 합니다. 우리나라에선 청소년의 자원봉사가 필요 없다고 생각한다는 주제였습니다. 파격적인 주제였습니다. 그 학생은 글에서 형식적인 봉사 활동, 엄마가 대신 가서 하는 봉사 활동, 활동의 내용보다 시간 채우기에 급급한 봉사 활동이 대부분이라는 현실적 문제를 짚었다고 합니다. 그런 봉사 활동이라면 학생들에게 거짓을 배우게 하고 속임수를 당연시하게 하는 잘못된 풍조를 만들게 되므로 안 하느니 못하다는 주장이었습니다. 참 속이 시원한 글이었을 것 같습니다. 입학사정관은 그 글을 쓴 학생은 충분히 대학에서 자신의 공부를 잘 해나갈 수 있는 학생으로 판단하여 뽑았다고 했습니다.

　대부분의 수험생들이 글을 쓸 때 자신이 하고 싶은 말을 주제로 정하는 것이 아니라 어른들이 듣고 싶어 하는 말을 주제로 정하고 글을 쓰는 경우가 많습니다. 자신이 하고 싶은 말이 아니니 구체적이지도 생생하지도 못한 글이 될 수밖에 없습니다. 그러니 글은 늘 부족한 글이 되고 전문 선생님의 지도를 받은 듯 판에 박은 글이 됩니다. 그래서

appendix

입학사정관이나 논술을 채점하시는 교수들은 하나같이 그런 글은 점수를 줄 수가 없다고 말합니다. 안타까운 일입니다. 더 잘 쓰게 하려고 배운 글이 오히려 점수를 깎아먹고 있으니 말이지요.

  사실 이 학생만 이런 생각을 하는 것은 아닙니다. 중학생이나 고등학생 아이들은 억지로 하는, 혹은 어른들에 의해 주도되는 봉사 활동에 대해 할 말이 많습니다. 봉사 시간 확보를 위해 시간만 때우거나 심지어는 부모가 대신해 주는 봉사 활동에 대해 무척 비판적이고 쓸모없다고 여기는 말을 많이 합니다. 그렇지만 여러 가지 이유로 자신의 생각을 표현하지는 못합니다. 자신의 속마음을 있는 그대로 표현해야 하는 글쓰기의 원칙이 완전히 무시되는 것이지요. 자신의 진짜 생각을 쓰면 안 된다고 생각하고 봉사 활동에 대한 찬미와 과장된 깨달음에 대한 글을 쓰는 경우가 대부분입니다. 어른들이 아이들에게 몹쓸 가르침을 주는 것입니다. 자신의 생각과 다른 글을 써야 하는 상황에서 쓰는 글이 어떻게 진심이 느껴지고 그 아이의 잠재력을 보여 줄 수 있을까요?

  입학사정관은 자신의 생각이나 자신의 주장이 뚜렷한 학생들을 만나고 싶다고 말합니다. 왜 그런 주장을 펴는지 논리적으로 근거를 말하고 당당하게 자기 목소리를 내는 학생을 뽑고 싶다고 합니다. 그래서 어른들이 좋아할 것 같은 글이 아니라 내가 쓰고 싶은 글을 쓰도록 도와주는 것이 필요합니다. 최소한 자원봉사에 대한 글을 쓴다면 '자원봉사에 대해서 난 어떻게 생각하지?'라는 질문을 스스로에게 던질 줄 아는 아이로 자라도록 도와주어야 합니다.

당당하고 자유롭게 자신을 드러내는 글쓰기

앞으로는 대학입시를 비롯해 중·고등학교 입학 전형에 논술 위주의 글쓰기에서 벗어난, 자유로운 형식의 글쓰기인 에세이 쓰기가 주요 평가 요소로 자리매김할 예정이라고 합니다. 자유로운 에세이는 1인칭 복수를 내세워 주장하는 논술과는 다릅니다. 나를 드러내서 자신의 경험을 바탕으로 쓰는 글입니다. 어려서부터 자신을 드러내는 마음 글쓰기를 한다면 수험생이 되어도 글쓰기는 전혀 어렵지 않습니다.

어떤 글감으로 어떤 주제를 쓰든 중요한 것은 그것과 아이 자신과의 연관성입니다. 입학사정관은 그런 것을 원합니다. 남들이 다 하는 말을 논리적으로 말하는 것보다 그것에 대해서 왜 자신은 다르게 생각하는지를 타당한 근거를 제시하고 주장할 줄 아는 사람을 원합니다. 만약 정답 같은 글을 쓴다 해도 왜 그 답이 정답이 될 수밖에 없는지 자신의 경험을 바탕으로 자신의 목소리를 낼 줄 알아야 하는 것이지요. 우리 아이가 어떤 사람인지 드러나지 않는 글쓰기는 소용없습니다. 입학사정관은 자신이 어떤 사람인지 당당하게 드러내는 글을 찾습니다. 그래서 자신의 경험을 토대로 객관적 근거를 제시해 주장하는 글쓰기를 원합니다. 이것은 아이의 개성과 잠재력을 키워 주는 마음 글쓰기를 시작해야 하는 또 다른 이유입니다.

Q8
어떻게 하면 글을 잘 쓸 수 있을까요?

아이 마음을 여는 글쓰기 연습

1, 2, 3학년 아이들이 모여 색종이로 딱지 접기를 하였습니다. 신나게 배우면서 만들고 난 후 바로 그 이야기를 글로 써 보게 하였습니다. 처음 마음 글쓰기를 배우기 전 2학년 재원이의 글입니다.

성원이 형한테 딱지 접는 법을 배운 후 고마웠고
배우고 또 만들어 봤는데 똑같이 안 만들어졌다.

처음엔 두 문장만 쓰고도 힘들어했던 재원이가 마음 글쓰기를 배우고 2주 후의 글입니다.

슈퍼

내가 좋아하는 건 슈퍼다. 왜냐하면 먹을 것이 많다.
그게 바로 마음에 드는 점이다.
마음에 안 드는 점은 먹을 걸 돈을 주고 사야 하기 때문이다.
슈퍼에 대해 궁금한 점은 슈퍼가 언제 어떻게 생겼는지 궁금하다.
슈퍼에 대해 고치고 싶은 점은 인기 상품들은 모두 다 먹어 보고 돈을 냈으면 좋겠다. 그리고 슈퍼가 샘이 날 때도 있다. 샘이 나는 이유는 슈퍼에는 먹을 것이 많은데 공짜 제공을 하지 않는다는 점이다.

나는 슈퍼의 가격이 얼마인지 궁금하다. 또 슈퍼는 보물창고 같다.

왜냐하면 먹을 것이 엄청 많아서 보물창고 같다.

하나도 고치지 않은 글입니다. 재원이는 한 번에 한자리에 앉아서 이만큼 썼습니다. 글을 다 쓴 재원이는 정말 뿌듯한 얼굴로 자신의 왼손으로 오른팔을 계속 주무릅니다. 아마 자신의 노력을 인정받고 싶은 듯합니다. 함께 팔을 주물러 주며 자기 마음을 있는 그대로 표현한 것과 한 번에 길고 자세하게 쓴 점에 대해 충분히 칭찬해 주었습니다.

또 한 주가 지난 뒤의 재원이의 글입니다. 이날도 재원이는 조용히 앉아 열심히 글을 씁니다. 자신이 좋아하는 야구에 대해 쓰겠다고 하더니 약 20분 동안 쉬지 않고 써 내려 갑니다.

야구

야구는 시간은 관계가 없지만 회가 정해져 있다. 회는 9회 말까지 있다. 한 회에는 2번만 한다. 만약에 두산 대 롯데면 1회 초에 두산이 타석에 서고 말에 롯데가 공격을 해야 한다. 나는 야구는 누가 언제 만들었는지 모르고 한국에서 야구가 언제 어떻게 시작되었는지 몰라서 이 두 가지를 알고 싶다.

나는 야구 규칙을 잘 모르지만 기본적인 규칙은 안다. 스트라이크는 ㅁ(스트라이크존) 안에서 어디까진지도 몰라서 알고 싶다. 거의 야구팀 이름은 베어스, 라이온스, 이런 것이 있다. 라이온스는 사자고 베어스는 곰이

appendix

라서 누가 이런 동물 이름으로 정했는지도 궁금하다. 야구 연습에서는 타자가 못 치게 던져 줘야 하고 경기할 때도 타자가 못 치게 던져 줘야 한다. 왜냐하면 타자가 잘 치면 점수를 내주고 있기 때문이다. 나는 야구 경기할 때만 슈퍼에서 모든 물을 제공해 주었으면 좋겠다. 왜냐하면 선수들이 힘들 때 1초 만에 바로 물을 줄 수 있기 때문이다. 나도 야구를 좋아해서 자주 본다. 더그아웃(선수들이 자기 순서 지나면 쉬는 곳)에 감독이 있는데 더그아웃에도 냉장고가 있는데 거기에다 물을 시원하게 먹을 수 있도록 물을 넣어 놓는다. 그런데 감독이 냉장고를 열었는데 물이 없어서 물을 감독이 못 먹는 모습을 보고 웃었다.

야구장에는 지붕이 있었으면 좋겠다. 지붕이 있는 구장은 돔 구장이 있지만 내가 가는 구장은 지붕이 없는 구장밖에 없다. 인천에 있는 구장은 삼겹살을 구워 먹을 수 있는 자리도 있다. 이번에 6월에 그 구장 삼겹살 구워 먹는 자리에 간다고 했다. 나는 기분이 좋았지만 또 사고가 있을까봐 걱정이 됐다. 한번 삼겹살 구워 먹을 수 있는 좌석에 갈 수 있었는데 1일 전에 할아버지가 뇌졸중에 쓰러져서 못 갔다. 나는 커서 꼭 훌륭한 야구 선수가 될 것이다.

2학년 아이가 원고지 5장 분량의 글을 앉은 자리에서 쉬지 않고 쓸 수 있게 되었습니다. 전혀 고치지 않은 글이라 아직 표현이 서툴거나 맥락이 맞지 않은 문장이 있긴 하지만 그건 아무 문제가 되지 않습니다. 솔직하게 자신이 좋아하는 야구에 대해 썼다는 점이 중요합니다. 재원이가 쓴 글에는 야구에 대한 다양한 지식도 들어 있고 감독이 물을 못 먹는 장면을 목격한 경험담도 들어 있습니다. 야구 선수를 아끼

재원이 글모음

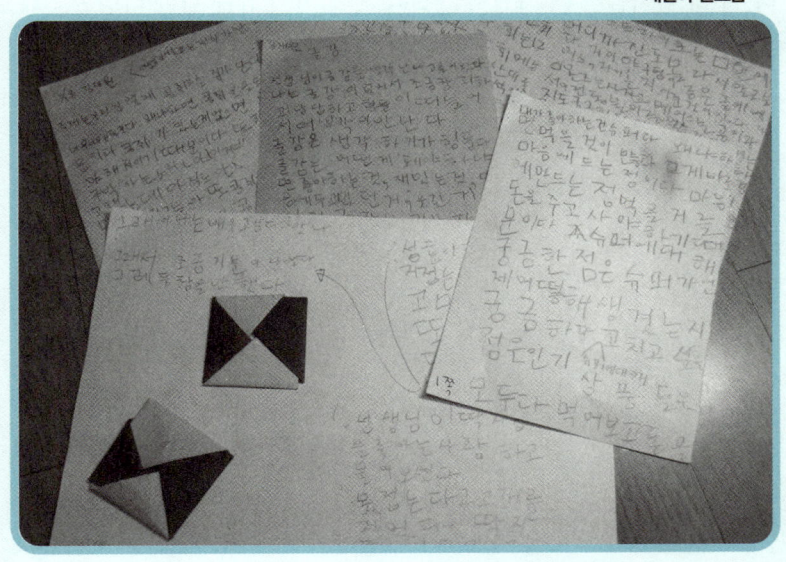

는 마음과 아이다운 소박한 바람도 들어 있습니다.

처음엔 단 두 줄 문장의 글을 쓰던 아이가 자신의 마음을 있는 그대로 쓰는 방법, 그리고 말하는 대로 마음속에 떠오르는 감정과 생각을 쓰는 방법을 배우더니 3주 만에 이렇게 긴 글을 쓰게 되었습니다. 가르쳐 준 건 아주 간단한 아이디어였지만 아이는 이렇게 스스로 자가 발전하며 자신이 배운 내용을 발전시켜 나갑니다.

하나를 가르치면 하나만 아는 것은 부족한 가르침입니다. 지식은 가르치는 만큼만 기억하고 배우게 됩니다. 하지만 지혜는 하나를 가르치면 열을 깨우치게 됩니다. 지혜는 스스로 자신의 마음을 들여다보고 그 안에 있는 것을 끄집어낼 수 있는 방법을 깨닫게 하는 것입니다. 마음 글쓰기의 지혜를 배운 아이는 어떤 글이든 아주 잘 쓸 수 있게 됩니

appendix

다. 우리 아이들이 커 가면서 정신적, 심리적 성장을 위한 터닝 포인트가 되는 경험은 의외로 그다지 많지 않습니다. 그러므로 단 한 번만이라도 이 정도의 노력과 정성을 들이기를 진심으로 권하고 싶습니다.

6번의 마음 글쓰기 이후에 재원이는 감사 편지를 썼습니다.

> 선생님, 저 재원이에요.
> 글쓰기 수업 마지막 날이라서 이 편지를 쓰는데 제가 글쓰기 처음 수업 간 날 선생님이 "이 만큼이던 애가 이 만큼이나 컸네." 하셨을 때가 제일 기뻤어요.
> 또 처음 갔을 때는 어색해서 형, 친구, 동생들이랑 떨어져 앉으려고 했는데 이제 친구 민수랑 더 가까워져서 별로 안 그래요.
> 왜냐하면 선생님이 많은 게임을 가르쳐 주셔서 그래요.
> 이제 일기도 글쓰기 수업 한 번 만 갔다 오니까 10줄은 예전엔 힘들었는데 이제 10줄은 껌이에요.
> 그리고 선생님이 제 이름을 아셔서, 잘못 안 불러줘서 그 점도 기뻤어요.
> 감사합니다.

아이에 따라 이렇게 빠른 변화를 보이기도 하고 좀 느릴 수도 있습니다. 하지만 분명 마음 글쓰기는 우리 아이의 마음과 정신이 모두 건강하게 자라는 데 큰 보탬이 됩니다. 바른 글쓰기 방법이기에 스스로 성장해 갑니다.